Camil Chouinard
Préface de Bernard Derome

1300 pièges du français parlé et écrit

Édition revue et corrigée

Les Éditions
LA PRESSE

Catalogage avant publication de la Bibliothèque nationale du Canada

Chouinard, Camil

    1300 pièges du français écrit et parlé

        2e éd. rev. et corr.

        Publ. antérieurement sous le titre: 1300 pièges du français parlé et écrit au Québec et au Canada. Montréal : Libre expression, 2001.

        ISBN 2-923194-02-0

    1. Français (Langue) – Français parlé – Québec (Province). 2. Français (Langue) – Français écrit – Québec (Province). 3. Français (Langue) – Archaïsmes. 4. Français (Langue) – Québec (Province) – Emprunts anglais. 5. Français (Langue) – Québec (Province) – Idiotismes. I. Titre. II. Titre : Mille trois cents pièges du français écrit et parlé. III. Titre : 1300 pièges du français parlé et écrit au Québec et au Canada.

PC3645.Q8C46 203   447'.9714   C2003-942041-8

Président
André Provencher

Directeur de l'édition
Martin Rochette

Coordination
Martine Pelletier

Conception graphique
Bernard Méoule

Infographie
Francine Bélanger

© Les Éditions La Presse
TOUS DROITS RÉSERVÉS

Dépôt légal – 4e trimestre 2003
Bibliothèque nationale du Québec
Bibliothèque nationale du Canada

ISBN 2-923194-02-0
Imprimé et relié au Québec
Impression : Transcontinental D. E. inc.

Les Éditions
LA PRESSE

1130, Sherbrooke Ouest
Bureau 1040
Montréal (Québec)
H3A 2M8

Téléphone : (514) 904-5537
Télécopieur : (514) 904-5543

Préface

Quand j'ai commencé à pratiquer ce métier de journaliste, nous avions tous un peu l'impression que la langue anglaise était plus percutante, se prêtait mieux aux phrases chocs, aux titres, aux manchettes, que la langue française. Erreur! ai-je vite compris. Trente ans plus tard, plus personne n'oserait affirmer chose pareille. Le français est, au contraire, une langue combien plus précise, plus riche, plus nuancée et tout aussi frappante et imagée. Mais, pour en utiliser toutes les ressources, il faut s'appliquer à bien la connaître. Il faut avoir l'humilité d'aller chercher l'aide là où elle se trouve. Pendant de nombreuses années, mon collègue Camil Chouinard nous a été, à Radio-Canada, un de ces aides précieux, plus : une référence. Or, il continue de nous guider par le présent ouvrage. Cet outil sera utile non seulement aux journalistes de la presse écrite et parlée, mais à tous ceux qui ont le souci et la fierté de notre langue. La langue française est ce qui nous unit, ce qui nous distingue. C'est notre identité. C'est un bien précieux qu'il faut protéger, cultiver, aimer comme un être cher. Et, sait-on jamais, l'effort qu'on est prêt à y consacrer pourrait bien devenir un plaisir!

Bernard Derome

Présentation

Le but du présent livre est de nous aider à améliorer notre langue parlée et écrite. Il fournit aux intéressés des termes recommandables en français correct. L'ouvrage s'adresse à ceux qui ont déjà éliminé leurs fautes, disons « élémentaires ». On n'y trouvera pas de difficultés comme « windshield », « baloune » ou le verbe « watcher ».

Le français utilisé chez nous a été pendant 200 ans influencé par la langue anglaise, celle du conquérant, très souvent celle des employeurs qu'il fallait bien respecter. L'ancienne élite francophone étant retournée en France, nos néologismes sont très souvent, depuis deux siècles, des anglicismes. Heureusement, les temps ont changé : la Révolution tranquille nous a fait redresser la tête, et nous recherchons de plus en plus à remplacer nos anglicismes, nos archaïsmes, nos impropriétés, par des termes corrects, compréhensibles dans la francophonie.

Nos contacts avec le français dit « général », d'autres disent « standard », se sont améliorés grâce aux communications modernes, mais les néologismes que nous offre la France sont presque toujours empruntés à l'anglais. Ainsi, le Québec propose les termes « motoneige » et « motomarine », et les Français s'empressent de les remplacer par « scooter des neiges » et « scooter des mers », faisant fi des recommandations officielles des autorités linguistiques de leur propre pays.

Le présent livre propose 1300 termes à utiliser pour remplacer des mots, des expressions que souvent nous employons faute d'en connaître de meilleurs, de plus français.

Ainsi, le Québécois qui veut remplacer « bed and breakfast » par un terme français, trouvera ici GÎTE TOURISTIQUE. Il apprendra que le terme « aviseur légal » contient deux anglicismes et qu'il convient de dire plutôt CONSEILLER JURIDIQUE.

Bonne chance! et, s'il vous plaît, pardonnez-moi mes propres faiblesses.

Camil Chouinard

Avis

Dans ce livre, les mots imprimés EN ITALIQUES sont des termes incorrects ou déconseillés, que ce soit dans les rubriques (titres) ou dans les entrées (articles). Au contraire, les termes EN MAJUSCULES sont ceux que recommande l'auteur, ceux qu'il faut retenir.

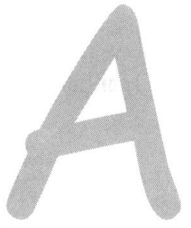

À (superflu)
La préposition À est devenue superflue dans les expressions *à tous les jours, à chaque printemps, à chaque fois*, etc. On dira donc simplement : TOUS LES JOURS, CHAQUE PRINTEMPS, CHAQUE FOIS, etc. Dans la littérature traditionnelle, on trouve plutôt ces expressions avec la préposition, mais l'usage moderne l'a abandonnée. Ex. : Il vient nous voir TOUS LES LUNDIS et, CHAQUE FOIS, il nous apporte des provisions.

ABORD (DE PRIME) Voir **Prime abord (de)**

ABRÉGER et non *ABRÉVIER*
Le mot ABRÉVIATION incite peut-être à inventer le verbe abrévier qui n'est pas français. Lorsqu'on écourte un mot, que l'on supprime une partie de ses lettres, on ABRÈGE ce mot. C'est le verbe ABRÉGER qui est correct. Ex. : Il n'aime pas qu'on ABRÈGE son prénom Philippe en « Phil ».

ABREUVER
Le verbe ABREUVER, S'ABREUVER, s'emploie correctement pour les animaux. Dans le langage familier, on peut cependant l'employer pour les personnes. Il prend alors le sens de BOIRE ABONDAMMENT. En général, on dit des personnes qu'elles SE DÉSALTÈRENT.

ABREUVOIR et **FONTAINE**
Un ABREUVOIR est une installation ou un récipient servant à faire boire les **animaux**, du plus grand au plus petit. Les personnes boivent à une FONTAINE. Ex. : Dans les terrains de jeu, les enfants boivent aux FONTAINES.

ABRÉVIER Voir **Abréger**

ABRIER (rarement *ABRILLER* ou *HABRIER*)
Le verbe *abrier* est un québécisme à éviter. On le remplace par COUVRIR. Au lieu de dire, par exemple, *abrier* un enfant pour

ne pas qu'il ait froid, on dira correctement COUVRIR un enfant. De même, au figuré, il faut éviter de dire abrier une affaire, un scandale. C'est également COUVRIR qu'il faut employer dans ces cas.

ABUS SEXUELS
Les ABUS SEXUELS ne sont pas des actes criminels. Ils ne sont en fait qu'un usage abusif de mœurs intimes. L'expression anglaise sexual abuse doit se rendre en français par ATTENTAT À LA PUDEUR, AGRESSION SEXUELLE ou VIOL, selon le cas.
N. B. : L'anglicisme fautif *abus sexuels* (au sens de délit) figure maintenant dans le Robert sans mention de calque de l'anglais.

ABUSEUR pour AGRESSEUR
Le mot *abuseur* est un néologisme peu employé qui n'a rien à voir avec la sexualité. Ainsi, un juge a déclaré en cour : « Cet homme n'a pas le profil de l'*abuseur*. » Selon le contexte, il voulait dire « le profil d'un AGRESSEUR SEXUEL ». En fait, abuser de quelqu'un, ce peut être aussi bien financièrement. Pour être clair, il faut dire : AGRESSER SEXUELLEMENT et AGRESSEUR SEXUEL.

ACADÉMIQUE
Il faut éviter le mot *académique* lorsqu'il est question d'études, d'enseignement. Il est préférable de dire une formation UNIVERSITAIRE plutôt qu'*académique*. Et, selon le niveau d'études dont il est question, on dira l'ANNÉE SCOLAIRE ou UNIVERSITAIRE plutôt que l'*année académique*, même si ce dernier terme est courant au Canada français, en Belgique et en Suisse, selon Robert. Le sens le plus usuel d'ACADÉMIQUE est péjoratif. Il signifie : qui suit étroitement les règles conventionnelles avec froideur ou prétention. Ex. : Son style est un peu trop ACADÉMIQUE à mon goût.

ACCAPARER et non *S'ACCAPARER*
Le verbe ACCAPARER n'a pas de forme pronominale, c'est-à-dire qu'on ne peut pas dire *s'accaparer*. Ainsi, au lieu de dire qu'une société tente de *s'accaparer* le marché, on dira plutôt qu'elle tente d'ACCAPARER le marché, ou encore de S'EMPARER du marché.

ACCENT TONIQUE
En français, l'accent tonique doit s'appliquer **sur la dernière syllabe sonore d'un mot**. Autrement dit, la syllabe sur laquelle on doit mettre le plus de force est la dernière du mot, en exceptant, s'il y a lieu, la syllabe muette finale. Par exemple, dans les mots CONSOMMÉ et ARBITRAIRE, l'accent tonique se place sur

personnes *s'adonnent bien* ensemble», on dira plutôt «Ces deux personnes S'ENTENDENT BIEN».

AÉROGARE (féminin)
On entend souvent le mot AÉROGARE utilisé au masculin alors qu'il est du **féminin**. Il faut dire UNE GRANDE AÉROGARE tout comme on dit UNE GRANDE GARE.

AÉROPORT (prononciation)
La faute qui consiste à prononcer *a-ré-o-port* au lieu de AÉROPORT est fréquente chez nous. Ce mot commence par les deux voyelles AÉ, puisqu'il est composé du préfixe AÉRO qui vient du grec «aéros», tout comme les mots AÉROGARE, AÉROSOL, AÉRODYNAMIQUE, etc.

AÉROPORT et AÉROGARE
On confond parfois ces deux mots. Une AÉROGARE (féminin comme gare), c'est un immeuble, c'est une gare aérienne. Un AÉROPORT, c'est l'ensemble des installations qui servent à accueillir les avions et les voyageurs, y compris les pistes et la tour de contrôle. Aussi, on évitera, par exemple, de parler d'une boutique qui se trouve au deuxième étage de l'*aéroport* : on dira au deuxième étage de l'AÉROGARE.

AFFAIRES (ÊTRE D'), AFFAIRES (ÊTRE EN)
L'expression *être d'affaires* est régionale et à éviter. En français général, on dit AVOIR LE SENS DES AFFAIRES, ou encore ÊTRE HABILE EN AFFAIRES. Quant à l'expression *être en affaires* (to be in business), on la remplace par ÊTRE DANS LES AFFAIRES, ou par FAIRE DES AFFAIRES.

AFFECTER
Affecter est un anglicisme quand on l'emploie au sens de CONCERNER, TOUCHER. Ainsi, on fait la faute de dire : «Cette décision *affecte* tous les travailleurs». On corrigera en disant : «Cette décision CONCERNE ou TOUCHE tous les travailleurs». L'un des sens corrects et des plus courants du verbe AFFECTER est celui de : avoir un effet négatif sur la santé, sur le moral. On dit correctement «Cette maladie a AFFECTÉ son cœur» ou encore «Le malheur de sa fille l'a beaucoup AFFECTÉ». Voir aussi **Assigner** et **Affecter**

AFFIDAVIT
Dans son véritable sens en français, le mot AFFIDAVIT désigne une déclaration signée par un étranger qui demande d'être exonéré d'impôt pour certaines valeurs mobilières. Mais au ⇨

Québec, nous employons à tort *affidavit* (venu du latin) au sens que lui donne la langue anglaise, c'est-à-dire : déclaration écrite sous serment. C'est justement le terme qu'il convient d'utiliser en français : DÉCLARATION ÉCRITE SOUS SERMENT.

AFFRONTER, AFFRONTEMENT et CONFRONTER, CONFRONTATION Voir **Confronter**

ÂGE D'OR, TROISIÈME ÂGE Voir **Aînés**

ÂGÉ DANS LA VINGTAINE
Cette expression est une impropriété. Au lieu de dire qu'une personne est *âgée dans* la *vingtaine, dans la trentaine*, etc., on dira tout simplement que cette personne est DANS LA VINGTAINE, DANS LA TRENTAINE, etc.

ÂGÉ ENTRE (ÊTRE)
On entend souvent l'expression *être âgé entre tel et tel âge*, tournure calquée sur l'anglais to be aged between. Il faut dire plutôt : ÊTRE ÂGÉ DE… À. Ainsi, au lieu de dire « Ces enfants *sont âgés entre cinq et dix ans* », on dira correctement « Ces enfants SONT ÂGÉS DE CINQ À DIX ANS ».

AGENDA, CONSENSUS, etc. (prononciation)
On se demande souvent comment prononcer le groupe EN dans les mots venus du latin comme CONSENSUS, CONSENSUEL, RÉFÉRENDUM, RÉFÉRENDAIRE, PENTAGONE, AGENDA, etc. La tendance moderne est de prononcer AN plutôt que IN d'influence latine. On dira donc AN dans CONSENSUS, CONSENSUEL, RÉFÉRENDUM et RÉFÉRENDAIRE. Cependant, le groupe EN continue de se prononcer IN dans PENTAGONE, PLACENTA, PENSUM, AGENDA, APPENDICE et APPENDICITE. Pour ce qui est de RÉFÉRENDUM, il peut s'écrire avec ou sans les accents aigus, mais si on utilise les accents aigus, alors, logiquement, il faut prononcer la syllabe REN à la française. Pour RÉFÉRENDAIRE, les accents sont obligatoires, et le mot est complètement francisé avec la finale en AIRE, de sorte qu'il faut prononcer RAN-DAIRE.

AGENDA et ORDRE DU JOUR
Il faut éviter de confondre ces deux termes. Un AGENDA est un carnet de rendez-vous : c'est le seul sens de ce mot. Un ORDRE DU JOUR est la liste des sujets qu'une assemblée se propose d'aborder. Ex. : La question est à l'ORDRE DU JOUR de la prochaine assemblée.

AGENT DE CONSERVATION et PRÉSERVATIF
Le mot PRÉSERVATIF désigne tout moyen mécanique servant de contraceptif ou de protection contre des maladies sexuellement transmissibles. Le condom et le diaphragme sont des PRÉSERVATIFS. Par conséquent, si vous lisez sur un pot de confitures l'inscription « sans aucun préservatif », souriez ! vous êtes en présence d'un anglicisme cocasse. Un AGENT DE CONSERVATION, par contre, est un produit que l'on ajoute à des aliments pour en prévenir ou en réduire la détérioration.

AGENTE
AGENTE, forme féminine de AGENT, devient courant dans l'usage. Il est correct et recommandé de dire : AGENTE DE VOYAGES, AGENTE D'ASSURANCES, AGENTE IMMOBILIÈRE, AGENTE DE PUBLICITÉ, AGENTE DE CHANGE, etc. Voir **Féminin des noms de métiers**

AGNOSTIQUE, MAGNAT, STAGNER, etc. (prononciation)
Dans ces mots, le G et le N se prononcent séparément, alors qu'en général, le groupe GN se prononce comme dans AGNEAU. On prononce donc : AG-NOSTIQUE, MAG-NAT, STAG-NER, STA-GNANT et STAG-NATION. Dans le cas de MAGNAT, cependant, la prononciation MA-GNAT est aussi acceptable.

AGRAFEUSE   Voir **Brocheuse**

AGRESSEUR SEXUEL EN SÉRIE   Voir **Sex predator**

AIDE SOCIALE et BIEN-ÊTRE   Voir **Assistance sociale**

AIDER
Le verbe AIDER s'emploie sans la préposition à lorsqu'il s'applique à une personne. Il faut dire AIDER QUELQU'UN et non pas *aider à quelqu'un*. Dans ce cas, l'usage de la préposition est archaïque.

AIGUISER* UN CRAYON, *AIGUISE-CRAYON
Lorsqu'il s'agit de crayons, le verbe *aiguiser* est un régionalisme à éviter. Il faut dire TAILLER un crayon. On AIGUISE un couteau, mais on TAILLE un crayon. Aussi, il faut dire un TAILLE-CRAYON et non pas un *aiguise-crayon*.

AÎNÉS et PERSONNES ÂGÉES
C'est sans doute pour ménager les susceptibilités qu'on tente chez nous de remplacer le terme PERSONNES ÂGÉES par *aînés*. Cet usage crée un régionalisme inutile. Il vaut mieux continuer ⇨

de parler des PERSONNES ÂGÉES : l'expression ne blesse personne et a l'avantage d'être employée dans toute la francophonie. En fait, le mot AÎNÉ désigne, dans une famille, l'enfant né le premier, même s'il n'a que cinq ans. Être l'AÎNÉ d'une autre personne, cela signifie être plus vieux qu'elle. On peut aussi appeler nos AÎNÉS ceux qui nous ont devancés dans un domaine quelconque ou, en général, nos ancêtres.
Quant à l'expression *âge d'or*, au sens de vieillesse, c'est également un régionalisme à éviter. L'ÂGE D'OR, dans son sens universel, désigne une époque favorable, prospère, dans un domaine particulier. Pour désigner les groupes des personnes âgées, on peut dire le TROISIÈME ÂGE ou l'ÂGE DE LA RETRAITE (euphémismes reconnus en France pour la vieillesse), et aussi le QUATRIÈME ÂGE, qui désigne la vieillesse au-delà de 75 ans.

AIR (AVOIR L')
L'adjectif qui suit AVOIR L'AIR s'accorde avec son sujet, s'il s'agit de choses. Ex. : Ces idées ONT L'AIR très SÉRIEUSES. S'il s'agit de personnes, l'adjectif peut aussi s'accorder avec son sujet. Ex. : Ces dames ONT L'AIR très SÉRIEUSES. Mais, dans le cas des personnes, l'adjectif peut s'accorder avec le mot AIR, selon le sens qu'on donne à la phrase. Ex. : Ces jeunes filles ONT L'AIR très SÉRIEUX. (C'est leur air qui est sérieux.)

AIRBAG   Voir **Coussin gonflable**

AIR CLIMATISÉ et AIR CONDITIONNÉ
Si l'air d'une pièce a été traité (refroidi, déshumidifié, etc.) pour le confort, on dit que cette pièce est CLIMATISÉE. Ex. : Une salle CLIMATISÉE, une voiture CLIMATISÉE. On peut dire aussi que l'AIR d'une pièce, d'une auto, est CLIMATISÉ. On peut dire également qu'une pièce est équipée de l'AIR CONDITIONNÉ : le terme, dans ce cas, est venu de l'anglais, mais il est reçu depuis longtemps en français. Ex. : Un hôtel à AIR CONDITIONNÉ.
Enfin, le terme AIR CONDITIONNÉ peut s'employer comme synonyme de CLIMATISEUR : actionner l'AIR CONDITIONNÉ : mais on dira préférablement la CLIMATISATION.

AIRFOAM, STYROFOAM
On peut éviter le terme anglais airfoam en disant CAOUTCHOUC MOUSSE, ou encore MOUSSE DE CAOUTCHOUC. Pour ce qui est de styrofoam, les équivalents français sont MOUSSE DE POLYSTYRÈNE ou encore STYROMOUSSE, mais ce dernier terme est commercial.   Voir aussi **Styrofoam**

AJUSTEUR D'ASSURANCES (anglicisme)
Voir **Expert en sinistres**

ALBUM (musique)
Dans la langue actuelle, le mot ALBUM a pris le sens d'enregistrement commercial comprenant plusieurs pièces musicales ou chansons. Un ALBUM peut être vendu sous forme de disque, de cassette (vidéo ou sonore), etc. Si deux albums ou plus sont vendus ensemble dans un même emballage, on emploie alors le mot COFFRET (selon Robert, Larousse, etc.).

À L'ANNÉE LONGUE Voir **Année longue (à l')**

ALCOOL (prononciation)
Le mot ALCOOL se prononce comme s'il n'avait qu'un seul O. On prononce AL-COL. Il en va de même pour les mots dérivés : ALCOOLIQUE, ALCOOLISME, ALCOOLISER, ALCOOTEST, etc.

ALCOOLIQUE et ALCOOLISÉ
On disait naguère que le rhum était une boisson ALCOOLIQUE et qu'un cocktail était une boisson ALCOOLISÉE. ALCOOLISÉ se disait seulement des boissons auxquelles on avait ajouté de l'alcool. La langue actuelle ne fait plus cette différence. ALCOOLIQUE et ALCOOLISÉ sont devenus synoymes, et leur sens est : qui contient de l'alcool.

ALCOOTEST et non IVRESSOMÈTRE
Le mot *ivressomètre* est un régionalisme à éviter. ALCOOTEST est le terme correct. En fait, ce n'est pas le degré d'ivresse mais plutôt celui d'alcool dans le sang qu'il s'agit de vérifier. ALCOOTEST désigne à la fois l'appareil utilisé et l'épreuve que l'on fait subir à une personne. Voir **Alcool** (prononciation)

À L'EFFET QUE Voir **Effet que (à l')**

ALLER (usages fautifs)
Nous abusons du verbe *aller*, le plus souvent sous l'influence de l'anglais.

Usages fautifs	Corrections
Aller en grève (to go on strike).	FAIRE LA GRÈVE ou DÉCLENCHER LA GRÈVE.
Aller en élections.	DÉCRÉTER ou DÉCLENCHER DES ÉLECTIONS.
Aller en appel.	EN APPELER, FAIRE APPEL, INTERJETER APPEL.

⇨

Aller sous presse (to go to press). METTRE SOUS PRESSE.
Aller en prolongation (sports). JOUER EN PROLONGATION.

ALLÔ!
Dans l'usage général du français, l'interjection ALLÔ! ou ALLO! ne s'emploie qu'au téléphone. Il semble qu'il n'y ait qu'au Québec, qu'au Canada francophone, qu'on utilise aussi ALLÔ! comme salutation familière. L'usage n'est pas nécessairement à rejeter, mais il est bon que nous sachions que nous l'avons calqué sur le hello! des anglophones, utilisé tant au téléphone que comme salutation familière. Pour nous, il est tout de même préférable de saluer les gens en disant BONJOUR! et BONSOIR! ou, familièrement, SALUT!

ALLOCUTION et DISCOURS
Une ALLOCUTION est un discours bref. Les dictionnaires s'accordent à le dire. Aussi, une ALLOCUTION a généralement un caractère moins officiel qu'un discours. Par conséquent, si un homme d'État, un grand orateur, s'adresse à une foule ou à la télévision pendant 30, 60 minutes et plus, on ne peut pas parler d'une *allocution*, c'est nettement un DISCOURS.

ALLUMER et ÉTEINDRE des appareils
Ces deux verbes qu'on utilisait jadis à propos du feu, de l'éclairage, ont pris un sens beaucoup plus large en français actuel. Il est correct de dire ALLUMER ou ÉTEINDRE la télévision, la radio et les appareils ménagers. Ces deux verbes sont devenus synonymes de **mettre en position de fonctionner** et de **faire cesser de fonctionner**.

ALTÉRATION, ALTÉRER
Le mot anglais alteration est synonyme de RETOUCHE et de MODIFICATION. En français, cependant, le mot ALTÉRATION est péjoratif, il désigne une modification en mal de quelque chose. Par conséquent, il faut dire que l'on fait faire des RETOUCHES, des MODIFICATIONS à des vêtements et non pas des *altérations*. Il en va de même pour le verbe ALTÉRER. On fait RETOUCHER un vêtement, on ne le fait pas *altérer*. Altérer, c'est changer en mal. On peut dire par exemple que la chaleur ALTÈRE les denrées périssables.

ALTERNATIF, ALTERNATIVE (adjectif)
Dans son sens traditionnel, l'adjectif ALTERNATIF, ALTERNATIVE, signifie : qui propose un choix entre deux possibilités. Par exemple, un système de chauffage ALTERNATIF peut offrir le choix entre le gaz et l'électricité. Dans la langue actuelle, cet

adjectif signifie également, et de plus en plus : qui offre une solution de rechange, une méthode nouvelle. Ex. : les médecines ALTERNATIVES, les sources d'énergie ALTERNATIVES, l'école ALTERNATIVE.

ALTERNATIVE (nom)
Dans la langue traditionnelle, le nom ALTERNATIVE désigne la présence de deux possibilités entre lesquelles il faut choisir. Ex. : L'ALTERNATIVE est la suivante : ou bien je paie comptant et j'épargne l'intérêt, ou bien j'achète par versements et je paie des intérêts. Ce sens d'ALTERNATIVE est toujours correct et en usage, mais il subit une concurrence féroce. Dans l'usage actuel, en effet, ALTERNATIVE est devenu synonyme de SOLUTION DE RECHANGE. Vous avez peur de l'avion, alors prenez le bateau, c'est l'ALTERNATIVE! Au Québec, plusieurs personnes consultées, y compris quelques journalistes, ne connaissent que le deuxième sens. En France, les deux sens de ALTERNATIVE se font concurrence. C'est un épineux dilemme. Or, DILEMME, justement, est une solution, puisqu'il est synonyme d'ALTERNATIVE dans son sens original et qu'il a l'avantage de ne pas être aux prises avec un sens rival. Ex. : Je suis dans un DILEMME, je ne sais pas si je vais faire réparer ma voiture ou en acheter une neuve.

AMATEUR, AMATRICE Voir **Féminin des noms de métiers**

AMÉNAGER un cours d'eau Voir **Harnacher et Aménager**

AMENER et EMMENER, APPORTER et EMPORTER
Ces verbes sont l'objet de fréquentes confusions. Il importe donc de se rappeler ce qui suit : AMENER et EMMENER, qui signifient mener avec soi, s'emploient seulement à propos des personnes et des animaux, jamais à propos des choses. APPORTER et EMPORTER, qui signifient porter avec soi, ne s'emploient qu'à propos des choses, des bébés et des petits animaux, puisqu'il faut les porter avec soi. Exemples : Je vous AMÈNERAI ou vous EMMÈNERAI ma fille demain. Elle APPORTERA ou EMPORTERA ses derniers tableaux. Il n'y a qu'une nuance entre AMENER et EMMENER, c'est que AMENER considère le **point d'arrivée**, tandis que EMMENER considère le **point de départ**. La même nuance existe dans le cas de APPORTER et de EMPORTER.

AMIANTE (genre)
Le mot AMIANTE est du **masculin**. L'AMIANTE peut parfois être DANGEREUX.

AMOUR (ÊTRE EN ~, TOMBER EN ~, etc.)
Les expressions *être en amour, être en amour avec, tomber en amour, tomber en amour avec*, sont toutes calquées sur l'anglais in love. Il faut les remplacer par ÊTRE AMOUREUX, ÊTRE AMOUREUX DE, TOMBER AMOUREUX, TOMBER AMOUREUX DE, ou encore S'ÉPRENDRE DE.

AMUSEMENT (PARC D')
Parc d'amusement est un anglicisme qui nous vient de amusement park. Le terme français est PARC D'ATTRACTIONS, en usage dans toute la francophonie. Notons cependant que le mot AMUSEMENT est correct dans d'autres sens en français.

AMUSEMENT (TAXE D') Voir **Taxe d'amusement**

ANGLIFIER pour **ANGLICISER**
Le verbe *anglifier*, comble des anglicismes, est calqué sur l'anglais to anglify, terme archaïque en anglais et remplacé par to anglicize. Le verbe français est ANGLICISER. On dira donc : ces gens sont ANGLICISÉS, leur vocabulaire est ANGLICISÉ.

ANNÉE FISCALE
Année fiscale est une mauvaise traduction de fiscal year. EXERCICE FINANCIER est le terme français. On peut dire aussi EXERCICE BUDGÉTAIRE. Également, le mot EXERCICE avec l'année en apposition est d'usage correct. Ex. : L'EXERCICE 2001-2002. Le mot FISCAL, en français, a un sens plus restreint qu'en anglais. Il signifie : qui se rapporte au fisc, à l'impôt. Dans l'usage général, hors des questions budgétaires, on peut dire l'ANNÉE CIVILE, mais il faut éviter *année de calendrier*, qui est aussi un anglicisme.

ANNÉE LONGUE (À L'), À LA JOURNÉE LONGUE
Ces locutions sont des anglicismes. Pour indiquer qu'une action dure toute la journée, jour après jour, ou toute l'année, année après année, il faut dire plutôt : À LONGUEUR DE JOURNÉE et À LONGUEUR D'ANNÉE. On dit en anglais : all day long et all year long.

ANNONCE PUBLICITAIRE Voir **Commercial**

ANNONCEURE Voir **Féminin des noms de métiers**

ANTAGONISER
Ce verbe est une impropriété en français. On l'a traduit littéralement de to antagonize. On dira plutôt : VEXER, OFFUSQUER, CONTRARIER, INDISPOSER.

ANTENNE
Les expressions suivantes, avec le mot ANTENNE, sont à recommander : À L'ANTENNE DE, SUR L'ANTENNE DE (tout comme SUR LE RÉSEAU DE), À VOUS L'ANTENNE, CHEF D'ANTENNE (anchor man, en anglais), À ou SUR NOTRE ANTENNE (équivalent de SUR NOS ONDES) et RENDRE L'ANTENNE.

ANTHRAX et CHARBON
ANTHRAX est un terme médical désignant un amas de furoncles avec nécrose au centre. C'est une maladie plutôt bénigne. C'est le seul sens de ce mot en français. CHARBON désigne une maladie infectieuse de l'homme et des animaux. Cette maladie est causée par le bacille du CHARBON. C'est ce bacille que certains emploient pour attaquer l'ennemi au cours d'une guerre, ou dans des actes de terrorisme. En anglais, ANTHRAX désigne à la fois la maladie à furoncles et la maladie infectieuse de l'homme et des animaux, dont le bacille peut être utilisé comme arme bactériologique.

ANTICIPER
Employé au sens de prévoir, s'attendre à, le verbe *anticiper* est un anglicisme. Ainsi, il est incorrect de dire : *anticiper* des résultats, des profits. En français correct, ANTICIPER a le sens d'exécuter avant le temps déterminé. Ex. : ANTICIPER un paiement. ANTICIPER signifie aussi : éprouver à l'avance. Ex. : J'ANTICIPE le plaisir de vous revoir. Dans le langage du sport, cependant, ANTICIPER, emprunté à l'anglais to anticipate, s'emploie de plus en plus dans le sens de prévoir, de pressentir un coup, une manœuvre de l'adversaire : un boxeur qui ANTICIPE bien les coups. Notons que souvent les anglicismes entrent dans la langue générale par la « porte » du sport.

ANTIPERSONNEL
Le qualificatif ANTIPERSONNEL est invariable en genre et en nombre et cela paraît étonnant de prime abord. On écrit en effet des mines ANTIPERSONNEL, des engins ANTIPERSONNEL. Cette invariabilité s'explique par le fait que le mot ANTIPERSONNEL signifie contre le personnel, et non pas contre les personnes. ANTIPERSONNEL est un terme militaire, utilisé en anglais comme en français, et qui s'écrit de la même façon dans les deux langues.

ANTITABAC (DISQUES ou TIMBRES)
On appelle DISQUES ou TIMBRES ANTITABAC (ou ANTITABAGIQUES) les pastilles médicamenteuses qu'on colle à la peau et qui libèrent progressivement une substance active dans le sang du porteur. DISQUES et TIMBRES sont évidemment préférables à patchs.

ANXIEUX DE
L'adjectif ANXIEUX, au sens de DÉSIREUX DE, IMPATIENT DE, QUI A HÂTE DE, est d'emploi correct s'il est suivi de la préposition DE et d'un infinitif. Ex. : ANXIEUSE DE RETROUVER son fiancé, elle a pris le premier avion. Autre exemple, celui-ci de Gide : ANXIEUX D'ACQUÉRIR certaines qualités...

AOÛT (prononciation)
Le nom du mois d'AOÛT se prononce chez nous avec le **T** muet et cette prononciation semble la plus répandue dans la francophonie, même si un grand nombre de Français prononcent le **T**. Pour ce qui est de la prononciation **a-ou**, elle est archaïque.

APARTHEID (prononciation)
En français, il faut faire rimer le mot APARTHEID avec AIDE. Les anglophones le font rimer avec le mot anglais AID.

APPAREIL PHOTO   Voir **Caméra**

APPARTEMENT et PIÈCE
Il importe de différencier les mots APPARTEMENT et PIÈCE. Un APPARTEMENT est un logement de quelques pièces situé dans un immeuble résidentiel. Le mot PIÈCE désigne chaque partie cloisonnée d'un logement. Ex. : Je cherche un petit APPARTEMENT de trois PIÈCES.

APPEL (ALLER EN)   Voir **Aller** (usages fautifs)

APPELER (usages fautifs)
Le verbe *appeler* est un anglicisme dans certains usages, en particulier dans le sport. Ainsi, *appeler* l'arrêt du jeu et *appeler* une pénalité sont à remplacer par ARRÊTER ou INTERROMPRE le jeu et IMPOSER une pénalité. *Appeler* une élection et appeler une réunion sont également des anglicismes. On dira plutôt : DÉCRÉTER des élections et CONVOQUER une réunion.

APPLAUDISSEMENTS (UNE BONNE MAIN D')
   Voir **Main d'applaudissements** *(une bonne)*

APPLICATION (FAIRE)
Faire application est un anglicisme. On l'a calqué sur to make an application. Le bon usage nous offre un choix de solutions de rechange : POSTULER, POSER SA CANDITATURE, FAIRE UNE DEMANDE D'EMPLOI.

APPLIQUE (appareil)   Voir ***Fixture***

APPORTER et EMPORTER   Voir **Amener et Emmener**

APPRÉCIER (usages corrects, usages fautifs)
Le verbe APPRÉCIER est d'un emploi correct au sens de aimer, goûter, juger favorablement. Ex. : Elle APPRÉCIE votre humour. J'APPRÉCIAIS leur façon de jouer. *Apprécier que* est un anglicisme. Au lieu de dire « J'*apprécierais que* vous reteniez votre chien », on dira correctement « J'AIMERAIS QUE vous reteniez votre chien », ou encore « Je VOUS SAURAIS GRÉ DE retenir votre chien ». *Apprécier* suivi d'un infinitif est également fautif. Au lieu de dire « J'*apprécierais recevoir* votre réponse avant lundi », on dira correctement » J'AIMERAIS RECEVOIR votre réponse avant lundi », ou encore « Je VOUS SERAIS RECONNAISSANT DE me répondre avant lundi ».

AQUAPLANAGE plutôt que **AQUAPLANING**
Même si le mot *aquaplaning* est assez répandu, il vaut mieux le remplacer par AQUAPLANAGE, terme officiellement recommandé en France et au Québec. AQUAPLANAGE désigne le dérapage d'un véhicule sur une chaussée très mouillée.

AQUATIQUE et NAUTIQUE
Il faut éviter de confondre ces deux mots. AQUATIQUE signifie : qui vit dans l'eau ou au bord de l'eau. Ainsi, les poissons, les canards, sont des animaux AQUATIQUES et les nénuphars sont des plantes AQUATIQUES. On dit aussi maintenant : PARC AQUATIQUE, lieu qui propose des jeux, des activités en relation avec l'eau. Le mot NAUTIQUE signifie : relatif à la navigation, y compris la navigation de plaisance, et aux sports qui se pratiquent sur l'eau et dans l'eau. Par conséquent, il faut dire le SKI NAUTIQUE et non pas le *ski aquatique*. Parmi les sports NAUTIQUES, on compte aussi : la natation, le plongeon, la plongée, l'aviron, la voile, etc. Surtout, il faut parler de SÉCURITÉ NAUTIQUE et non pas *aquatique*.

ARBORITE
Le mot français est STRATIFIÉ. *Arborite* est une marque de commerce en Amérique, tandis que *Formica* est une marque de commerce en France. On dira un COMPTOIR DE STRATIFIÉ.

ARCADE   Voir **Jeux électroniques**

ARCHE DU PIED
L'expression *arche du pied* est un calque de arch of the foot. Il faut dire plutôt la CAMBRURE DU PIED. Le joueur s'est blessé à la CAMBRURE DU PIED.

ARÉNA
ARÉNA, nom masculin, est un mot québécois reconnu, désignant un établissement qui abrite une patinoire entourée de gradins : l'ARÉNA Maurice-Richard, UN GRAND ARÉNA.

ARGENTS (LES)
Le nom ARGENTS, au pluriel, est archaïque. On l'employait jadis au sens de SOMMES, CRÉDITS. Ce pluriel, très populaire il y a quelques décennies, s'entend peu de nos jours. On dit correctement : les CRÉDITS votés par le Parlement, les SOMMES ou les FONDS affectés aux urgences.

ARGUER (prononciation)
Dans le verbe ARGUER qui signifie tirer argument de quelque chose, se servir de quelque chose comme argument, le U se prononce toujours, non seulement dans l'infinitif, mais dans toute la conjugaison, exactement comme dans TUER. Ex. : J'ARGUE (ar-gu), nous ARGUONS (ar-gu-on), ils ont ARGUÉ (ar-gu-é), etc.

ARGUMENT pour DISPUTE
Le mot *argument* est un anglicisme quand on l'emploie au sens de DISPUTE, QUERELLE. Au lieu de dire « Il a eu un *argument* avec sa fiancée », on dira correctement « Il a eu une DISPUTE, une QUERELLE, avec sa fiancée ».

AROBAS Voir À commercial

ARRÉRAGES et ARRIÉRÉ
La somme qui n'a pas été payée à la date convenue s'appelle l'ARRIÉRÉ et non pas les *arrérages*. Il faut dire l'ARRIÉRÉ d'un compte. « Veuillez payer l'ARRIÉRÉ », lit-on sur les factures bien rédigées. Le mot ARRÉRAGES (nom masculin pluriel) est correct, mais son sens est différent : il désigne le montant échu d'une rente.

ARRÊT (ÊTRE SOUS ~, METTRE SOUS ~)
La locution être *sous arrêt* est un anglicisme (to be under arrest). C'est pourquoi il faut dire ÊTRE EN ÉTAT D'ARRESTATION et non pas *être sous arrêt*. On dit correctement : METTRE EN ÉTAT D'ARRESTATION et non pas *mettre sous arrêt*.

ARRIÈRE-BANC Voir Backbencher

ARRIVER AVEC (anglicisme)
La faute est courante chez nous. Ainsi, on entend : « Qu'est-ce qu'il arrive avec ta sœur ? » C'est le calque évident : « What's

happening with your sister? » On remplace l'anglicisme en disant tout simplement « Qu'est-ce qu'il ADVIENT DE ta sœur ? », ou encore » Qu'est-ce qu'il ARRIVE À ta sœur?».

ARTÈRE *COMMERCIALE* Voir **Commercial** et **Commerçant**

ARTICLE (dans la date)
L'usage français veut que l'on place l'article défini devant le nom du jour et non devant le quantième. On dira LE lundi 2 mai et non pas lundi *le* 2 mai.

ARTICLE SUPERFLU
Sous l'influence de l'anglais, nous employons souvent des articles tout à fait superflus. Quand on supprime ces articles, on se rend compte que la phrase est plus française : c'est une bonne façon de se guider. Par exemple, dans « M. Roger Bertrand, *un* avocat de Berthier, va défendre la cause », si l'on supprime l'article un et que l'on dit AVOCAT DE BERTHIER, on se rend compte que l'article était superflu. De même, dans « Nous nous rencontrons jeudi, *la veille de la fête* », enlevons l'article *la* et nous obtenons : jeudi, VEILLE DE LA FÊTE (l'article était superflu).

ARTICULÉ
ARTICULÉ est bien français quand on l'emploie dans le sens de : qui possède une ou des articulations. Une poupée ARTICULÉE, un autobus ARTICULÉ. Mais *articulé* est un anglicisme à rejeter lorsqu'on l'emploie au sens de : éloquent, qui s'exprime avec aisance. Faute : Ce jeune politicien est très *articulé*. Correction : Ce jeune politicien S'EXPRIME AVEC BEAUCOUP D'AISANCE ou est très ÉLOQUENT.

ASPHALTE (masculin)
La faute est courante. On entend : L'asphalte est *restée molle*. L'asphalte est RESTÉ MOU. L'asphalte est BRÛLANT lorsque les ouvriers l'étendent.

ASPHALTAGE et **PAVAGE** Voir **Pavage**

ASPHYXIE (prononciation) Voir **X** (prononciation de la lettre)

ASSASSINAT Voir **Meurtre**

ASSAUT, AGRESSION, VOIES DE FAIT
C'est un anglicisme que d'employer le mot *assaut* au sens de VOIES DE FAIT, ATTAQUE CONTRE UNE OU DES PERSONNES. On peut dire l'ASSAUT d'une forteresse, un char d'ASSAUT, des troupes ⇨

d'ASSAUT, mais le mot *assaut* ne désigne jamais, en français correct, la violence, ou une agression contre une ou des personnes. Notre Code criminel traite de VOIES DE FAIT, SIMPLES ou GRAVES, termes juridiques qui sont synonymes d'ATTAQUE, d'AGRESSION.

ASSEMBLAGE (CHAÎNE D') Voir **Montage (ligne de)**

ASSEMBLÉE D'INVESTITURE Voir **Congrès d'investiture**

ASSEMBLÉE et RÉUNION
Ces mots ne sont pas synonymes. Une ASSEMBLÉE est la réunion des membres d'un organisme et implique souvent un grand nombre de personnes : l'ASSEMBLÉE des membres d'un parti, l'ASSEMBLÉE des actionnaires d'une entreprise. Le mot RÉUNION a une portée beaucoup plus restreinte : la RÉUNION d'un conseil d'administration, une RÉUNION de famille. Voir ***Meeting***

ASSEOIR
Le verbe ASSEOIR n'a que cette forme à l'infinitif. Il a cependant deux conjugaisons bien différentes et toutes deux correctes. Ainsi, au présent de l'indicatif, on peut dire : J'assois, tu assois, il assoit... et aussi J'assieds, tu assieds, il assied. À l'impératif, on peut dire : Assoyez-vous, ou encore : Asseyez-vous.

ASSIGNER et AFFECTER
Au lieu de dire *assigner* quelqu'un à un travail, il convient de dire AFFECTER quelqu'un à un travail. Mais on dit correctement ASSIGNER un travail à quelqu'un. Ex. : Ma femme a été AFFECTÉE à un nouveau travail au laboratoire. On lui a ASSIGNÉ un travail qui lui convient beaucoup mieux. (On AFFECTE quelqu'un : on ASSIGNE un travail.)

ASSISTANCE SOCIALE et BIEN-ÊTRE
Pour désigner l'aide financière du gouvernement aux démunis, il faut dire l'ASSISTANCE SOCIALE ou l'AIDE SOCIALE, et non pas le *bien-être social* (encore moins le *BS*). Le terme BIEN-ÊTRE est français, mais il a un sens tout à fait différent : il désigne une situation matérielle satisfaisante par opposition à la misère, à la pauvreté, etc. Ex. : Malgré ses torts, cet homme a toujours vu au BIEN-ÊTRE de ses enfants.
Quant au terme *assisté social*, *assistée sociale*, il vaut mieux le remplacer par PRESTATAIRE DE L'AIDE SOCIALE.

ASSISTANT, ASSISTANTE
L'emploi du mot *assistant*, *assistante*, placé avec un trait d'union devant un nom de fonction, est calqué sur l'anglais. C'est pour-

quoi, au lieu de dire *assistant-directeur*, il faut plutôt dire DIRECTEUR ADJOINT, ou SOUS-DIRECTEUR. Et, au lieu de l'anglicisme *assistant-comptable*, on dira AIDE-COMPTABLE. Quant au mot ASSISTANT employé seul, il ne cause pas de difficulté et on peut dire par exemple : Pour les détails du contrat, voyez mon ASSISTANT.

ASTRONAUTE, COSMONAUTE, HOLOCAUSTE, etc.
(prononciation)
Le groupe AU dans la dernière syllabe d'un mot se prononce Ô, comme dans HÔTE. Il faut donc prononcer ASTRONAUTE (nôte), COSMONAUTE (nôte), HOLOCAUSTE (côste). Les prononciations «*astronotte*», «*cosmonotte*», etc., sont d'influence anglaise.

ATELIER DE MAÎTRE Voir **Master class**

ATOCA, ATACA, CANNEBERGE
ATOCA et ATACA sont deux variantes du nom amérindien d'un type d'airelle que l'on mange avec la dinde, le poulet, etc. En français général, ce petit fruit s'appelle CANNEBERGE.

ATTENTION (SE TENIR À L')
On dit en anglais to stand at attention et nous avons longtemps fait la faute de dire en français : *se tenir à l'attention*. Il faut dire plutôt : SE TENIR AU GARDE-À-VOUS. Et le commandement militaire doit être : GARDE À VOUS !

ATTRACTIONS (PARC D') Voir *Amusement (parc d')*

AUCUNS, AUCUNES (emploi au pluriel)
L'adjectif indéfini AUCUN, AUCUNE, s'emploie surtout au singulier. Il se met cependant au pluriel avec les noms qui sont toujours au pluriel, comme FRAIS, FUNÉRAILLES, ARCHIVES, REPRÉSAILLES, HONORAIRES. Ex. : AUCUNS frais ne seront réclamés. Elle n'a eu AUCUNES funérailles.

AUGMENTER DE et AUGMENTER À
Il faut dire AUGMENTER DE lorsqu'il s'agit d'indiquer la quantité ajoutée à la valeur initiale. Ex. : Les loyers seront AUGMENTÉS DE 5 %. Si l'on veut indiquer le résultat de l'augmentation, c'est-à-dire la valeur initiale, plus l'ajout, on emploiera plutôt la locution PORTER À. Ex. : Le prix des billets de métro est PORTÉ À deux dollars (et non pas *augmenté à* deux dollars). Si l'on veut utiliser le verbe AUGMENTER, il faut mentionner la valeur de départ. Ex. : Le litre de lait a été AUGMENTÉ DE un dollar À un dollar vingt-cinq.

AU LARGE pour **EN LIBERTÉ**   Voir *Large (au)*

AUSSI PEU QUE (POUR)   Voir *Pour aussi peu que*

AUSSI PIRE   Voir *Moins pire*

AUTANT (EN ~ QUE JE SUIS CONCERNÉ)
Voir *Concerné (en autant que je suis)*

AUTANT DE JOURS (EN)
Il est incorrect d'employer la locution *en autant de* après un numéral ordinal. Exemple de cette faute : Elle a remporté *une troisième médaille en autant de* jours. La langue anglaise se permet cet usage, mais en français il faut d'abord mentionner *un nombre* avant de pouvoir dire EN AUTANT DE. On corrigera en disant : Elle a remporté UNE TROISIÈME MÉDAILLE EN TROIS JOURS. Le français est plus logique dans ce cas. En effet, le mot troisième n'est pas un nombre, c'est plutôt un adjectif numéral ordinal. Autrement dit, une troisième médaille, c'est seulement une médaille : c'est pourquoi on ne peut pas dire ensuite : *en autant de jours.*

AUTOBUS À DEUX ÉTAGES
Le terme correct est plutôt AUTOBUS À IMPÉRIALE. On appelle IMPÉRIALE le dessus d'une voiture de voyageurs. Il y avait autrefois des diligences À IMPÉRIALE. Nous avons de nos jours des voitures de train et des autobus À IMPÉRIALE.

AUTOBUS et AUTOCAR
Il y a une nette différence entre un AUTOBUS et un AUTOCAR. Un AUTOBUS fait le transport des passagers à l'intérieur des villes, des régions urbaines, tandis qu'un AUTOCAR effectue les liaisons interurbaines et il fournit un confort en conséquence. Notons qu'en Europe on dit couramment CAR pour AUTOCAR.

AUTOCARAVANE   Voir **Caravane**

AUTOMNAL (prononciation)
Le M de AUTOMNAL doit rester muet tout comme celui de AUTOMNE. La prononciation avec le M sonore est archaïque.

AUTO-STOP   Voir **Stop**

AUTRES (DE D')
Pour l'euphonie, selon Grevisse, la locution D'AUTRES ne doit pas être précédée par la préposition *de*. Par exemple, il faut éviter

de dire : J'ai reçu ces renseignements *de d'autres* personnes; et dire plutôt : J'ai reçu ces renseignements D'AUTRES personnes.

AUX DEUX HEURES, AUX DEUX SEMAINES, etc.
Il est incorrect de dire : *aux deux heures, aux deux semaines, aux trois minutes,* etc. Il faut dire plutôt : TOUTES LES DEUX HEURES, TOUTES LES DEUX SEMAINES, etc. Ex. : Prenez un comprimé TOUTES LES DEUX HEURES. Au lieu de dire «Notre représentant passera chez vous *aux deux semaines*», on dira correctement «Notre représentant passera chez vous TOUTES LES DEUX SEMAINES».

AVALANCHE DE NEIGE
On fait un pléonasme en disant *avalanche de neige,* puisqu'une AVALANCHE est une masse de neige qui déferle d'une montagne. Cependant, on peut dire par analogie une AVALANCHE de boue, une AVALANCHE de pierres, et au figuré une AVALANCHE d'injures, de protestations, etc.

AVANT (METTRE EN), expression correcte
VOIR *Mettre de l'avant*

AVANTAGES SOCIAUX VOIR *Bénéfices marginaux*

AVEC au lieu de PAR et de POUR
Sous l'influence de l'anglais, nous utilisons souvent *avec* au lieu de PAR et de POUR. Ainsi, il est incorrect de dire : Je suis *avec* vous dans un moment. Il faut dire plutôt : Je suis À vous dans un moment. Au lieu de dire : Il travaille depuis dix ans *avec* cette compagnie : il faut dire : Il travaille depuis dix ans POUR cette compagnie. Au lieu de dire : Elle est *avec* le Parti vert depuis 1980 : il faut dire : Elle est MEMBRE DU Parti vert depuis 1980. Au lieu de dire : Nous voyageons *avec* Air Gaspé : il faut dire : Nous voyageons PAR Air Gaspé. Enfin, au lieu de dire : Commençons *avec* les enfants : on dira : Commençons PAR les enfants.

AVEC LE RÉSULTAT QUE VOIR *Résultat (avec le ~ que)*

S'AVÉRER VRAI ou FAUX
Le verbe pronominal S'AVÉRER, formé à partir du mot VRAI, ne peut être suivi des adjectifs VRAI ou FAUX, sous peine de faire un pléonasme : *s'avérer vrai* : ou une contradiction : *s'avérer faux.* Pour contourner ces difficultés, on peut dire : S'AVÉRER EXACT, ou JUSTE, et SE RÉVÉLER FAUX, ou INCORRECT. Ex. : Le raisonnement S'EST AVÉRÉ JUSTE. Ses affirmations SE SONT AVÉRÉES INCORRECTES.

AVERSE DE NEIGE
Cette expression est un québécisme inutile puisqu'on peut dire CHUTE DE NEIGE comme dans le reste de la francophonie. Le mot AVERSE, normalement, s'emploie pour la pluie. Il désigne une pluie soudaine et abondante. Pour traduire snowfall, le Harrap's bilingue nous propose CHUTE DE NEIGE. D'ailleurs les météorologues consultés ne voient aucune différence entre CHUTE DE NEIGE et *averse de neige*.

AVERTIR D'AVANCE, PRÉVENIR D'AVANCE, PRÉVOIR D'AVANCE
On fait des pléonasmes en ajoutant *d'avance* aux verbes AVERTIR, PRÉVENIR et PRÉVOIR. La locution *d'avance* n'ajouterait rien aux phrases suivantes : Elle l'a PRÉVENU de son arrivée. La météo avait PRÉVU cette tempête.

AVION À RÉACTION (terme correct)   Voir *Réacté*

AVISEUR, AVISEUR LÉGAL
Le mot *aviseur* n'existe pas en français, ni comme nom ni comme adjectif. C'est pourquoi au lieu de dire un comité *aviseur*, on dira un comité CONSULTATIF. Et si l'on dit *aviseur légal*, on commet un double anglicisme puisque le terme correct en français est CONSEILLER JURIDIQUE, CONSEILLÈRE JURIDIQUE (legal adviser). On peut dire également AVOCAT-CONSEIL, AVOCATE-CONSEIL.

AVOIR DES DENTS (au figuré)   Voir **Dents (avoir des)**

AVOIR DROIT AU CHAPITRE   Voir **Voix au chapitre (avoir)**

AVOIR L'AIR   Voir **Air (avoir l')**

AVOIR L'AIR DE
Comme on a l'air DE quelque chose, il importe de dire : ce DONT on a l'air, et non pas ce *qu'*on a l'air. C'est pourquoi on dira : Voici ce DONT avaient l'air les voitures de l'époque, et non pas ce *qu'*avaient l'air les voitures de l'époque.

AVOIR LE MEILLEUR SUR   Voir **Meilleur (avoir le ~ sur)**

AVOIR LES BLEUS   Voir **Bleus (avoir les)**

AVORTEMENT DE PROCÈS et non *MISTRIAL*
L'anglicisme *mistrial* étant à éviter, on peut employer les termes AVORTEMENT DE PROCÈS et PROCÈS AVORTÉ. Ces deux locutions françaises pour rendre le mot *mistrial* sont d'autant plus à recommander que les mots AVORTER et AVORTEMENT sont d'usage courant au figuré.

B

BABILLARD et TABLEAU D'AFFICHAGE

Voilà deux termes qui n'ont rien en commun dans le reste de la francophonie et qui sont pourtant synonymes chez nous. C'est que nous employons le mot BABILLARD comme métaphore au sens de TABLEAU D'AFFICHAGE, en ignorant souvent qu'un BABILLARD, une BABILLARDE, est une personne qui parle beaucoup, d'une manière futile, enfantine. Faut-il pour cela renoncer à BABILLARD? Sûrement pas! D'ailleurs, nous disons BABILLARD ÉLECTRONIQUE! Gardons les deux termes, mais rappelons-nous le seul sens qu'a le mot BABILLARD dans les autres pays francophones.

BABY-BOOM, BABY-BOOMERS

Aucun équivalent français n'est utilisé pour désigner le BABY-BOOM, c'est-à-dire l'augmentation importante des naissances qui a suivi la dernière Grande Guerre. Il en va de même pour les gens de cette génération : les BABY-BOOMERS. Les grands journaux de France, comme Le Monde, utilisent ces termes anglais, tout comme ils emploient best-seller. Ces termes sont passés à la langue française.

BACKBENCHER

Dans notre langage parlementaire, de tradition britannique, un backbencher peut s'appeler en français soit un DÉPUTÉ DE L'ARRIÈRE-BANC, soit un SIMPLE DÉPUTÉ. Dans le langage courant, on appelle SIMPLE DÉPUTÉ tout élu du peuple qui n'est ni ministre ni adjoint parlementaire : même s'il est devenu célèbre par son activité à la Chambre. L'expression DÉPUTÉ DE L'ARRIÈRE-BANC vient de ce que les députés des banquettes arrière sont ceux qui ne jouent aucun rôle particulier dans leur parti et qui sont généralement peu connus. Quant au terme ARRIÈRE-BAN, sans C final, il remonte au temps de la féodalité et désignait la convocation par le roi de tous ses vassaux pour le service armé.

BACKGROUND (trois anglicismes)
1. Au sens de ANTÉCÉDENTS D'UNE PERSONNE. Quand on veut parler du passé d'une personne, on peut éviter le mot *background* et dire, selon le cas : ses ANTÉCÉDENTS, sa FORMATION, son EXPÉRIENCE PROFESSIONNELLE.
2. Au sens de ARRIÈRE-PLAN. Faute de connaître l'équivalent français, on dit parfois le *background* d'une scène de cinéma, ou encore le *background* d'une photo, d'un tableau. Notre langue a pourtant un beau terme français, qui équivaut parfaitement, c'est ARRIÈRE-PLAN. Ex. : Cette photo de famille est très jolie avec la mer en ARRIÈRE-PLAN.
3. Au sens de DOSSIER. Le mot anglais *background* désigne aussi les renseignements nécessaires à la compréhension d'un événement ou d'un dossier. Les journalistes, les avocats, notamment, disent qu'ils doivent connaître le *background* d'une affaire, ou qu'ils doivent *avoir du background* sur un événement, avant de l'aborder. Ils pourraient dire plutôt qu'ils ont besoin d'ÉTUDIER LE DOSSIER, ou DE FOUILLER LES ANTÉCÉDENTS du sujet.

BACK ORDER
Ce terme anglais est utilisé dans le commerce par des gens qui ignorent tout équivalent français. En fait, au lieu de parler d'articles, d'une commande *back order*, il faut dire des articles, une commande, EN RETARD, EN SOUFFRANCE. Au lieu de dire « Nous sommes back order », on dira correctement « Nous sommes EN RUPTURE DE STOCK », ou nous « ATTENDONS UNE COMMANDE ».

BÂCLER
On emploie à tort le verbe *bâcler* au sens de régler, de conclure une affaire, alors que le vrai et le seul sens de BÂCLER est **faire vite et grossièrement**, comme pour se débarrasser. On a tort de dire, par exemple, qu'un nouveau contrat vient d'être *bâclé* entre un employeur et un syndicat, alors que l'entente a été bien mûrie de part et d'autre avant d'être signée. Il faudrait dire plutôt que ce contrat a été CONCLU, RÉGLÉ.

BADGE, INSIGNE, MACARON   Voir **Macaron**

BÂILLER et BAYER AUX CORNEILLES
BÂILLER, écrit avec deux L et accent circonflexe sur le A, signifie ouvrir involontairement la bouche. BÂILLER de sommeil, ou d'ennui. Pour ce qui est du verbe BAYER, il ne s'emploie plus que dans l'expression BAYER AUX CORNEILLES, qui signifie perdre son temps en regardant en l'air niaisement (Robert).

BAIN et BAIGNOIRE
Le mot BAIN, au sens de BAIGNOIRE, est employé en français général. On dit : mettre de l'eau dans son BAIN : et dans l'hôtellerie, on annonce en France : « Chambre avec douche et BAIN ». Cependant, l'usage le plus courant veut que l'on garde le mot BAIN pour désigner le fait de se baigner.

BAIN-TOURBILLON
Bain-tourbillon est un calque de l'anglais whirlpool bath. L'équivalent correct en français est BAIGNOIRE À REMOUS. On peut dire aussi BAIN À REMOUS. Quant au mot JACUZZI, il désigne la même chose, mais c'est un terme américain, repris d'une marque de commerce et qui est utilisé aussi en France (pluriel : des JACUZZIS).

BALAI Voir *Mop*

BALANCE (instrument)
Le mot BALANCE désigne en général un instrument qui sert à peser. On dit une BALANCE d'épicerie, une BALANCE de magasin, la BALANCE du pharmacien, etc. L'instrument qui sert à peser les personnes s'appelle PÈSE-PERSONNE. Il existe également des PÈSE-BÉBÉS, des PÈSE-LETTRES, etc. Pour les objets lourds, comme les camions, on emploie plutôt BASCULE, et aussi PONT-BASCULE.

BALANCE **au sens de RESTE, SOLDE**
Le mot *balance* est un anglicisme quand on l'emploie au sens de RESTE, RESTANT, SOLDE. Aussi, au lieu de dire la *balance* de la semaine, on dira plutôt le RESTE de la semaine. Au lieu de dire la *balance* d'un compte, on dira le SOLDE d'un compte. Certains disent même, à tort, lorsqu'ils laissent un pourboire « Gardez la *balance*! » au lieu de « Gardez la MONNAIE! ».

BALAYEUSE et ASPIRATEUR
À la maison, nous utilisons l'ASPIRATEUR, mais jamais la *balayeuse*. La BALAYEUSE a sa place dans la rue. C'est le véhicule muni de grosses brosses rotatives pour le nettoyage des rues. Notons que BALAYEUSE est également le féminin de BALAYEUR.

BALCON et GALERIE Voir **Galerie**

BALLANT
Le mot BALLANT est bien français, comme adjectif. Avoir les pieds ou les bras BALLANTS signifie que les membres remuent, faute d'être appuyés. Cependant, on ne peut pas dire ⇨

que quelqu'un a du mal à tenir son *ballant*, c'est-à-dire son ÉQUILIBRE. C'est le mot ÉQUILIBRE qui doit être employé dans ce cas. Comme nom, le mot BALLANT signifie : mouvement d'oscillation. Exemple du Robert : Une voiture chargée en hauteur a du BALLANT (elle oscille).

BANAL (au pluriel)
Ce n'est que lorsqu'il est employé comme terme de féodalité que l'adjectif BANAL devient BANAUX au masculin pluriel. Ex. : Des moulins BANAUX (de l'époque féodale). Dans tous les autres cas, le pluriel est BANALS. Tenir des propos BANALS. Nous sommes habités par des monstres BANALS (Malraux). Au féminin pluriel, c'est toujours BANALES, bien sûr.

BANC (terme juridique)
Le mot *banc* est un anglicisme quand on l'emploie au sens de tribunal (bench). Ainsi, l'expression *monter sur le banc* est d'emploi fautif au sens d'ACCÉDER À LA MAGISTRATURE, ou d'ÊTRE NOMMÉ JUGE. On dira qu'un avocat a ACCÉDÉ très jeune À LA MAGISTRATURE, et non pas qu'il est *monté* très jeune *sur le banc* (on the bench). On peut dire aussi qu'il a été NOMMÉ JUGE très jeune. Jadis, le plus haut tribunal du Québec s'appelait la Cour du banc de la Reine, ou du Roi, selon le cas. On la nomme maintenant la COUR D'APPEL. On entend encore chez nous l'expression rendre une décision, un jugement, *sur le banc*. On dira plutôt, par exemple, qu'un juge a rendu jugement SÉANCE TENANTE, ou bien SANS DÉLIBÉRÉ.

BANC DE NEIGE
Le terme BANC DE NEIGE est un québécisme de bon aloi. Ailleurs dans la francophonie, on dit une CONGÈRE. BANC DE NEIGE et CONGÈRE désignent aussi bien l'amoncellement de neige accumulé par le vent que celui qui résulte du déblayage.

BAND (musique)
Band est un mot anglais à éviter en parlant d'un groupe de musiciens de jazz, ou de tout autre petit ensemble musical. On peut utiliser, selon le cas : ENSEMBLE, FANFARE, FORMATION, TRIO, QUATUOR, etc. En jazz, cependant, quatuor se dit plutôt QUARTETTE.

BANGLADESHI, BANGLADAIS
Les habitants du BANGLADESH sont des BANGLADAIS. On dit : la population BANGLADAISE. Quand l'ancien Pakistan oriental est devenu le BANGLADESH, on a d'abord employé en français le gentilé et l'adjectif BANGLADESHI, qui est encore employé en

anglais, mais les Français ont depuis adopté le gentilé et l'adjectif BANGLADAIS, BANGLADAISE, mieux adaptés à notre langue.

BANLIEUE
Traditionnellement, le mot BANLIEUE désignait l'ensemble des localités qui entourent une ville : Montréal et la BANLIEUE, la grande BANLIEUE d'une capitale, etc. Depuis quelques décennies, le mot BANLIEUE a pris un nouveau sens et désigne aussi chacune des villes qui forment l'agglomération. On dit maintenant : habiter une BANLIEUE cossue, une petite BANLIEUE ouvrière, etc. VOIR **Couronne**

BANQUEROUTE et FAILLITE   VOIR **Faillite**

BARBADE (LA)
LA BARBADE est une île et non un archipel. Il faut éviter de dire *les Barbades*, même si le mot anglais est BARBADOS. On dira par exemple : La mélasse de LA BARBADE est la meilleure.

BARBIER et COIFFEUR
Le mot BARBIER désigne un homme qui fait la barbe au rasoir à la main. La personne qui coupe les cheveux aux hommes ou aux femmes, ou aux deux, est un COIFFEUR, une COIFFEUSE. COIFFEUR, COIFFEUSE, désigne aussi plus généralement la personne qui coiffe, qui entretient la chevelure des femmes ou des hommes.

BARBOTEUSE, PATAUGEUSE, PATAUGEOIRE
Le bassin peu profond où les enfants barbotent ou pataugent s'appelle PATAUGEOIRE. Cependant, PATAUGEUSE est également accepté par l'OQLF, tandis que *barboteuse*, en ce sens, est à éviter. En effet, BARBOTEUSE désigne plutôt un vêtement de jeune enfant, qui dégage les jambes et les bras.

BARMAN, BARMAID
Ces deux mots sont utilisés et reconnus en français depuis fort longtemps. Si l'on tient à les remplacer par des termes d'origine française, on peut dire SERVEUR DE BAR et SERVEUSE DE BAR.

BARRAGE et BLOCUS
À propos d'une route, d'un pont, il faut employer BARRAGE. La police et parfois des groupes de protestataires peuvent BARRER une route, un pont, ou en bloquer le passage par un BARRAGE. Quant au mot BLOCUS, il désigne plutôt le siège d'une ville, d'un territoire, pour l'isoler, couper ses communications. Après la Seconde Guerre mondiale, les Soviétiques ont fait le BLOCUS de ⇨

Berlin. À une échelle beaucoup plus petite, on a dit correctement : le BLOCUS d'Oka, événement principal de la crise au cours de laquelle des Amérindiens ont bloqué les accès à cette localité. Dans la langue actuelle, on dit aussi FAIRE LE BLOCUS d'un port, d'une raffinerie, d'un établissement industriel, etc.

BARRE DE CHOCOLAT
BARRE de chocolat est aussi correct que TABLETTE de chocolat. Il est faux de croire que cet emploi du mot BARRE est un anglicisme. Depuis longtemps, en français, on dit aussi BARRE de savon, BARRE d'or (synonyme de lingot d'or), de même que BARRE de nougat et BARRE aux céréales.

BARRER et VERROUILLER
BARRER signifie fermer au moyen d'une barre. Dans le langage actuel, on ne BARRE plus les portes, sauf dans le cas de certains bâtiments, ceux de la ferme par exemple. En parlant de la porte d'une maison, d'une voiture, on dira plutôt qu'elle est VERROUILLÉE ou FERMÉE À CLÉ.

BAS et CHAUSSETTES
Le BAS monte toujours plus haut que le genou. Habituellement porté par les femmes, le BAS est souvent remplacé de nos jours par le bas-culotte, le collant. La CHAUSSETTE couvre le pied, la cheville et une partie de la jambe. Les hommes ne portent en général que des CHAUSSETTES, tandis que les femmes portent les deux.

BAS DE ZÉRO (EN)
À propos des froides températures, il est incorrect de dire *en bas de zéro*, *sous zéro* et *en dessous de zéro*. Par contre, on dit correctement dix degrés AU-DESSUS DE ZÉRO et dix degrés AU-DESSOUS DE ZÉRO. Mais l'usage correct le plus courant veut que l'on dise MOINS 10 (degrés) et 10. On n'a pas à mentionner PLUS quand il s'agit d'une température excédant le point de congélation.

***BAS DE VIGNETTE* pour LÉGENDE**
Bas de vignette est un régionalisme à éviter. Il est utilisé par notre presse écrite pour désigner un petit article placé sous une photo, une illustration, pour en fournir la description. L'équivalent en français général est LÉGENDE. Quant au verbe LÉGENDER, il signifie : rédiger une légende destinée à être placée sous une illustration. On dit aussi une illustration LÉGENDÉE, ou NON LÉGENDÉE.

BASSIN et BASSINE
Le récipient plat, arrondi, qui sert de cuvette portative aux malades alités, s'appelle BASSIN HYGIÉNIQUE ou BASSIN DE LIT. En contexte, on dit simplement : donner le BASSIN à un malade. Quant au mot BASSINE, il désigne plutôt un récipient large et profond servant à divers usages domestiques et industriels. En cuisine, par exemple, on dit une BASSINE À FRITES.

BATTERIE et PILE
Il importe de faire la distinction entre BATTERIE et PILE. Une BATTERIE fonctionne avec de l'acide liquide alors que la PILE est sèche. Les véhicules sont généralement équipés d'une BATTERIE (d'accumulateurs), tandis que les lampes de poche, jouets, horloges, montres, etc., fonctionnent à PILES.

BAVETTE et GARDE-BOUE
Dans le domaine de l'automobile, les BAVETTES sont les petits écrans de caoutchouc placés derrière les roues pour protéger la carrosserie des projections de boue. Les BAVETTES sont fixées aux GARDE-BOUE, parties de la carrosserie qui recouvrent les roues.

BAY WINDOW, FENÊTRE EN SAILLIE, ORIEL
On dit en anglais bay window et plus rarement bow window. Le terme anglais est répandu chez nous, mais on peut très bien le remplacer par FENÊTRE EN SAILLIE. Le mot ORIEL, venu de l'ancien français « oriol », est également utilisé en anglais, et c'est ce mot de substitution qui est le terme recommandé officiellement en France, mais il semble très peu usité.

BAYER et BÂILLER   Voir **Bâiller**

BEAT
Le mot anglais beat est employé chez nous pour indiquer le rythme d'une mélodie populaire, d'un ensemble. On peut le remplacer par TEMPO ou RYTHME. Au lieu de dire qu'un ensemble, ou une pièce musicale, a un bon *beat*, on peut dire que ce groupe, cette pièce, a un bon TEMPO, un bon RYTHME.

BED AND BREAKFAST
L'anglicisme *bed and breakfast* est superflu pour nous puisqu'il est facile à remplacer par GÎTE TOURISTIQUE. Ce terme est recommandé officiellement par l'Office québécois de la langue française. GÎTE TOURISTIQUE est préférable à « Gîte du passant » qui est une marque de commerce employée par les Agricotours. Quant au terme *Café-Couette*, c'est le nom d'une chaîne commerciale en France. Faisons notre réservation dans un GÎTE TOURISTIQUE.

BEIJING ou PÉKIN?

Employé depuis des centaines d'années en français, le nom de PÉKIN semble irremplaçable. D'ailleurs, il n'y a pas lieu de le changer. Les anglophones ont accepté la recommandation de la Chine et de l'ONU et ils disent tous BEIJING. Les médias francophones, de par le monde, ont fait l'essai du nom universel proposé pour la capitale chinoise, mais ils sont revenus à PÉKIN. En français, le changement aurait présenté des difficultés. Que serait-il advenu, par exemple, de l'adjectif PÉKINOIS?

BELLBOY, PAGETTE ou TÉLÉAVERTISSEUR

Les termes *Bellboy* et *Pagette* sont des marques de commerce, que l'on remplace facilement et de plus en plus par TÉLÉAVERTISSEUR. Explicite et de formation française, le mot TÉLÉAVERTISSEUR est assurément le terme à retenir.

BÉNÉFICE (POUR LE ~ DE)

L'expression *pour le bénéfice de* est un calque de for the benefit of. Pour corriger, on dira plutôt : À L'INTENTION DE. Ex. : À L'INTENTION DE ceux qui étaient absents hier, je répète que... Et, au lieu de dire une collecte *pour le bénéfice des déshérités*, on dira correctement une collecte AU PROFIT ou AU BÉNÉFICE DES déshérités.

BÉNÉFICIAIRE

C'est à tort que l'on emploie chez nous le mot *bénéficiaire* en parlant des personnes qui reçoivent des soins dans un hôpital, un CLSC, etc. Il convient de dire plutôt MALADE ou PATIENT. Ex. : Ce MALADE refuse de prendre son médicament. Le PATIENT a été admis aux soins intensifs. Ce n'est que dans le langage administratif que l'on emploie correctement le mot BÉNÉFICIAIRE au sens de malade, patient. Ex. : Le ministère de la Santé prévoit une forte augmentation du nombre des BÉNÉFICIAIRES dans les CLSC.

BÉNÉFICES MARGINAUX

Bénéfices marginaux est un calque de fringe benefits. On le remplace par AVANTAGES SOCIAUX. Les AVANTAGES dits SOCIAUX sont les éléments de rémunération qui s'ajoutent aux salaires, comme les congés payés, les assurances, la caisse de retraite, etc.

BEST-SELLER

Depuis une quarantaine d'années, le terme BEST-SELLER est passé dans l'usage français. C'est en quelque sorte un terme universel puisqu'il est aussi utilisé en allemand, en italien, en russe, en japonais, etc. On emploie BEST-SELLER à propos des livres, mais aussi des disques, vidéocassettes, etc.

BIAISER, BIAISÉ, PAR LE BIAIS DE
Le qualificatif *biaisé*, appliqué à une personne, un juge, un tribunal, une opinion, un article, un média, etc., est un anglicisme. Il faut dire, pour corriger, qu'un tribunal ou un jugement a été PARTIAL. On peut dire qu'un juge fait preuve de PARTIALITÉ, de PARTI PRIS, de PRÉJUGÉ. On peut qualifier une opinion de PRÉCONÇUE et dire d'une personne qu'elle a un PARTI PRIS en faveur de quelqu'un. Le verbe BIAISER est français, mais il signifie, au sens propre : aller en biais, ou de travers. Au figuré, BIAISER signifie : employer des moyens détournés, artificieux. Il est synonyme de louvoyer, tergiverser. Quant à la locution PAR LE BIAIS DE, elle signifie : par un moyen détourné, artificieux. Ex. : Il a obtenu cette autorisation PAR LE BIAIS D'accointances politiques.

BICYCLE
Il faut éviter le mot *bicycle*. Maintenu dans l'usage chez nous sous l'influence de l'anglais, *bicycle* est devenu ambigu puisqu'il désigne aussi bien une bicyclette qu'une moto. (On entend : les *gars de bicycles*.) Il vaut donc mieux utiliser les mots BICYCLETTE ou VÉLO.

BIDONNER (SE), MARRER (SE)
Les verbes SE BIDONNER, SE MARRER appartiennent au langage familier ou populaire. Ils conviennent mal au langage relevé de l'information, des discours, etc. Dans la langue soutenue, on dira plutôt RIRE AUX ÉCLATS, RIRE À GORGE DÉPLOYÉE, ou encore RIRE AUX LARMES.

BIEN-ÊTRE SOCIAL Voir **Assistance sociale**

BIEN FAIRE
On entend ce genre de phrase dans la bouche des commentateurs de sport : Tel lanceur a *bien fait* ce soir. Or, cet usage de *bien faire*, employé seul, n'est pas français. On dira plutôt que le lanceur a BIEN JOUÉ, ou qu'il a EXCELLÉ. On pourrait dire, par contre, qu'un joueur de hockey a BIEN FAIT de signer un certain contrat.

BIENVENUE
Le mot BIENVENUE est strictement un terme d'accueil. C'est un anglicisme de répondre par *bienvenue* à un remerciement. Quand on nous dit « Merci ! », on peut répondre de différentes façons, toutes bien françaises : DE RIEN ! JE VOUS EN PRIE ! IL N'Y A PAS DE QUOI ! ÇA M'A FAIT PLAISIR ! À VOTRE SERVICE ! En anglais, quand on dit « Thank you ! », la réponse est généralement « You are welcome ! ».

BILL

On a longtemps employé le mot anglais bill, au Québec, pour désigner un PROJET DE LOI proposé à un Parlement. De nos jours, on dit de plus en plus PROJET DE LOI, et c'est le terme en usage dans la francophonie.

BILLET DE SAISON

BILLET DE SAISON est un calque de season ticket. Le billet qui donne accès à tous les matchs d'une saison de sport ou à tous les spectacles d'une saison de théâtre s'appelle correctement ABONNEMENT. On dit : J'ai mon ABONNEMENT au Théâtre du Nouveau Monde, ou je suis ABONNÉ aux matchs du Canadien.

BILLET (D'INFRACTION) pour CONTRAVENTION

Pour un excès de vitesse ou un stationnement en zone interdite, l'automobiliste peut recevoir une CONTRAVENTION, et non un billet. Le mot désigne aussi bien l'infraction commise que le procès-verbal rédigé par un policier. Le policier ou le préposé DRESSE une CONTRAVENTION et l'automobiliste trouve une CONTRAVENTION sur son pare-brise.

BILLETS COMPLIMENTAIRES

Voilà encore un anglicisme : billets complimentaires (complimentary tickets) au lieu de BILLETS DE FAVEUR. D'ailleurs le mot complimentaire n'existe pas en français. Ex. : J'ai deux BILLETS DE FAVEUR pour le spectacle de ce soir, vous voulez m'accompagner ?

BILLION et MILLIARD   Voir Milliard

BILLOT, BILLE, PITOUNE

Un BILLOT est un tronçon de bois gros et court, dont on se sert notamment pour appuyer les morceaux de bois que l'on veut fendre. Jadis, le condamné à mort devait poser sa tête sur le BILLOT. Le mot BILLE (de bois) désigne une pièce de bois ronde et allongée, ce qu'on appelle familièrement chez nous pitoune. Un camion chargé de pitounes, c'est-à-dire de BILLES DE BOIS.

BLACK-OUT et PANNE D'ÉLECTRICITÉ

Le mot BLACK-OUT est accepté en français depuis 1941 pour désigner l'obscurité imposée à un lieu dans le but de le dissimuler à l'ennemi. Le BLACK-OUT était chose courante à Londres pendant la dernière guerre. Au figuré, BLACK-OUT désigne le silence total, temporaire ou permanent, imposé à une information. Quant aux PANNES GÉNÉRALES ou RÉGIONALES d'électricité, ce sont des événements accidentels.

***BLANC DE CHÈQUE*, CHÈQUE EN BLANC**
Pour désigner la petite formule qui sert à faire un chèque, il faut dire FORMULE DE CHÈQUE ou CHÈQUE. On évitera le terme *blanc de chèque* calqué sur l'anglais blank cheque. Mais le livret qui contient une série de FORMULES DE CHÈQUES s'appelle CARNET DE CHÈQUES. Quant à l'expression CHÈQUE EN BLANC, elle désigne un chèque dont le montant n'est pas inscrit. Le bénéficiaire, qui a la confiance du signataire, pourra inscrire le montant à sa guise. Enfin, l'expression DONNER UN CHÈQUE EN BLANC à quelqu'un signifie lui laisser l'initiative d'une dépense, ou lui faire entièrement confiance dans le traitement d'une affaire.

BLANC DE MÉMOIRE
Voilà un anglicisme qu'il faut remplacer par TROU DE MÉMOIRE. Les anglophones disent : I went blank (j'ai eu un trou de mémoire), ou encore My mind went blank (même sens).

BLEU MARINE Voir **Marine**

BLEUS (AVOIR LES)
L'expression *avoir les bleus* est calquée sur l'anglais to have the blues. Nous avons plusieurs équivalents en français : AVOIR LE CAFARD, SE SENTIR MÉLANCOLIQUE ou DÉPRIMÉ, BROYER DU NOIR. Les Français disent aussi : AVOIR LA DÉPRIME.

BLIZZARD et POUDRERIE
Le BLIZZARD est la neige poussée par de grands vents au cours d'une tempête hivernale. La POUDRERIE est la neige soulevée par de grands vents, qu'il s'agisse de neige déjà au sol ou de celle qui tombe pendant une tempête.

BLOC APPARTEMENTS*, *BLOC D'APPARTEMENTS
Ces deux termes sont des anglicismes qu'on peut remplacer par IMMEUBLE D'APPARTEMENTS, IMMEUBLE RÉSIDENTIEL, ou TOUR D'HABITATION lorsqu'il s'agit d'un immeuble en hauteur. Au sens d'IMMEUBLE, le mot *bloc* est un anglicisme (block). En France, on dit maintenant *bloc d'habitations*, qui est un anglicisme, selon le Robert, dans le sens de PÂTÉ DE MAISONS.

BLOCUS et BARRAGE Voir **Barrage**

BOAT PEOPLE
Nous avons un terme évocateur en français pour désigner les immigrants clandestins qui arrivent par la mer dans des conditions souvent périlleuses : les RÉFUGIÉS DE LA MER. Mais BOAT PEOPLE, répandu en français général, est acceptable.

BODY WORKS, BODY SHOP
Ces termes anglais ont des équivalents en français. Body works et body repairs se rendent par RÉPARATIONS DE CARROSSERIE, et body shop se rend par ATELIER DE CARROSSERIE.

BOEING 747, MAZDA 626, etc. (prononciation des centaines)
Les anglais disent Boeing seven forty-seven, en omettant le mot hundred dans l'énoncé de ce nom et des autres qui comprennent un nombre dans les centaines. En français, il faut prononcer le mot CENT, en évitant l'influence anglaise. On dira donc : un Boeing 747 (sept CENT quarante-sept), une Mazda 626 (six CENT vingt-six). De même, pour les routes, on dira la 640 (six CENT quarante), etc. Voir aussi **Cent**

BOGUE, BUG
Peu importe sa graphie, ce mot reconnu en français est venu de l'anglais bug qui désigne une bestiole nuisible. Dans la langue de l'informatique, BOGUE désigne une anomalie de fonctionnement qui entraîne des problèmes.

BOISÉ
Le nom BOISÉ est un québécisme. En français général, il n'y a que l'adjectif BOISÉ. Nous disons : un terrain boisé. Au Québec, cependant, nous avons pris l'habitude de dire un BOISÉ, au lieu de dire un BOIS. L'enfant a été retrouvé dans un BOISÉ. Ce régionalisme est-il à rejeter? Pas nécessairement, mais il importe de savoir qu'un BOISÉ n'est rien d'autre qu'un BOIS.

BOISSONS GAZEUSES   Voir *Liqueurs douces*

BOÎTE À MALLE
Cet anglicisme venu de mailbox est à rejeter. Nous dirons plutôt BOÎTE À LETTRES, ou BOÎTE AUX LETTRES Au fait, y a-t-il une différence entre une BOÎTE À LETTRES et une BOÎTE AUX LETTRES? Non, les deux termes désignent à la fois la boîte dans laquelle nous déposons le courrier pour l'expédier et la petite boîte dans laquelle le facteur dépose nos lettres.

BOÎTE (usages fautifs)
Dans au moins six cas, nous employons le mot boîte sous l'influence de l'anglais.
1. *boîte téléphonique*, calqué sur phone booth, est à remplacer par CABINE TÉLÉPHONIQUE.
2. *boîte à fleurs*, window box, doit se dire plutôt JARDINIÈRE. On accroche une JARDINIÈRE à la balustrade de son balcon et non pas une *boîte à fleurs*.

3. *boîte de scrutin* (ballot box) se dit en français correct URNE. Nous allons aux URNES et non *aux boîtes de scrutin*. On dépouille les URNES, également.
4. La *boîte des témoins*, en cour, doit plutôt s'appeler la BARRE DES TÉMOINS. Notons cependant que nous disons correctement le BOX DES ACCUSÉS.
5. La *boîte d'un camion* doit se dire la CAISSE D'UN CAMION, caisse qui elle-même peut cependant contenir de nombreuses boîtes.
6. *boîte de son* doit se dire ENCEINTE SONORE ou ENCEINTE ACOUSTIQUE. Voir **Système de son**

BOÎTE VOCALE
Contrairement aux «boîtes» de l'entrée précédente, le terme BOÎTE VOCALE est un néologisme tout à fait correct. Il désigne l'appareil qui enregistre nos messages téléphoniques en notre absence.

BOL DE TOILETTE
Bol de toilette est un anglicisme à jeter dans la cuvette. C'est, en effet, le mot CUVETTE qu'il faut employer pour rendre le terme anglais toilet bowl. En français général, les BOLS se trouvent dans la cuisine, pas dans la salle de bains.

BON (UN ~ QUINZE MINUTES)
Voir **Singulier devant un pluriel**

BON DOS (AVOIR)   Voir **Dos large (avoir le)**

BON MATIN!   Voir **Salutations** et **Souhaits**

BON SENS (prononciation)   Voir **Sens (prononciation)**

BONNET DE BAIN   Voir **Casque**

BONUS, BONI, PRIME, GRATIFICATION
Le mot BONUS est maintenant utilisé par les compagnies d'assurance automobile, en France, pour désigner un rabais accordé aux clients qui n'ont pas fait de réclamation. BONUS, au sens de PRIME, GRATIFICATION accordée à un travailleur, est un anglicisme critiqué, mais Robert lui reconnaît ce sens. Larousse lui accorde en plus le sens, au figuré, de ce qui vient en plus ou en mieux, dans un montant, un résultat. Pour remplacer BONUS, il vaut mieux utiliser chez nous les mots PRIME, GRATIFICATION. Ex. : Ces travailleurs recevront une PRIME salariale de 10 % pour leur mérite.

BORD EN BORD (DE)
La locution *de bord en bord*, ou *bord en bord*, courante chez nous, est une déformation pour DE PART EN PART, qui signifie d'un côté à l'autre. Exemple de Robert : La pluie a traversé son manteau DE PART EN PART.

BORNE-FONTAINE, BORNE D'INCENDIE
Une BORNE-FONTAINE est une installation qui apporte l'eau potable dans les endroits qui en sont dépourvus. Sauf erreur, il n'y a pas de BORNES-FONTAINES chez nous. Nous avons cependant de nombreuses BORNES D'INCENDIE, BOUCHES D'INCENDIE ou POTEAUX D'INCENDIE (tous synonymes corrects), devant lesquels il faut surtout éviter de garer sa voiture.

BOSSE DE RALENTISSEMENT   Voir **Speed bump**

BOUCHON (sur l'autoroute)   Voir **Retard**

BOUILLIR
Ce verbe est exceptionnel dans sa conjugaison. BOUILLIR perd ses deux L aux trois personnes du singulier du présent de l'indicatif : je BOUS, tu BOUS, il BOUT. Aux trois personnes du pluriel, on retrouve les deux L : nous BOUILLONS, vous BOUILLEZ, ils BOUILLENT. On dit correctement : L'eau BOUT à cent degrés Celsius. Je BOUS de colère. Il faut que l'eau BOUILLE. Quand l'eau BOUILLIRA. Les deux L sont présents dans tout le reste de la conjugaison, sauf à la deuxième personne du singulier de l'impératif : BOUS.

BOULES À MITES
Le terme *boules à mites* est un régionalisme familier. On se fera comprendre aussi bien avec NAPHTALINE, qui est le mot correct. Ce produit est utilisé en boules ou en cristaux pour combattre les mites. Ex. : Pour ne pas avoir à acheter de la NAPHTALINE, inscrivez COTON sur vos vêtements!

BOULET DE DÉMOLITION
On appelle BOULET DE DÉMOLITION la grosse boule de métal que l'on balance au bout d'un câble porté par une grue, pour démolir de vieux immeubles de maçonnerie. En anglais, le terme équivalent est <u>wrecking ball</u>.

BOUQUIN et LIVRE
Ces deux mots ne sont pas vraiment synonymes. Un BOUQUIN est un vieux livre, un livre usagé. Les BOUQUINISTES, normalement, ne vendent que des livres d'occasion. Par conséquent, on

dira correctement le lancement d'un LIVRE, et non pas d'un *bouquin*. Il faut dire : Achetez le dernier LIVRE de Tremblay, et non pas son dernier *bouquin*. Cependant, dans le langage familier, on emploie le mot BOUQUIN comme synonyme de LIVRE.

BOURRASQUES DE VENT, RAFALES DE VENT
On fait des pléonasmes en parlant de *bourrasques de vent* et de *rafales de vent* puisque les BOURRASQUES et les RAFALES sont des vents violents. Il suffit de dire : des BOURRASQUES et des RAFALES.

BOURRELÉ DE REMORDS
Une personne peut être BOURRELÉE DE REMORDS et non pas *bourrée de remords*. C'est que le verbe BOURRELER, dont l'usage est devenu rare, signifie : tourmenter, torturer moralement.

BOUT (EN ~ DE LIGNE)
L'expression en *bout de ligne* s'est répandue chez nous et on peut se demander pourquoi, alors qu'elle n'est pas reconnue en français et que nous avons au moins quatre expressions correctes pour la remplacer. On peut dire EN FIN DE COMPTE, FINALEMENT, EN DÉFINITIVE, ou encore AU BOUT DU COMPTE. En fait, *en bout de ligne* pourrait être utilisé au sens propre par les chauffeurs d'autobus et aussi par les pêcheurs qui peuvent mettre différents appâts au bout de leur ligne.
N. B. : Certains utilisent aussi *en bout de piste*, dans le même sens : c'est une autre invention à rejeter.

BOXING DAY
Le terme Boxing Day vient de la tradition britannique. On peut très bien dire en français : le LENDEMAIN DE NOËL, ou l'APRÈS-NOËL.

BOX OFFICE
Le terme BOX OFFICE, au sens de GUICHET d'une salle de spectacle, est superflu en français. Par contre, c'est un anglicisme accepté lorsqu'il désigne le niveau de succès d'un spectacle ou d'une vedette. On dit donc correctement : Ce film, ou cet acteur, est un succès formidable de BOX OFFICE. On dira ainsi : Ce film arrive en tête au BOX OFFICE.

BOYAU, LANCE, TUYAU   Voir **Tuyau**

BPC
On parle beaucoup dans les médias des BPC, et ce sigle signifie biphényles polychlorés, ou polychlorobiphényles. Dans le reste de la francophonie, on dit plutôt les PYRALÈNES, mot plus ⇨

simple et tout à fait recommandé, même s'il provient d'un ancien nom de marque. Ex. : Les PYRALÈNES utilisés dans les transformateurs sont devenus des polluants embarrassants.

BRADERIE Voir *Vente de trottoir*

BRANCHE d'un organisme
Le mot *branche* est un anglicisme quand on l'emploie au sens de SUCCURSALE, DIVISION, SECTION, etc. Les organismes de tous genres, les entreprises commerciales, ont souvent des sections régionales ou locales et, contrairement aux arbres et aux généalogies, ils n'ont pas de branches. On dira correctement la SECTION LOCALE d'un parti politique (Robert), ou encore la SUCCURSALE montréalaise de telle entreprise commerciale.

BRAS DE FER Voir *Tir au poignet*

BRASSIÈRE pour SOUTIEN-GORGE
Le mot BRASSIÈRE, en français, désigne le sous-vêtement pour bébé qu'on appelle chez nous CAMISOLE. *Brassière* au sens de SOUTIEN-GORGE vient de l'anglais qui a emprunté ce mot à la langue française en lui donnant un sens différent. Les Américains disent familièrement : bra. Pour désigner le sous-vêtement féminin, c'est donc SOUTIEN-GORGE qu'il faut employer.

BREAKER, DISJONCTEUR (électricité)
Le mot *breaker* est un anglicisme à éviter. Le petit dispositif de sécurité qui coupe le courant au besoin s'appelle en français COUPE-CIRCUIT. On écrit au pluriel : des COUPE-CIRCUITS.
Quant au mot DISJONCTEUR, c'est un coupe-circuit de grandes dimensions qui coupe le courant d'une ligne électrique de plus ou moins haute tension, lorsqu'il y a lieu.

BREF D'ÉLECTIONS
Quand le gouvernement ordonne la tenue d'élections, il publie un DÉCRET DE CONVOCATION DES ÉLECTEURS. On dit plus simplement : le DÉCRET DES ÉLECTIONS. On disait jadis, et la faute revient encore parfois : *le* ou les *brefs d'élections*, ce qui est un calque de l'ancien anglais. En fait, le nom BREF n'a plus qu'un seul sens : il désigne un rescrit papal d'importance secondaire.

BRETELLE (vêtement et autoroute)
Le mot BRETELLE, qui n'était utilisé autrefois que pour désigner des pièces d'habillement, a pris un sens bien différent en français actuel. Désormais, les autoroutes ont des BRETELLES et

ce sont des voies de raccordement. On dit : les BRETELLES D'ACCÈS et aussi les BRETELLES DE SORTIE.

BREUVAGE et BOISSON
Le mot BREUVAGE a un sens restreint. Il désigne une boisson d'une composition spéciale, ou ayant une vertu particulière. Par exemple : un BREUVAGE aphrodisiaque. Quant au mot BOISSON, il désigne tous les liquides qui se boivent : eau, lait, café, boissons gazeuses, etc. Il faut donc éviter de demander à ses invités s'ils veulent un *breuvage* : mais plutôt une BOISSON. Plus simplement, on leur demandera : Voulez-vous boire quelque chose? Notons que le mot BOISSON peut aussi prendre le sens de boisson alcoolique. On dit par exemple qu'une personne s'adonne à la BOISSON ou qu'elle a ruiné sa santé par la BOISSON.

BRIEFING
Le mot anglais briefing, utilisé souvent par les gens de la politique et de l'information, est à éviter en français. On le remplace avantageusement par SÉANCE D'INFORMATION. Ex. : Avant la tournée du premier ministre, une SÉANCE D'INFORMATION aura lieu pour les journalistes.

BRIN DE SCIE
Le terme *brin de scie* est une déformation de BRAN DE SCIE. Disons donc plutôt BRAN DE SCIE, ou encore SCIURE DE BOIS.

BRIQUETEUR, BRIQUETER, BRIQUETAGE
Le mot *briqueleur* est une déformation québécoise de BRIQUETEUR, qui signifie : poseur de briques. Quant au verbe, c'est BRIQUETER qu'il faut dire et non *briqueler*. On dit correctement : une maison BRIQUETÉE, un mur BRIQUETÉ. Enfin, il faut dire BRIQUETAGE, et non pas *briquelage*.

BRIS (usages fautifs)
Le mot BRIS est souvent mal employé. Ainsi, il est incorrect de parler de *bris* dans un réseau d'électricité. Ce qui cause des pannes de courant, ce sont plutôt des AVARIES ou des RUPTURES dans le réseau. Le mot BRIS est français, mais s'emploie plutôt dans le langage juridique. Le BRIS de scellés, le BRIS de porte, sont des infractions. Dans les assurances, on emploie BRIS de vitrine, BRIS de fenêtre, etc.

BRIS DE CONTRAT, *BRIS DE PROMESSE*
Bris de contrat (breach of contract) est un anglicisme qu'il faut remplacer par RUPTURE DE CONTRAT, qui est le terme juridique officiel. Quant à *bris de promesse*, il faut le remplacer par ⇨

RUPTURE DE PROMESSE. On dit d'ailleurs ROMPRE une promesse, un engagement.

BRIS DE SERMENT, BRIS DE SECRET
Au lieu de *bris de serment* et *bris de secret* (*bris* étant un anglicisme venu de breach), il faut dire VIOLATION DE SERMENT, VIOLATION DE PROMESSE, et VIOLATION DE SECRET. On VIOLE un serment, une promesse, un secret, on ne les brise pas.

BRISER UN RECORD
L'expression *briser un record* est un anglicisme (to break a record). Il faut dire AMÉLIORER ou BATTRE UN RECORD.

BRISEUR DE GRÈVE Voir *Scab*

BROCHE DE BICYCLETTE
Les roues des bicyclettes sont munies de RAYONS, tiges de métal qui réunissent le moyeu à la jante. Le mot *broche*, en ce sens, est un régionalisme à éviter. Ex. : Il manque plusieurs RAYONS à sa roue avant.

BROCHEUSE, AGRAFEUSE, CLOUEUSE
Il y a souvent confusion dans ces termes, qu'il convient de distinguer.
La BROCHEUSE est une machine utilisée en reliure pour le BROCHAGE des livres.
L'AGRAFEUSE est la plus connue : c'est le petit appareil que l'on trouve sur les bureaux et qui sert à attacher les feuilles avec des AGRAFES.
Enfin, la CLOUEUSE est l'outil dont se servent les ouvriers et les bricoleurs. La CLOUEUSE est une agrafeuse robuste qui sert à la pose de divers matériaux.

BRONZER, BRONZAGE
On se fait BRONZER au soleil. On ne se fait pas *griller*. Les poulets, eux, se font griller! Notre épiderme reçoit du soleil un beau BRONZAGE et non pas un beau suntan.

BROUILLARD, BRUME, SMOG
Le BROUILLARD est formé de nuages très bas, reposant à la surface du sol. En météo, on dit qu'il y a BROUILLARD lorsque la visibilité est réduite à un kilomètre ou moins. La BRUME est un brouillard léger. Il y a BRUME lorsque la visibilité est supérieure à un kilomètre. Mais le mot BRUME désigne aussi le BROUILLARD en mer. Ex. : La BRUME nous empêchait d'apercevoir le rocher de Percé. Enfin, le SMOG, contraction des mots anglais smoke

(fumée) et fog (brouillard), désigne un brouillard épais formé de particules polluantes et de gouttelettes d'eau, dans les régions industrielles. Le SMOG est fréquent à Londres et en Californie.

BRÛLEMENTS D'ESTOMAC
Le mot *brûlement* est un régionalisme à éviter. Dans les pharmacies, ce mot a été corrigé par BRÛLURE sur les emballages de médicaments. Mangeons sagement, nous éviterons les BRÛLURES d'estomac.

BRUXELLES (prononciation)
Le nom de la capitale belge se prononce BRU-SEL. C'est la prononciation qu'utilisent les Belges francophones. En France, la prononciation BRUK-SEL est également courante. Mais ne vaut-il pas mieux s'en référer aux Belges ? Donc, retenons plutôt BRU-SEL.

BÛCHER DE LA SAINT-JEAN
Un BÛCHER n'est jamais un FEU DE JOIE. On appelle BÛCHER le feu de bois qui servait au supplice et aussi le feu de bois servant à incinérer les corps. À la Saint-Jean, on allume des FEUX DE JOIE. On dit correctement : les FEUX de la Saint-Jean.

BUDGET D'OPÉRATION
On dit en anglais : operating budget. L'équivalent français est BUDGET D'EXPLOITATION ou BUDGET DE FONCTIONNEMENT. On fait d'autres anglicismes avec le mot *opération*. Voir **Opération** pour **Exploitation**

BUENOS AIRES (prononciation)
Il vaut mieux prononcer ce nom à la française : BUÉ-NOZÈRE. Si on le prononce à l'espagnole, il faudrait, logiquement, prononcer aussi à l'espagnole les noms Argentine, Chili, Mexique, etc.

BUG Voir **Bogue**

BUMPER QUELQU'UN, FAIRE DU BUMPING
Ces anglicismes sont évidemment à remplacer et les mots qu'il faut savoir sont : SUPPLANTER et SUPPLANTATION. Ex. : Il s'est fait SUPPLANTER, et non *bumper*, par un rival sans scrupule. Les bons employeurs évitent autant que possible la SUPPLANTATION, et non le *bumping*.

BUREAU-CHEF
C'est plutôt SIÈGE SOCIAL qu'il convient de dire. *Bureau-chef* est une mauvaise traduction de head office. Quant au terme MAISON MÈRE, il est correct, mais convient plutôt à des sociétés ⇨

religieuses, commerciales ou industrielles. Ex. : La MAISON MÈRE des Sœurs grises. La MAISON MÈRE d'une société industrielle et ses succursales. Mais pour des grandes sociétés comme Hydro-Québec ou Radio-Canada, c'est le terme SIÈGE SOCIAL qui est approprié.

BURNOUT
Nous avons en français deux locutions plus explicites qui rendent cet anglicisme inutile : ÉPUISEMENT PROFESSIONNEL et SURMENAGE PROFESSIONNEL. Il importe de savoir que l'épuisement professionnel n'a rien en commun avec la dépression, ou dépression nerveuse, qui est un état mental pathologique caractérisé par le découragement et la faiblesse.

BUSINESS
Certains semblent croire que le mot business fait plus sérieux que le mot AFFAIRES. Les FEMMES D'AFFAIRES et HOMMES D'AFFAIRES, qui sont les GENS D'AFFAIRES, ne valent-ils pas les business people?

BUT ÉGALISATEUR Voir **Égaliser le score**

BYE!
Il faut prendre l'habitude de dire « AU REVOIR! »; les salutations « bye! » et « bye-bye! » sont des emprunts inutiles à la langue anglaise. Aussi, en quittant une personne, il convient de dire « AU REVOIR! » plutôt que « bye! » ou « bye-bye! » : notez aussi que « BONJOUR! » doit s'employer uniquement lorsque l'on aborde des gens. Voir **Salutations** et **Souhaits**

C

ÇA, c'est la femme du docteur!
Le pronom démonstratif ÇA signifie CECI ou CELA et aussi, selon Larousse, CETTE CHOSE-LÀ. Par conséquent, il faut éviter de désigner une personne en disant : « *Ça*, c'est untel ou unetelle. » La phrase est pour le moins familière. On dira plutôt : « LUI, c'est untel » ou « ELLE, c'est unetelle ».

CÂBLAGE et **FILAGE**   Voir **Filage**

CADRE et **DORMANT** d'une fenêtre
   Voir **Dormant** et **Traverse**

CAFÉ-COUETTE (nom commercial)   Voir *Bed and breakfast*

CAGE À HOMARDS (à éviter)   Voir **Casier à homards**

ÇA L'A un drôle de goût!
C'est sans doute pour éviter un hiatus, c'est-à-dire la rencontre de deux voyelles, que certaines personnes introduisent à tort un L entre deux A. On dit par exemple « *Ça l'a* été beau », ou « *Ça l'a* un goût de cerise ». Cet usage est à éviter, bien sûr. Disons ÇA A, sans craindre le hiatus.

ÇA REGARDE MAL!   Voir *Regarder bien, Regarder mal*

CAISSE DE CAMION (terme correct pour *BOÎTE DE CAMION*)
   Voir *Boîte* (usages fautifs)

CAISSE DE RETRAITE (terme correct)   Voir *Fonds de pension*

CALCIUM (dans les rues? Erreur!)
Le CALCIUM est un métal blanc, celui que nous avons dans nos os. La voirie ne déverse jamais de *calcium* dans les rues ou sur les routes pour faire fondre la neige. C'est du SEL, tout simplement, qu'on utilise (en fait du sel de cuisine, mais non raffiné). ⇨

Donc, il faut éviter de dire que nos bottes sont blanchies par le *calcium*. Elles le sont par le SEL.

CAMELOTE ALIMENTAIRE   Voir **Junk food**

CAMÉRA et APPAREIL PHOTO
Bien des gens appellent *caméra* l'appareil avec lequel ils prennent des photos. En fait, une CAMÉRA sert à capter des images en mouvement, comme pour le cinéma et la télévision. L'appareil avec lequel on prend des photos s'appelle APPAREIL PHOTO. On écrit au pluriel des APPAREILS PHOTOS.

CAMÉRAMAN (masculin et féminin)
Au féminin, on dit tout simplement : une CAMÉRAMAN. Ex. : Cette jeune femme est une excellente CAMÉRAMAN. Au pluriel, on écrit CAMÉRAMANS.

CAMION À REMORQUE   Voir **Remorque**

CAMION DE VIDANGES   Voir **Vidanges, Ordures, Déchets**

CAMOUFLAGE (au figuré)
L'action de dissimuler au public un fait, un événement illicite ou scandaleux, s'appelle CAMOUFLAGE. Le terme anglais est cover-up, qu'il faut éviter d'employer en français. Ex. : Le CAMOUFLAGE de la vente d'armes à un pays belliqueux.

CAMPAGNE (À LA CAMPAGNE et EN CAMPAGNE)
Il faut éviter de confondre ces deux expressions qui ont des sens bien différents. À LA CAMPAGNE signifie : en région rurale, là où on aime aller se reposer des bruits et de la pollution de la ville. EN CAMPAGNE signifie : au cours d'une opération de guerre, de publicité, d'élections, etc. Les troupes sont EN CAMPAGNE, c'est-à-dire en état de guerre. On peut aussi être EN CAMPAGNE ÉLECTORALE, ou EN CAMPAGNE PUBLICITAIRE.

CAMPAGNE DE FINANCEMENT, CAMPAGNE DE SOUSCRIPTION
     (termes corrects)   Voir ***Levée de fonds***

CAMPING et CAMPUS (prononciation)
La première syllabe de ces deux mots se prononce comme dans campagne et non pas à l'anglaise. On fait du CAMPING (can-pigne) à la campagne, plutôt que sur le CAMPUS (can-pus) de l'université.

CANCELLER, CANCELLATION
Les mots *canceller* et *cancellation* sont de vieux mots français venus du latin et qui ont été repris par la langue anglaise dans leur sens original. Ils ont disparu du français moderne qui est riche en termes de remplacement : ANNULER, ANNULATION; SUPPRIMER, SUPPRESSION; INVALIDER, INVALIDATION; etc. Ex. : Tous les départs sont ANNULÉS à Mirabel. Ces ANNULATIONS sont attribuables à la tempête.

CANNEBERGE   Voir **Atoca**

CANTALOUP
Ce mot est masculin : UN CANTALOUP, et le P final est muet. Le loup ne mange pas de CANTALOUP.

CAPACITÉ (À)
La faute est courante chez nous qui consiste à dire par exemple : une salle *remplie à capacité* ou *à pleine capacité*. Cet usage est un calque de l'anglais full to capacity. On corrige en disant : une salle COMBLE, BONDÉE, ou encore PLEINE À CRAQUER. Il faut également éviter de dire qu'une usine produit *à pleine capacité*, et dire plutôt À PLEIN RENDEMENT.

CAR DE REPORTAGE (terme correct)   Voir *Unité mobile*

CAR POOL
Le mot français pour car pool est COVOITURAGE. Il s'agit du mode de transport collectif où chaque voyageur, à tour de rôle, met sa voiture à la disposition d'un petit groupe.

CARAVANE et ROULOTTE
Une CARAVANE est une maisonnette sur roues que l'on tire généralement avec une auto. Le mot ROULOTTE désigne plutôt la maisonnette sur roues des nomades, généralement tirée par un cheval. CARAVANE est donc le terme recommandé, mais le mot ROULOTTE est sûrement préférable aux termes anglais camping car et mobile home, qui sont les locutions les plus courantes en France en parlant de ces véhicules. Quand une CARAVANE est motorisée, on appelle ce véhicule AUTOCARAVANE.

CARREAUX DE CÉRAMIQUE (terme correct pour *tuiles*)
   Voir **Tuile et Carreau**

CARREAUTÉ
Carreauté, en parlant d'un tissu, d'un vêtement, est un québécisme qu'il vaut mieux remplacer par À CARREAUX. Ex. : Une chemise rouge À CARREAUX.

CARRIÈRE (EN)
Nos commentateurs de sport affectionnent la locution EN CARRIÈRE. Ils disent par exemple : « C'est son 30e but EN CARRIÈRE ». C'est un curieux régionalisme. Il est superflu, mais pas fautif. Pourquoi ne pas dire : « C'est le 30e but DE SA CARRIÈRE ».

CARROSSE et LANDAU
Un CARROSSE est une ancienne et chic voiture tirée par des chevaux. Les monarques britanniques, par exemple, se promènent en CARROSSE lors des grands événements. Si nous sommes modestes, employons plutôt le mot LANDAU au sens de voiture d'enfant recouverte, et POUSSETTE, s'il s'agit d'une voiturette pliante très légère.

CARTE D'AFFAIRES
Carte d'affaires est calqué sur business card et il vaut mieux remplacer ce terme par CARTE DE VISITE ou CARTE PROFESSIONNELLE. Aussi, le mot professionnel est préférable à « d'affaires », parce qu'il englobe toutes les professions et pas seulement celles du commerce.

CARTE DE TEMPS pour FICHE DE PRÉSENCE
L'expression *carte de temps* est un anglicisme calqué sur time sheet ou time card. Le terme français est FICHE DE PRÉSENCE. C'est la carte que les travailleurs utilisent pour indiquer leurs heures d'arrivée et de départ. On dit POINTER SA FICHE DE PRÉSENCE, et non la *poinçonner*. VOIR **Poinçonner**

CARTOUCHE et non *CARTON DE CIGARETTES*
Carton de cigarettes est un anglicisme venu de cigarette carton. C'est CARTOUCHE DE CIGARETTES qu'il faut dire en français.

CASERNE DE POMPIERS
Le mot CASERNE est un terme militaire qui désigne le bâtiment destiné au logement des troupes. Pour les pompiers, c'est le mot POSTE qui est approprié. Il faut dire POSTE DE POMPIERS tout comme on dit POSTE DE POLICE.

CASIER À HOMARDS plutôt que *CAGE À HOMARDS*
Les pêcheurs se servent de CASIERS pour attraper les homards. Les CASIERS À HOMARDS sont déposés au fond de la mer peu

profonde. Les CAGES servent plutôt à enfermer les animaux, à la maison, dans les zoos, etc.

CASE POSTALE, CASIER POSTAL, CASIER
Dans une adresse, on mentionne le numéro de CASE POSTALE, et non de *casier postal*. Le mot CASIER désigne plutôt le meuble qui contient de nombreuses cases. La CASE POSTALE est le petit compartiment où une personne reçoit son courrier. En justice, on dit CASIER JUDICIAIRE pour désigner le relevé des condamnations prononcées contre quelqu'un.

CASQUE et BONNET
Il faut dire BONNET DE BAIN et non pas *casque de bain*, puisqu'un casque est une coiffure protectrice en matière rigide. Un casque sert à protéger contre les coups. On dit le CASQUE du motocycliste, le CASQUE du pompier, le CASQUE du joueur de hockey, etc. Il faut éviter de parler de *casque protecteur* puisque le casque est protecteur par définition.

CASSÉ (ÊTRE)
L'expression *être cassé* est un anglicisme à éviter (to be broke). Les équivalents ne manquent pas en français : ÊTRE FAUCHÉ, ÊTRE SANS LE SOU, ÊTRE À SEC.

***CASTING* pour DISTRIBUTION**
Le mot casting est un anglicisme inutile puisque DISTRIBUTION a exactement le même sens. DISTRIBUTION, tout comme casting, désigne à la fois **le choix** des acteurs, des figurants, etc., en vue du tournage d'un film, et l'**ensemble des personnes** qui jouent dans ce film. Exemples : La DISTRIBUTION de ce film a été faite par Fannie Brillant. La DISTRIBUTION de ce film compte plusieurs grands noms.

CAUCUS
D'usage courant chez nous, le mot CAUCUS, d'origine algonquine, signifie, **au football**, une petite réunion de stratégie sur le terrain. **En politique**, il désigne l'ensemble des députés d'un parti et aussi une réunion des députés d'un parti. Ex. : Le CAUCUS de ce parti compte actuellement 40 députés. Ce député a été expulsé du CAUCUS de son parti; il siège maintenant comme indépendant. Le CAUCUS néo-démocrate a eu lieu ce matin.

CAUTION et CAUTIONNEMENT
Si l'on parle de la garantie fournie par un accusé pour retrouver temporairement sa liberté, on peut employer CAUTION et CAUTIONNEMENT. Ex. : Il est en liberté sous CAUTION. Il a ⇨

retrouvé sa liberté temporaire moyennant un CAUTIONNEMENT de dix mille dollars. Si l'on parle de la somme déposée par un candidat à une élection, il faut dire CAUTIONNEMENT. Si un candidat n'obtient pas un minimum de voix, il perd son CAUTIONNEMENT ÉLECTORAL (et non pas son *dépôt,* qui est un terme impropre).

CAVALE (EN), expression correcte   V<small>OIR</small> **Large (au)**

CAVE et SOUS-SOL
On appelle CAVE un local situé sous une habitation. Non habitable, c'est un lieu sombre, frais et humide où l'on remise les légumes, le vin, etc. Un SOUS-SOL est le niveau d'une habitation situé sous le rez-de-chaussée. Il est habitable comme le reste de la maison, mais son usage est souvent différent : jeu, lavage, bricolage, etc.

CD et DC (disques)
Comme il faut éviter, autant que possible, les abréviations dans le langage, pourquoi ne pas dire des DISQUES, tout simplement? Si l'on veut parler des anciens disques, on peut toujours utiliser les mots MICROSILLONS, ou DISQUES VINYLE. On peut dire ALBUM, aussi, si l'on parle d'un disque comprenant plusieurs chansons, plusieurs pièces musicales.   V<small>OIR</small> **Disque compact**

CD-ROM ou CÉDÉROM
Le CD-ROM, ou CÉDÉROM, est un disque optique à grande capacité de mémoire et qui peut enregistrer des textes, des images et des sons. CD-ROM signifie : Compact disc read only memory. Au pluriel : des CÉDÉROMS.

CE QU'ON A BESOIN pour **CE DONT ON A BESOIN**
   V<small>OIR</small> ***Dont*** et ***Que***

CECI DIT ou CELA DIT?
CELA DIT est préférable, puisque ce pronom renvoie à ce qui précède, alors que CECI annonce ce qui va venir. Mais il faut reconnaître que CECI et CELA sont souvent synonymes dans la pratique.

CÉDULE, CÉDULER
Cédule est un anglicisme (venu de schedule), lorsqu'on l'emploie au sens de HORAIRE, CALENDRIER, PROGRAMME, TABLEAU. C'est pourquoi il faut éviter de dire la *cédule* de la saison de hockey, et dire le CALENDRIER de la saison de hockey. Au lieu de *cédule* de travail, il faut dire HORAIRE de travail. Au lieu de *cédule* des activités, on dira PROGRAMME des activités. *Cédule* est égale-

ment incorrect dans le sens de barème, de tarif. Dans ce cas, on remplacera par exemple *cédule des prix* par BARÈME DES PRIX, ou par TARIF. Quant au verbe *céduler*, il n'existe pas en français général. C'est pourquoi, au lieu de dire *céduler* une rencontre, un match, etc., on dira correctement PRÉVOIR une rencontre, ou en FIXER LA DATE, INSCRIRE un match AU CALENDRIER, etc.

CEE (prononciation)
Le sigle de la Communauté économique européenne se prononce C-E-E et non pas *c-é-e*, ni *c-é-é*. Cette prononciation est conforme à la règle qui veut que l'on supprime les accents sur les sigles.

CÉGEP
Le terme CÉGEP est devenu un nom commun (cégep) après avoir été un sigle signifiant : Collège d'enseignement général et professionnel. Les CÉGEPS du Québec accueillent les élèves que l'on appelle les CÉGÉPIENS, les CÉGÉPIENNES. Ces termes sont officiellement reconnus par le gouvernement du Québec. VOIR AUSSI **Étudiant, Écolier, Collégien**

CELSIUS et non plus **CENTIGRADE**
Pour indiquer la température, nous avons abandonné l'échelle Fahrenheit et nous utilisons les degrés CELSIUS. Quant au nom CENTIGRADE, il a été remplacé officiellement par CELSIUS en 1948. Par conséquent, il faut éviter de parler de degrés *centigrades* et dire des degrés CELSIUS.
N.B. : Celsius est le nom du savant suédois qui a créé cette échelle de température en 1742.

CELUI-CI, CE DERNIER, CEUX-CI, etc.
Ces locutions appartiennent exclusivement au langage **écrit**. Dans le langage **parlé**, elles donnent une impression de pédanterie. Considérons par exemple, les deux phrases suivantes : « Les propos de la ministre ont soulevé la colère des syndiqués de l'entreprise. *Ces derniers* ont répliqué qu'ils riposteraient fermement. » Cet emploi de *ces derniers* (ou encore de *ceux-ci*), tout à fait normal dans le langage écrit, crée une curieuse impression dans le langage parlé. En parlant, on dira plutôt : LES TRAVAILLEURS, ou LES GRÉVISTES, si c'est le cas, ont répliqué qu'ils...
Autre exemple, en langage parlé : « L'enseignante racontait une histoire aux fillettes pendant la récréation. *Ces dernières* l'écoutaient attentivement. » Dans ce cas, le locuteur aurait pu dire en deuxième phrase : LES ÉCOLIÈRES l'écoutaient attentivement (plutôt que *ces dernières*).

CENT (dans l'énoncé des nombres)
Contrairement à ce que veut l'usage anglais, on ne peut supprimer le mot CENT en énonçant un nombre. Par exemple, il est incorrect de dire la route *six quarante* au lieu de la route SIX CENT QUARANTE. Il en va de même en énonçant les années. Il faut dire : En 15 CENT 34 et non pas en *15-34*, ce qui fait tout à fait anglais : in fifteen thirty four.   Voir **Boeing 747**

CENT et **SOU** (monnaie)   Voir **Sou**

CENTRIGRADE   Voir **Celsius**

CENTRE D'ACHATS
Le terme *centre d'achats* est un calque de shopping center qu'il vaut mieux remplacer par CENTRE COMMERCIAL. Ce dernier terme est en effet plus conforme à la réalité. Dans un CENTRE COMMERCIAL, nous faisons plus que des achats. On y trouve en effet des banques, des restaurants, des salons de coiffure, etc.

CERCUEIL et **TOMBE**
La confusion est fréquente entre ces deux mots. Il importe de savoir qu'une TOMBE est une fosse creusée pour recevoir un cercueil. Un CERCUEIL est une caisse, généralement de bois, dans laquelle on place le corps d'un défunt en vue de l'ensevelir.

CERTIFICAT DE NAISSANCE
Il y a trois termes corrects à retenir : ACTE DE NAISSANCE, EXTRAIT DE NAISSANCE et EXTRAIT DE BAPTÊME. Le terme *certificat de naissance* est un calque de birth certificate.

C'EST EUX ou **CE SONT EUX,** mais **C'EST NOUS**
On dit correctement : C'EST VOUS les gagnants et C'EST NOUS les perdants. C'EST (singulier) devant un pluriel (nous et vous). L'usage français le veut. Par contre, on a le choix de dire C'EST EUX ou CE SONT EUX, et aussi, bien sûr, C'EST ELLES ou CE SONT ELLES devant un pluriel de la troisième personne. La règle veut en effet que l'on emploie C'EST devant des sujets de la première et de la deuxième personne du pluriel, et C'EST ou CE SONT devant un sujet de la troisième personne du pluriel. En résumé : C'EST NOUS, C'EST VOUS, et C'EST EUX ou CE SONT EUX. L'usage le plus répandu, cependant, veut que l'on emploie CE SONT devant un sujet pluriel de la troisième personne. Ex. : CE SONT les États-Unis qui ont gagné, de préférence à C'EST les États-Unis qui ont gagné.

C'EST LÀ OÙ JE SUIS NÉ
Il faut dire C'EST LÀ QUE et non pas *c'est là où*. Par conséquent : C'EST LÀ QUE je suis né, ou encore, comme dans l'opéra, C'EST LÀ QUE je voudrais vivre. Une expression bien connue dit : C'EST LÀ QUE le bât blesse, c'est-à-dire, c'est là le point faible, le point sensible.

CHAIN SAW
Le terme anglais chain saw se rend en français par TRONÇONNEUSE et aussi par SCIE À CHAÎNE. Dans les deux cas, il s'agit d'une machine-outil servant à découper en tronçons du bois, du métal, etc. Ex. : Débiter un arbre à la TRONÇONNEUSE.

CHAÎNE DE MONTAGE (terme correct)
VOIR *Ligne de montage*

CHAÎNE STÉRÉOPHONIQUE (terme correct)
VOIR *Système de son*

CHAISE et FAUTEUIL, FAUTEUIL ROULANT
Ce qui distingue CHAISE et FAUTEUIL, c'est qu'un fauteuil est muni de bras (on peut dire aussi appuie-bras), tandis qu'une chaise en est dépourvue. Le rembourrage n'a rien à voir. Une chaise peut être rembourrée, c'est quand même une chaise. Un fauteuil peut être sans rembourrage, c'est quand même un fauteuil. Souvent, un mobilier de salle à manger comprend quatre CHAISES et deux FAUTEUILS. Pour ce qui est de FAUTEUIL ROULANT, c'est le terme correct puisque ce siège est muni d'appuie-bras. Il faut donc éviter de dire *chaise roulante*.

CHALLENGE, CHALLENGER
Le mot *challenge*, au sens de difficulté à surmonter, n'apporte rien de plus que le mot DÉFI. Donc, anglicisme inutile. Dans le langage du sport cependant, les mots CHALLENGE et CHALLENGER ont leur utilité. On peut prononcer « tchallendje », ou « challenge ». CHALLENGE désigne une épreuve mettant en jeu un titre, un prix, un trophée. CHALLENGER désigne en boxe celui qui veut tenter d'enlever le titre dans sa catégorie. En général, dans le sport, CHALLENGER désigne celui qui veut relever un défi important.

CHAMBRE DE BAIN, CHAMBRE DE TOILETTE
Une CHAMBRE est une pièce où l'on se couche. *Chambre de bain* et *chambre de toilette* sont des anglicismes (bathroom, toilet room). On les remplace par SALLE DE BAINS (ou DE BAIN) et SALLE DE TOILETTE. Notons que le terme LES TOILETTES s'emploie correctement pour SALLE DE TOILETTE.

CHAMBRE DES JOUEURS
Pour désigner la pièce où les joueurs d'une équipe endossent ou enlèvent leur uniforme, il faut employer le mot VESTIAIRE. Comme la rubrique précédente l'indique, une CHAMBRE est une pièce où l'on se couche. Après un match, les joueurs regagnent le VESTIAIRE.

CHAMBRE DES MAÎTRES
L'expression *chambre des maîtres* est une mauvaise traduction de master bedroom. Le terme correct en français est CHAMBRE PRINCIPALE. Dans une maison familiale, les parents occupent la CHAMBRE PRINCIPALE et les enfants, les chambres SECONDAIRES.

CHAMBRE FORTE, COFFRE-FORT, VOÛTE   Voir **Coffre-fort**

CHAMPION DÉFENDANT
Le terme anglais defending champion désigne, en boxe, le détenteur du titre de sa catégorie. L'équivalent correct en français est CHAMPION EN TITRE, ou TENANT DU TITRE. *Champion défendant* est un anglicisme à éviter.

CHANCE et RISQUE
Les anglais disent : to take a chance, to take chances, et ces expressions doivent se rendre en français par PRENDRE ou COURIR UN RISQUE, ou DES RISQUES. On dit correctement, par exemple : « En traversant à un feu rouge, vous prenez des RISQUES ». Le mot CHANCE, en français, a toujours un sens favorable. On dit par exemple : « Courez la CHANCE de gagner le gros lot ». Le mot RISQUE, au contraire, a un sens défavorable. Ex. : Ne courez pas de RISQUES, ne prenez pas de RISQUES.

CHANDAIL, GILET, PULL, etc.   Voir **Gilet**

CHANGER UN CHÈQUE, UN BILLET
Plutôt que *changer un chèque*, il convient de dire ENCAISSER ou TOUCHER UN CHÈQUE. D'autre part, on fait un anglicisme à propos des billets en disant par exemple : *changer un billet* de 50 $; il faut dire : ÉCHANGER UN BILLET de 50 $, ou DEMANDER LA MONNAIE D'UN BILLET de 50 $.

CHANGER UNE CREVAISON
Il faut dire plutôt CHANGER UN PNEU, ou une ROUE. Si l'on change une crevaison, on se retrouve avec une autre crevaison, logiquement. Malgré cela, la langue française reconnaît deux expressions qui paraissent tout aussi illogiques au premier abord : RÉPARER UNE CREVAISON et RÉPARER UNE PANNE.

En fait, on ne répare ni la crevaison ni la panne; mais ces expressions, reconnues par l'usage, sont correctes.

CHAQUE (fautif devant un pluriel)
Il est incorrect d'employer *chaque* devant un terme pluriel. Au lieu de dire *chaque deux jours, chaque six heures*, etc., on dira correctement TOUS LES DEUX JOURS, TOUTES LES SIX HEURES, etc.

CHAQUE ANNÉE (À), CHAQUE JOUR (À) Voir **À (superflu)**

CHARGE (ÊTRE EN ~ DE)
La locution, courante chez nous, *être en charge de* est un anglicisme. L'anglais to be in charge of peut se rendre de différentes façons en français : ÊTRE RESPONSABLE DE, AVOIR LA CHARGE DE, AVOIR LA RESPONSABILITÉ DE, ÊTRE CHARGÉ DE, mais jamais *être en charge de*. Ex. : C'est elle qui EST CHARGÉE DE la révision du programme. N. B. : La locution *être en charge de* figure maintenant dans Robert avec la mention « anglicisme ».

CHARGE et ACCUSATION
Le mot *charge*, au sens d'ACCUSATION est un anglicisme. En anglais, par contre, charge est synonyme d'accusation, d'où la difficulté. Cependant, comme terme juridique, CHARGE désigne en français un fait, un témoignage, qui sont des indices de culpabilité, autrement dit des faits aggravant la preuve contre l'accusé. Ex. : L'arme trouvée chez l'accusé constitue une nouvelle CHARGE contre lui.

CHARGER TANT, CHARGER TROP CHER
Charger, au sens de demander de l'argent, est un anglicisme. La faute est courante; on dit : Combien *chargez-vous* pour tel travail? Il m'a *chargé* trop cher, etc. Pour corriger, il faut dire : Combien DEMANDEZ-VOUS pour tel travail? Il m'a DEMANDÉ trop cher. Et, au lieu de dire *charger* la taxe, *charger* les frais de transport, on dira plutôt PERCEVOIR ou FAIRE PAYER la taxe, les frais de transport. Enfin, au lieu de dire le taux d'intérêt *chargé* par les magasins, on dira correctement le taux d'intérêt EXIGÉ ou PERÇU par les magasins. Voir aussi ***Renverser les charges***

CHARGEUSE-PELLETEUSE
Voir **Pépine, Rétrocaveuse, Excavatrice**

CHARLEY HORSE
Ce terme américain, surtout employé dans le domaine du sport, désigne tout simplement une CRAMPE, généralement située dans la cuisse.

CHARTER
L'anglicisme *charter* se remplace par NOLISÉ. Un avion NOLISÉ, un vol NOLISÉ, et NOLISER un avion. En France, c'est le mot charter qui est le plus employé.

CHASSE-NEIGE et SOUFFLEUSE
CHASSE-NEIGE désigne l'ensemble des appareils servant à déblayer les routes et les rues enneigées. Le CHASSE-NEIGE le plus courant, que nous appelons aussi GRATTE (voir ce mot) ou CHARRUE, est formé d'étraves, c'est-à-dire de grandes lames en forme d'aile unique ou double pour repousser la neige soit d'un seul côté, soit des deux côtés à la fois. Le mot plus familier CHARRUE a été donné à cause de la ressemblance de cet appareil avec l'instrument aratoire. Quant à la SOUFFLEUSE, c'est l'appareil muni d'une fraiseuse, appareil à lames pivotantes, et surmonté d'un tuyau directif pour projeter la neige dans la direction voulue. En France, au lieu de souffleuse, on dit FRAISEUSE À NEIGE et aussi CHASSE-NEIGE À FRAISEUSE. Pour les trottoirs, c'est la DÉNEIGEUSE DE TROTTOIRS, qu'on appelle aussi CHENILLETTE, qui fait le travail.

CHAT (LE ~ EST SORTI DU SAC)
Cette expression que l'on croit française est en réalité traduite littéralement de l'anglais. Or, nous avons d'excellents équivalents en français. Au lieu de dire que le chat est sorti du sac, nous pouvons employer des expressions bien françaises et dire : ON A DÉCOUVERT LE POT AUX ROSES, ou encore ON A ÉVENTÉ LA MÈCHE, ces expressions signifiant que l'on a découvert les dessous de l'affaire, ou que le secret a été trahi.

CHAUDIÈRE et SEAU
La confusion entre CHAUDIÈRE et SEAU est très fréquente chez nous. Il importe de se rappeler que le mot CHAUDIÈRE (qui commence par CHAUD) est un récipient où l'on transforme l'eau en vapeur, par exemple dans une ancienne locomotive, ou dans un chauffage central. Quant au SEAU, c'est un simple récipient muni d'une anse et servant à transporter des liquides ou diverses matières friables. Il faut donc éviter de dire qu'un enfant s'amuse dans le sable avec une pelle et une *chaudière*. C'est plutôt avec une pelle et un SEAU.

CHAUFFEUR DE SALLE, MENEUR DE CLAQUE
CHAUFFEUR, CHAUFFEUSE DE SALLE est le terme utilisé en France comme synonyme de MENEUR, MENEUSE DE BAN, qui équivaut en anglais à cheerleader, désignant la personne qui stimule l'enthousiasme du public pendant une émission de télévision.

Aux États-Unis, les <u>cheerleaders</u> ont d'abord été utilisés au football. Le terme équivalent, proposé au Québec, est MENEUR, MENEUSE DE CLAQUE; la claque désignant depuis deux siècles les personnes payées pour applaudir un spectacle, un orateur.

CHECK POINT
CHECK POINT est un anglicisme superflu pour POSTE DE CONTRÔLE. Il y a les POSTES DE CONTRÔLE à la douane. Il y a aussi les POSTES DE CONTRÔLE à la frontière séparant deux pays ou deux zones de combat en temps de guerre.

CHEERLEADER   Voir **Chauffeur de salle, meneur de claque**

CHEF (au féminin)
Le mot CHEF est devenu un nom féminin en plus d'être masculin. On dit couramment : LA CHEF du NPD, LA CHEF d'équipe, etc.
Voir **Féminin des noms de métiers**

CHEF DE PUPITRE
Dans l'argot du journalisme, on appelle *chef de pupitre* le journaliste qui assume la direction d'une édition de journal parlé ou écrit. Le terme correct est SECRÉTAIRE DE RÉDACTION. Dans l'orchestre, cependant, PUPITRE est synonyme de lutrin, et un CHEF DE PUPITRE est celui ou celle qui dirige une section d'instruments. Ex. : La CHEF DU PUPITRE des violons. Comme, à l'origine, PUPITRE désigne un petit meuble à surface inclinée, il s'applique logiquement à l'orchestre, à cause des lutrins, mais PUPITRE n'a rien à voir, en réalité, avec le vocabulaire du journalisme. Exemple : C'est Pierre Violon qui sera au PUPITRE ce soir.   Voir **Pupitre**

CHEFFERIE d'un parti
Le mot CHEFFERIE désigne en France un territoire administratif et, en Afrique, le territoire d'un chef de tribu. Terme longtemps populaire, mais incorrect en politique, le mot *chefferie* est heureusement remplacé de plus en plus par DIRECTION ou LEADERSHIP (emprunté à l'anglais, mais accepté en français). On dit correctement : congrès de DIRECTION ou de LEADERSHIP. On dit également qu'un parti a besoin de renouveler sa DIRECTION ou son LEADERSHIP.   Voir **Congrès d'investiture**

CHÈQUE DE VOYAGE
Il faut dire CHÈQUE DE VOYAGE et non pas *chèque de voyageur*, qui est un calque de <u>traveller's cheque</u>. Ex. : Il a perdu ses CHÈQUES DE VOYAGE.

CHÈQUE VISÉ ou CERTIFIÉ
Un chèque VISÉ ou CERTIFIÉ est un chèque qui a été estampillé par la banque pour assurer le receveur de sa validité. On dit correctement : faire VISER ou faire CERTIFIER un chèque. Voir *Blanc de chèque*.

CHER, DISPENDIEUX, COÛTEUX, ONÉREUX
CHER signifie : dont le prix est élevé. Ex. : Cette maison est trop CHÈRE pour nos moyens. DISPENDIEUX signifie : qui occasionne beaucoup de dépenses. Ex. : Cette vieille voiture est devenue beaucoup trop DISPENDIEUSE. Bref, les voitures neuves sont CHÈRES et les vieilles voitures sont DISPENDIEUSES. COÛTEUX et ONÉREUX signifient à la fois : qui coûte cher; qui cause beaucoup de dépenses. Ex. : Les grands voyages sont COÛTEUX. Les études universitaires sont devenues ONÉREUSES.

CHIFFRES pour QUARTS et POSTES
Dans notre monde du travail, on dit couramment : travailler sur les *chiffres*, ce qui signifie travailler dans un régime d'heures où la journée est séparée en trois ou quatre parties, comme cela se fait dans les usines. Ce mot *chiffre* est une déformation du mot anglais shift. Les anglophones disent : to work on shifts et aussi shift workers. Pour corriger, il vaut mieux dire : travailler par QUARTS, terme qui vient de la marine, mais que les milieux de travail emploient régulièrement. On dit le QUART ou l'ÉQUIPE de jour, de nuit. On dit en France : travailler par POSTES, le POSTE de soir, etc.; c'est le meilleur terme, mais il a du mal à s'implanter chez nous.

CHIFFRE *CONSERVATEUR* Voir *Conservateur*

CHIPS et CROUSTILLES
Le mot CROUSTILLES, proposé pour remplacer *chips*, se répand rapidement. Le Grand Robert le mentionne. CROUSTILLES est le mot qu'il faut employer.

CHIROPRATIQUE et CHIROPRAXIE (Canada et France)
Ce traitement médical, la CHIROPRATIQUE, qu'on appelle en France la CHIROPRAXIE, ou CHIROPRACTIE, est né aux États-Unis au début du 20e siècle. Ceux qui la pratiquent s'appellent chez nous CHIROPRATICIENS, CHIROPRATICIENNES, tandis qu'en France on les nomme CHIROPRACTEURS, CHIROPRACTRICES.

CHIRURGIE au sens d'OPÉRATION CHIRURGICALE
Sous l'influence de l'anglais, bon nombre de nos médecins ont adopté le mot *chirurgie* au sens d'INTERVENTION, d'OPÉRATION

CHIRURGICALE. Ce sens n'est pas reconnu en français; il vaut mieux le laisser au jargon des médecins. Le mot CHIRURGIE désigne simplement cette partie de la médecine qui comporte des interventions manuelles ou instrumentales.

CHOC ÉLECTRIQUE pour DÉCHARGE ÉLECTRIQUE
Il faut éviter de dire : recevoir *un choc électrique*, et dire plutôt une DÉCHARGE ÉLECTRIQUE. Le mot *choc*, dans ce cas, est calqué sur l'anglais shock, tandis que DÉCHARGE est le terme du français général. Ex. : Il a reçu une DÉCHARGE de dix mille volts.

CHRONIQUEUR, CHRONIQUEUSE
Le féminin de CHRONIQUEUR est CHRONIQUEUSE. Cette forme féminine existe depuis très longtemps et il serait superflu d'inventer un nouveau féminin qui serait *chroniqueure*. Cela n'a rien à voir avec la nouvelle féminisation des titres et des fonctions qui nous fait utiliser notamment AUTEURE, PROFESSEURE, INGÉNIEURE, etc. Voir **Columnist** ainsi que **Féminin des noms de métiers**

CHUTE À DÉCHETS
Chute à déchets est un anglicisme, un calque de garbage chute. Le terme correct en français est VIDE-ORDURES. L'immeuble est équipé de VIDE-ORDURES.

CHUTE MONTMORENCY, mais CHUTES NIAGARA
Il convient de dire LA CHUTE MONTMORENCY et LES CHUTES NIAGARA. La Commission de toponymie du Québec ne connaît que LA CHUTE MONTMORENCY, et, en fait, il n'y en a qu'une. Par contre, les CHUTES NIAGARA sont multiples. On peut dire aussi les CHUTES DU NIAGARA, vu qu'elles sont formées par la rivière de ce nom qui sépare les lacs Érié et Ontario.

CI-ATTACHÉ
C'est plutôt CI-JOINT qu'il convient de dire. *Ci-attaché* est une invention régionale superflue. Ex. : Vous trouverez CI-JOINT le document demandé.

CINQ, SIX, HUIT, DIX (prononciation)
La consonne finale de CINQ, SIX, HUIT et DIX est muette devant une consonne ou un h aspiré. On prononce donc : CINQ fois (sin), SIX maisons (si), HUIT camions (hui) et DIX livres (di). Par contre, un usage très répandu, et recommandé, veut que l'on **prononce** cette consonne finale dans les dates et les pourcentages pour augmenter la clarté. On prononce donc : 26 juin ⇨

(vingt-siss juin), six janvier (siss janvier), 35 % (trente-sink) et 8 % (huit pour cent). Voir **Énonciation des nombres**.

CIRCULATION pour **TIRAGE**
Il faut appeler TIRAGE le nombre d'exemplaires imprimés d'un journal, d'une publication en général. Le mot *circulation*, en ce sens, est un anglicisme. Ex. : Le journal de Lorraine a un TIRAGE de trois mille exemplaires. Voir **Copie** et **Exemplaire**.

CIRCULAIRE et **PROSPECTUS**
Tous les imprimés publicitaires dont on encombre souvent nos boîtes à lettres sont des PROSPECTUS, de la PUBLICITÉ ÉCRITE. Le mot CIRCULAIRE désigne plutôt une lettre en de nombreux exemplaires, distribuée par exemple aux membres d'une association, d'un syndicat, etc. La confusion, pour nous, vient du fait qu'en anglais, on emploie circular à la fois pour désigner une lettre circulaire ou un prospectus. Ex. : Ce garçon se fait de l'argent de poche en distribuant les PROSPECTUS de quelques grands magasins. Voir **Pamphlet**, et aussi **Libelle**.

CITÉ et **VILLE**
Il y a une nette distinction à faire entre CITÉ et VILLE. Une CITÉ est une petite ville dans la grande ville. On dit : la CITÉ universitaire, la CITÉ de Londres, l'île de la CITÉ. Mais, si l'on dit par exemple que la plupart des *grandes cités* ont des problèmes de pollution, alors, on fait un anglicisme (the large cities). Si l'on recherche des synonymes pour GRANDES VILLES, on peut dire : les MÉGALOPOLES, ou MÉGAPOLES, ou les GRANDS CENTRES URBAINS. Mais *cité*, au sens de grande ville, est un anglicisme à éviter.

CITY (après le nom d'une capitale)
Le mot *City* placé après le nom d'une capitale est inutile, en plus d'être un anglicisme à éviter. Par exemple, il est inutile de dire *Panama City* puisque, en français, nous pouvons distinguer entre le pays et la ville en disant, par exemple, AU PANAMA ou À PANAMA. En anglais, il faut ajouter City parce que la langue n'offre pas ce jeu des particules. En fait, il suffit de prendre l'exemple de Québec. Il serait superflu de dire *Québec City*, puisque nous disons À QUÉBEC ou AU QUÉBEC. Nous sommes DE QUÉBEC, ou DU QUÉBEC.

CIVIQUE et **MUNICIPAL**
L'adjectif français CIVIQUE se dit de ce qui est relatif au civisme, aux citoyens, et aussi de ce qui est propre au bon citoyen. Avoir du SENS CIVIQUE, ou du CIVISME, c'est avoir le sens de ses devoirs de citoyen. Par contre, le mot anglais civic signifie : qui

concerne la ville, qui touche les affaires municipales. Par conséquent, le terme anglais civic hospital doit se traduire par HÔPITAL MUNICIPAL, et c'est un anglicisme de dire *hôpital civique*. En général, civic buildings se traduit par IMMEUBLES MUNICIPAUX.

CLAIR pour **TRANSPARENT**
C'est un anglicisme d'employer *clair* au sens de TRANSPARENT. Il faut dire : une ampoule électrique TRANSPARENTE (et non *claire*) et un scellant TRANSPARENT (et non *clair*).

CLASSEUR (terme correct)   Voir *Filière*

CLAUSE NONOBSTANT   Voir *Nonobstant*

CLAUSE ORPHELIN   Voir *Orphelin (clause)*

CLAUSES PÉCUNIAIRES et **CLAUSES NORMATIVES**
Dans une convention collective, on trouve les clauses PÉCUNIAIRES (ou financières) et les clauses dites NORMATIVES. Les clauses PÉCUNIAIRES incluent les clauses salariales et toutes les autres clauses à incidence financière. Les clauses NON PÉCUNIAIRES, qu'on appelle chez nous NORMATIVES, touchent toutes les autres conditions de travail. En fait, l'adjectif NORMATIF signifie : conforme à la norme, ce qui est bien vague. Clauses NON PÉCUNIAIRES serait donc préférable.

CLÉ DANS LA PORTE (METTRE LA)
Mettre la clé dans la porte (d'une entreprise) est une expression non reconnue en français, mais qui signifie pour nous : fermer définitivement les lieux. Ex. : *Mettre la clé dans la porte* d'une grande chaîne de télévision, c'est-à-dire LA FERMER DÉFINITIVEMENT. Il existe cependant une expression reconnue en français qui est : mettre la clé SOUS la porte. Elle signifie disparaître sans laisser d'adresse. Les locataires qui fuient furtivement auraient tendance à mettre la clé SOUS la porte, plutôt que de la remettre au propriétaire.

CLÉ MAÎTRESSE, COPIE MAÎTRESSE
Ces *maîtresses* ne sont pas recommandables en français. *Clé maîtresse* est un calque de l'anglais master key et se dit en français correct : PASSE-PARTOUT. Un PASSE-PARTOUT, c'est une clé qui peut ouvrir de nombreuses portes, par exemple, dans un hôtel. Quant à *copie maîtresse*, c'est un anglicisme calqué sur master copy et l'équivalent en bon français est COPIE ORIGINALE ou COPIE PRINCIPALE, ou simplement l'ORIGINAL, c'est-à-dire la ⇨

copie qui sert à en produire d'autres. Ces termes sont employés en parlant de documents écrits et d'enregistrements électroniques originaux.

CLÉRICAL
L'adjectif CLÉRICAL est de bon aloi quand il veut dire : qui concerne le clergé. C'est un anglicisme au sens de : qui concerne le bureau. Il faut éviter de dire : le *personnel clérical* et le *travail clérical*. Ce sont des calques de <u>clerical staff</u> et de <u>clerical work</u>. On dit correctement : le PERSONNEL DE BUREAU et le TRAVAIL DE BUREAU.

CLIENT
Le mot CLIENT est loin d'être réservé au commerce. Il s'emploie également pour tous ceux qui paient pour obtenir les services de spécialistes. On dit correctement : les CLIENTS d'un notaire, d'un dentiste, d'un médecin, d'un comptable, d'un avocat, etc.

CLIMAT, CLIMATIQUE, TEMPS, TEMPÉRATURE
Le CLIMAT est le temps qu'il fait habituellement dans une région donnée. Les conditions CLIMATIQUES sont celles qui règnent habituellement dans cette région. Il est donc incorrect de dire, par exemple, que « les recherches reprendront si les conditions *climatiques* le permettent ». Il faut plutôt dire : si les CONDITIONS ATMOSPHÉRIQUES le permettent, ou si le BEAU TEMPS revient. On dit que la Floride a un beau CLIMAT; mais pour une journée particulière il peut y faire un TEMPS affreux. Il faut dire : Nous avons eu du BEAU TEMPS, et non pas de la *belle température*. Voir **Température** et **Temps**

CLIMATISÉ (AIR)   Voir **Air climatisé** et **Air conditionné**

CLINIQUE (toujours MÉDICALE)
Une CLINIQUE est un établissement où l'on soigne ou opère les malades. C'est le seul sens du mot clinique en français. L'expression *clinique médicale* est donc un pléonasme. Par contre, on dit correctement : CLINIQUE ophtalmologique, CLINIQUE obstétrique, etc. Il faut éviter de subir l'influence de la langue américaine qui emploie le mot CLINIQUE à toutes les sauces. Ainsi, les Américains (et les Canadiens qui subissent leur influence) utilisent les termes : <u>golf clinic</u>, <u>writing clinic</u>, <u>computer clinic</u>, etc. Le mot <u>clinic</u>, ainsi employé, désigne un cours accéléré dans un domaine quelconque. On peut dire en français : STAGE de golf, ATELIER d'écriture, COURS INTENSIF en informatique, etc. *Clinique de sang* est également un terme à éviter, même si dans ce cas, il y a un rapport avec la santé. On dira plutôt COLLECTE DE SANG.

CLIP

Le mot CLIP, ou VIDÉOCLIP, est accepté en français pour désigner un court film vidéo dont le but est de promouvoir une chanson, un disque. Le mot CLIP s'emploie également en publicité pour désigner un extrait sonore inclus dans un message publicitaire. Ainsi, les partis politiques ont recours à des CLIPS. Voir **Vidéo** et **Magnétoscope**

CLIPPER et **TONDEUSE**

Le mot anglais clipper est d'usage fréquent dans nos salons de coiffure. On semble ignorer le mot français équivalent qui est TONDEUSE. En fait, les TONDEUSES à cheveux ont été utilisées bien avant les TONDEUSES à gazon. Dans les autres pays francophones, on parle couramment de TONDEUSES dans les salons de coiffure et le mot clipper y est inconnu. Quant au terme nail clipper, son équivalent français est COUPE-ONGLES. Enfin, il faut dire TAILLE-BUISSONS, ou SÉCATEUR À HAIES, pour rendre le terme anglais hedge cutter.

COACH, ENTRAÎNEUR

Le mot COACH, emprunté à l'anglais est populaire en français général; mais, est-il bien nécessaire? En effet, il désigne exactement la même chose que ENTRAÎNEUR, ENTRAÎNEUSE, c'est-à-dire la personne qui entraîne un athlète, une équipe sportive. En tout cas, COACH peut au moins servir de synonyme à ENTRAÎNEUR.

COANIMER AVEC, COHABITER AVEC, etc.

L'usage qui consiste à faire suivre de la préposition AVEC les mots commençant par le préfixe CO est, de premier abord, pléonastique. Cependant, il s'agit de pléonasmes consacrés par l'usage, et reconnus. Il est donc acceptable de dire : COANIMER AVEC un expert, COHABITER AVEC quelqu'un, COEXISTER AVEC un parti adverse, etc.

COCKPIT

Il serait difficile de rejeter le mot COCKPIT, emprunté à l'anglais, et utilisé régulièrement en français depuis plus de cent ans. Cependant, le terme CABINE DE PILOTAGE, également populaire, est parfaitement synonyme et n'a que l'inconvénient d'être plus long. Notons que COCKPIT se dit aussi pour désigner le petit habitacle de la voiture de course.

COCKTAIL, COCKTAIL MOLOTOV

Le mot COCKTAIL se prononce en français COQUETEL, et c'est d'ailleurs la façon francisée d'écrire ce mot, qu'il s'agisse de la boisson ou de la réception mondaine. Quant au mot MOLOTOV, ⇨

dans COCKTAIL MOLOTOV, son V final se prononce F comme tous les V qui terminent un mot russe.

COCOONING, COCOONER
Le nom COCOONING et le verbe COCOONER tendent à se répandre en français. COCOONING désigne l'attitude des gens qui ont tendance à rester dans le confort de leur maison, notamment à cause de l'essor de l'audiovisuel. (Le terme vient de cocoon qui signifie cocon.) Déjà, en français, on dit S'ENFERMER DANS SON COCON et RESTER DANS SA COQUILLE, qui ont des sens apparentés. Pour traduire cocooning, to cocoon, l'OQLF propose PANTOUFLAGE, PANTOUFLER (on avait déjà PANTOUFLARD, PANTOUFLARDE), COCOUNAGE, COCONNAGE. On peut faire son choix.

CODE-BARRE
Le terme CODE-BARRE, qui désigne le code universel des produits commerciaux, est plus connu dans le monde du commerce que chez les acheteurs au détail. Le CODE-BARRE (on dit aussi CODE À BARRES), formé de fines barres parallèles, est imprimé sur la plupart des produits commerciaux pour indiquer leurs prix, en code. Sa lecture se fait au moyen du LECTEUR OPTIQUE qui peut être encastré dans un comptoir ou braqué manuellement sur les marchandises au moyen d'un petit appareil que l'on appelle DOUCHETTE, à cause de sa ressemblance avec l'extrémité d'une douche-téléphone.

COFFRE plutôt que **VALISE** Voir **Valise**

COFFRE-FORT, CHAMBRE FORTE, VOÛTE
Comme son nom l'indique, une CHAMBRE FORTE est une pièce blindée pour résister aux voleurs. Elle sert, surtout dans les banques, à entreposer l'argent, les documents et les objets de valeur. Beaucoup plus petit, le COFFRE-FORT est un coffre de métal épais, généralement pas plus haut qu'une table, et servant aux mêmes fins. Quant au mot VOÛTE, il n'a rien à voir avec CHAMBRE FORTE, comme on est porté à le croire à cause de l'anglais vault. VOÛTE est un terme d'**architecture** qui désigne un ouvrage de maçonnerie en demi-cercle formant le toit d'un grand édifice, d'un tunnel, etc. Il y a les VOÛTES des cathédrales et aussi les VOÛTES des métros. Quant au mot anglais vault, il signifie à la fois CHAMBRE FORTE et VOÛTE, ce qui explique la confusion pour nous, en français.

COIFFEUR et **BARBIER** Voir **Barbier**

COLLECTE DE FONDS (terme correct) Voir **Levée de fonds**

COLLECTE DE SANG (terme correct)   Voir **Clinique**

COLLECTE, ENLÈVEMENT DES ORDURES
Le terme le plus approprié et le plus utilisé par les gouvernements est ENLÈVEMENT DES DÉCHETS, DES ORDURES. Cependant, RAMASSAGE est un générique qui peut aussi s'appliquer aux déchets. Quant au terme COLLECTE DES ORDURES, c'est un néologisme apparu avec l'enlèvement sélectif des déchets. Son usage est attesté par le Grand Larousse encyclopédique. On dit : la COLLECTE SÉLECTIVE, en vue du recyclage de certains déchets. Il faut cependant éviter le mot *cueillette* en parlant de déchets. CUEILLETTE désigne l'action de cueillir. Il se dit à propos des fruits, des fleurs, etc.

COLLÉGIEN, ÉTUDIANT, ÉCOLIER   Voir **Étudiant**

COLUMNIST
Le journaliste chargé d'une chronique (colonne) dans un journal, ou d'analyses, de commentaires à la radio ou à la télévision, s'appelle CHRONIQUEUR, CHRONIQUEUSE. Le mot columnist, parfois francisé en *colonniste*, est à éviter. On dira correctement, par exemple : une CHRONIQUEUSE littéraire, un CHRONIQUEUR automobile, etc. Quant au journaliste qui a entière liberté de sujets et d'opinions dans une chronique, on peut l'appeler CHRONIQUEUR LIBRE, CHRONIQUEUSE LIBRE.

COMBLE (SALLE)   Voir ***Capacité (à)***

***COMBLER* UN POSTE**   Voir **Poste (pourvoir un)**

***COMICS*, BANDES DESSINÉES**
L'anglicisme *comics* est à éviter. Le terme BANDES DESSINÉES est connu, populaire et surtout, français. Alors, si la chose nous intéresse, lisons les BANDES DESSINÉES qui ne sont pas toujours comiques d'ailleurs.

COMITÉ *AVISEUR* (anglicisme)   Voir ***Aviseur***

COMITÉ MIXTE et non *COMITÉ CONJOINT*
Un comité, une commission, dont les membres appartiennent à des organismes différents, ou à des ordres de gouvernements différents, doit s'appeler COMITÉ MIXTE, ou COMMISSION MIXTE, et non pas *comité conjoint*, ou *commission conjointe*, qui constituent des anglicismes venus de joint committee. On peut dire par exemple : un COMITÉ MIXTE formé d'experts du gouvernement et de l'industrie.

COMMANDITER, COMMANDITAIRE Voir **Sponsor, Sponsoriser**

COMMENCER *AVEC* TELLE CHOSE
Voir ***Avec*** (au lieu de **Par** et de **Pour**)

COMMERCIAL*, *PAUSE COMMERCIALE
À la télévision et à la radio, il faut éviter l'anglicisme *commercial*, au sens de MESSAGE PUBLICITAIRE. On dit correctement : Ce MESSAGE PUBLICITAIRE ou cette PUBLICITÉ m'agace (et non pas ce *commercial*). Pour ce qui est de l'interruption d'une émission pour la publicité, il faut l'appeler PAUSE PUBLICITAIRE, et non pas *pause commerciale*, puisqu'on y fait de la publicité et non pas du commerce. Le plus souvent, on dit PAUSE, tout simplement.

COMMERCIAL et COMMERÇANT (adjectifs)
Il faut dire une rue COMMERÇANTE, une artère COMMERÇANTE, un quartier COMMERÇANT, en parlant des lieux où il se fait beaucoup de commerce. L'adjectif COMMERCIAL a un sens beaucoup plus général; il signifie : qui concerne le commerce. On dira donc correctement : Des accords COMMERCIAUX ont été conclus. Ils touchent les lieux les plus COMMERÇANTS.

COMMIS, MARIN, MÉDECIN (au féminin)
Dans le cadre de la féminisation des titres et des fonctions, les mots COMMIS, MARIN, MÉDECIN, gardent la même forme au féminin. Ce sont des mots difficiles à accepter au féminin, mais avec le temps, on y viendra peut-être. Donc : UNE COMMIS, UNE MARIN, UNE MÉDECIN. Voir **Féminin des noms de métiers**

COMMON LAW
L'expression COMMON LAW ne doit absolument pas être traduite en français par *droit commun*, puisqu'il s'agit de notions complètement différentes. En effet, la COMMON LAW, c'est le système juridique des pays qui, comme le Canada, ont modelé leur droit sur celui du **Royaume-Uni**. La COMMON LAW est l'héritage des nations de langue anglaise. Quant au terme DROIT COMMUN, il désigne les règles générales applicables toutes les fois que le législateur, ou les parties, n'y apportent pas de dérogation particulière, notamment pour des actions politiques. On peut dire, par exemple, qu'un certain délit, qu'un certain terroriste, seront jugés selon le DROIT COMMUN. On parle souvent de DÉLIT DE DROIT COMMUN, de PRISONNIER DE DROIT COMMUN.

COMPACT (DISQUE) Voir **Disque compact**

COMPAGNIE et ENTREPRISE
Le mot COMPAGNIE n'est pas toujours celui qui convient pour rendre le terme anglais company. COMPAGNIE se dit en français des grandes sociétés de transport (maritime et aérien), des sociétés d'assurances, de finances. Ce mot n'a pas du tout le sens général de company. C'est le terme ENTREPRISE qui convient le mieux pour désigner les sociétés commerciales en général. Exemple : Les ENTREPRISES québécoises réussissent de mieux en mieux sur les marchés étrangers.

COMPENSER et INDEMNISER
On confond parfois ces deux verbes; il faut donc se rappeler que l'on ne peut *compenser* des personnes; on ne peut que les INDEMNISER. Ainsi, le gouvernement peut INDEMNISER les victimes d'une inondation; il ne peut les *compenser*. Par contre, COMPENSER se dit seulement à propos des choses. On peut COMPENSER une perte par un gain. Mais COMPENSER peut s'employer sans complément. Par exemple : Pour COMPENSER, vous aurez droit à une réparation gratuite.

COMPÉTENCE pour JURIDICTION Voir **Juridiction**

COMPLÉTER pour **EFFECTUER**
À cause de l'influence du verbe anglais to complete, on emploie parfois le verbe *compléter* au sens d'effectuer, accomplir. Si l'on dit par exemple que quelqu'un a *complété* la traversée du lac en trois heures, on veut dire en réalité qu'il a EFFECTUÉ, ACCOMPLI, RÉUSSI la traversée du lac en trois heures. Et, au lieu de dire qu'une collégienne a *complété* son cégep à Saint-Laurent, il faut dire qu'elle a FAIT son cégep à Saint-Laurent, à moins que l'on veuille dire que c'est là qu'elle l'a terminé après l'avoir entrepris ailleurs. *Compléter* un formulaire, une déclaration, est également un anglicisme. Il faut dire REMPLIR un formulaire.

COMPLIMENTAIRES (BILLETS) Voir *Billets complimentaires*

COMPLOT et CONSPIRATION Voir **Conspiration**

COMPOSITRICE, CHRONIQUEUSE
Ces deux mots féminins existent depuis des siècles et il faut s'abstenir d'inventer dans leur cas des nouvelles formes féminines qui seraient : *compositeure* et *chroniqueure*. Voir **Féminin des noms de métiers**

COMPRESSION BUDGÉTAIRE (terme correct)
Voir **Couper, Coupure**

COMPTABLE AGRÉÉ et EXPERT-COMPTABLE
COMPTABLE AGRÉÉ est un terme du français général. Il désigne un comptable diplômé, par opposition aux comptables autodidactes, ou formés dans une entreprise. Un EXPERT-COMPTABLE est un comptable diplômé, spécialisé dans la vérification des comptes.

COMPTAGE (votes)   Voir **Décompte, Dépouillement**

COMPTE, COMPTER (sports)   Voir **Marque, Marquer**

COMPTER DE (À), À PARTIR DE
Ces deux locutions sont synonymes. Elles signifient : en prenant pour point de départ (dans l'espace, ou dans le temps). À COMPTER DE et À PARTIR DE s'emploient pour indiquer que l'action qui s'annonce va se poursuivre dans le temps ou dans l'espace. Ainsi, on dit correctement : À COMPTER DU premier mai, l'enlèvement des déchets se fera le mardi matin. Par contre, il est fautif de dire : *À compter du premier mai*, les tarifs d'électricité seront augmentés de cinq pour cent. Dans ce dernier cas, il suffit de dire : LE PREMIER MAI, les tarifs d'électricité seront augmentés... En effet, dans ce cas, l'action ne se poursuivra pas. Les tarifs seront augmentés, mais ne continueront pas d'augmenter de jour en jour ou de mois en mois.

CONCERNÉ (EN AUTANT QUE JE SUIS)
Voilà un parfait calque de l'anglais : as far as I am concerned. On francise en disant : EN CE QUI ME CONCERNE, ou QUANT À MOI, ou encore POUR MA PART. De même, aux autres personnes du singulier et du pluriel, on dira correctement : POUR CE QUI EST DES ENFANTS, QUANT À NOUS, EN CE QUI VOUS CONCERNE, etc.

CONCIERGERIE
Le mot CONCIERGERIE est un québécisme au sens de **grand immeuble résidentiel**. En français général, CONCIERGERIE désigne le logis d'un concierge et aussi le service d'accueil dans un grand hôtel.   Voir ***Bloc appartements***

CONCLUSIONS (SAUTER AUX)   Voir ***Sauter aux conclusions***

CONDAMNATION AVEC SURSIS (terme correct)
   Voir ***Sentence suspendue***

CONDITION PRÉALABLE   Voir **Préalable**

CONDITIONNÉ (AIR) Voir **Air climatisé** et **Air conditionné**

CONDOLÉANCES et SYMPATHIE
Ces mots ne sont pas toujours synonymes. Ainsi, à l'occasion d'un décès, on peut présenter SES CONDOLÉANCES (terme qui ne s'emploie qu'au pluriel) ou encore exprimer SA SYMPATHIE (au singulier), et non *ses sympathies* (au pluriel). Exemples : Il a offert SES CONDOLÉANCES à la famille en deuil. Il a exprimé SA SYMPATHIE à la famille en deuil. Le mot CONDOLÉANCES est réservé aux décès, tandis que SYMPATHIE s'utilise pour n'importe quel événement regrettable, y compris les décès.

CONDOMINIUM **et COPROPRIÉTÉ**
Le terme *condominium*, très répandu chez nous, est un anglicisme, et c'est COPROPRIÉTÉ qui est le terme français. Condominium n'est d'ailleurs pas un mot reconnu en Droit immobilier et notre Code civil ne le mentionne pas, s'en tenant à COPROPRIÉTÉ et à son dérivé COPROPRIÉTAIRE. Dans notre usage actuel, *condominium* et COPROPRIÉTÉ s'emploient à la fois pour désigner l'immeuble partagé en copropriété, et aussi l'appartement, le studio ou le bureau, faisant partie de cet immeuble. Ex. : Mon médecin a décidé de vendre sa maison et de s'acheter un appartement et un bureau (en COPROPRIÉTÉ).

CONFÉRENCE DE PRESSE et non *CONFÉRENCE DE NOUVELLES*, **POINT DE PRESSE**
En anglais, on emploie indifféremment news conference et press conference. L'usage français ne retient que CONFÉRENCE DE PRESSE. *Conférence de nouvelles* est un anglicisme. Quant à POINT DE PRESSE, c'est un terme reconnu. Il désigne une brève conférence de presse faisant le point sur un sujet précis, sur un événement en cours.

CONFIANT (ÊTRE ~ QUE)
La locution *être confiant que* est un calque de to be confident that. On peut la remplacer par ÊTRE CONFIANT DANS QQCH. ou QQN. Ainsi, au lieu de dire : *Nous sommes confiants que ça va marcher*, on peut dire correctement NOUS SOMMES CONFIANTS DANS LE SUCCÈS DE... ou encore, NOUS AVONS BON ESPOIR QUE...

CONFONDANT, MÊLANT (« **CONFUSING** »)
On peut traduire l'adjectif anglais confusing par AMBIGU, ÉQUIVOQUE, EMBROUILLÉ, CONFUS. A confusing affair peut se rendre par UNE AFFAIRE QUI PRÊTE À CONFUSION, UNE AFFAIRE OBSCURE, DÉROUTANTE. Il faut éviter de dire : une affaire mêlante ou *confondante*. CONFONDANT signifie plutôt stupéfiant, déconcertant. Exemple de Robert : Une ressemblance CONFONDANTE.

CONFRONTÉ (ÊTRE ~ À)
Critiquée, mais de plus en plus courante dans toute la francophonie, la locution ÊTRE CONFRONTÉ À signifie ÊTRE AUX PRISES AVEC, FAIRE FACE À. Ex. : Cette famille EST CONFRONTÉE À de graves problèmes financiers.

CONFRONTER, CONFRONTATION et AFFRONTER, AFFRONTEMENT
CONFRONTATION et CONFRONTER ont des sens bien différents de AFFRONTEMENT et AFFRONTER. Or, la confusion de ces termes est fréquente. Il faut donc retenir ce qui suit : CONFRONTER signifie mettre des personnes ou des choses en présence pour les comparer. Par exemple, un tribunal peut CONFRONTER deux témoins pour démontrer leurs contradictions. CONFRONTATION désigne l'action de confronter. Ainsi, on peut faire la CONFRONTATION de deux documents, de deux photos, de deux signatures. AFFRONTER signifie aller hardiment au-devant d'un ennemi, d'un adversaire, d'un danger. Ainsi, on peut dire que deux armées ou deux équipes de hockey S'AFFRONTENT. Pour ce qui est du mot AFFRONTEMENT, il désigne l'action d'affronter, de s'affronter. On peut donc parler de l'AFFRONTEMENT de deux ennemis, de deux groupes armés, ou encore de deux groupes politiques qui se font une lutte électorale.

CONGÉ SANS SOLDE
Traditionnellement, le terme CONGÉ SANS SOLDE s'appliquait exclusivement aux militaires, dont la rémunération est la solde, mot de la même famille que soldat. De nos jours, CONGÉ SANS SOLDE se dit en parlant de tous les travailleurs, les salariés. Le terme est devenu synonyme de congé sans salaire, sans rémunération.

CONGRÈS D'INVESTITURE, CONGRÈS DE DIRECTION, etc.
Pour désigner l'assemblée générale d'un parti en vue de choisir un nouveau chef, le terme le plus approprié est CONGRÈS D'INVESTITURE. Le mot *convention*, en ce sens, est un anglicisme. On peut dire également comme synonymes CONGRÈS DE LEADERSHIP et CONGRÈS DE DIRECTION; mais il faut éviter de dire

congrès à quelque chose, comme *congrès au leadership* et *congrès à la direction. Congrès à la chefferie* est également à éviter. Voir **Chefferie d'un parti**. Le mot CONVENTION, qui est un anglicisme au sens de congrès politique, est cependant celui qu'il faut employer à propos des grandes assemblées tenues aux États-Unis pour le choix d'un candidat à la présidence. On dit : la CONVENTION DÉMOCRATE, la CONVENTION RÉPUBLICAINE. Quand on parle du choix du candidat dans une circonscription, le terme approprié est ASSEMBLÉE D'INVESTITURE.

CONJECTURE, CONJECTURER et SPÉCULATION, SPÉCULER
Voir **Spéculation**

***CONSEIL DE VILLE* pour CONSEIL MUNICIPAL**
HÔTEL DE VILLE est évidemment correct, et pourtant, il faut dire CONSEIL MUNICIPAL et éviter *conseil de ville* qui est calqué sur city council. D'ailleurs, on dit CONSEILLER MUNICIPAL; personne ne dirait *conseiller de ville*.

CONSEILLER JURIDIQUE (terme correct)   Voir ***Aviseur légal***

CONSENSUS, CONSENSUEL (prononciation)   Voir **Agenda**

CONSÉQUENCE (AVEC LA ~ QUE)   Voir ***Résultat (avec le ~ que)***

***CONSERVATEUR* (CHIFFRE)**
L'adjectif CONSERVATEUR, CONSERVATRICE, est un anglicisme au sens de RÉALISTE, RÉSERVÉ, PRUDENT. On entend par exemple : Il y avait dix mille manifestants, et ce chiffre est très *conservateur*. Il faut dire plutôt que ce chiffre est très RÉALISTE, RAISONNABLE. On dit en anglais a conservative figure. L'adjectif CONSERVATEUR n'a en français que le sens de traditionaliste. Ex. : Avoir des idées CONSERVATRICES, c'est-à-dire favorables au maintien des traditions. Un parti CONSERVATEUR en est un qui défend l'ordre établi, la continuité.

CONSIGNE et non *DÉPÔT*   Voir ***Retournable***

CONSOLIDER   Voir ***Solidifier* pour Consolider**

CONSPIRATION et COMPLOT
On a tendance à utiliser le mot *conspiration* en parlant d'une association entre criminels en vue de commettre un délit. Or, c'est le mot COMPLOT qui convient en pareil cas. Ex. : Ils sont accusés de COMPLOT en vue d'incendier une usine. Le verbe COMPLOTER est également celui qui convient en pareil cas. Quant au ⇨

mot CONSPIRATION, il désigne l'accord concerté entre deux ou plusieurs personnes en vue de renverser un gouvernement. CONSPIRER, dans son sens moderne, c'est prendre des moyens en vue de renverser le pouvoir établi.

CONSTABLE et POLICIER
Un CONSTABLE est un officier de police dans les pays anglo-saxons. Dans la francophonie, y compris au Québec, on dit normalement : POLICIER ou AGENT (de police).

CONSTRUCTEUR, MANUFACTURIER, MANUFACTURE, USINE
En parlant d'automobiles, d'avions, de navires, il faut employer le mot CONSTRUCTEUR. On dit, par exemple, les trois principaux CONSTRUCTEURS américains de voitures. Les autos sont construites dans des USINES, et non pas dans des *manufactures*. Une USINE est un établissement de la grande industrie, où la machine joue un rôle très important. Une MANUFACTURE (manus, en latin, signifie main) est un établissement industriel où le travail est fait principalement à la main. Un MANUFACTURIER de vêtements ou de chaussures.

CONTAINER, CONTENEUR
De plus en plus, en français, on met de côté le mot container et sa prononciation anglaise, et on utilise CONTENEUR. Un cargo chargé de CONTENEURS s'appelle PORTE-CONTENEURS. Des réfugiés étaient cachés dans des CONTENEURS.

CONTINUATION et CONTINUITÉ
Quand on veut souhaiter à quelqu'un qu'il poursuive les activités qui lui plaisent, on emploie la formule : BONNE CONTINUATION! Le mot CONTINUITÉ, pour sa part, désigne le caractère de ce qui est continu. Ex. : Assurer la CONTINUITÉ d'une entreprise.

CONTRACTEUR pour ENTREPRENEUR
Le mot *contracteur* est un anglicisme difficile à déraciner chez nous. Il suffit pourtant de le rechercher dans n'importe quel dictionnaire français pour constater qu'il en est absent. C'est ENTREPRENEUR, ENTREPRENEUSE, qu'il faut dire, quels que soient son importance et son champ d'activité. On dit aussi SOUS-ENTREPRENEUR, SOUS-ENTREPRENEUSE, dans le même sens que SOUS-TRAITANT.   Voir *Sous-contracteur.*

CONTRESENS (À) et EN SENS INVERSE (autoroute)
On confond ces deux locutions; or leur sens est radicalement différent. Voyons un peu! Vous allez quelque part en empruntant une autoroute. En revenant, vous reprenez la même

autoroute, mais EN SENS INVERSE. C'est tout à fait normal et correct. Mais si un automobiliste s'engage sur une autoroute par une bretelle de sortie, malheur à lui, il se retrouve dans la mauvaise voie, dans une situation illégale et extrêmement dangereuse puisqu'il roule À CONTRESENS. Rouler EN SENS INVERSE, tout le monde le fait; mais rouler À CONTRESENS, c'est à éviter à tout prix. En ville, si l'on roule À CONTRESENS dans une rue, c'est que l'on viole le sens unique.

CONTRIBUER (verbe à caprices)
Le verbe CONTRIBUER est transitif indirect; il ne peut s'utiliser qu'avec les prépositions À, DE et POUR. Ce qui revient à dire **qu'il ne peut avoir que des compléments indirects.** Par conséquent, on peut CONTRIBUER À QUELQUE CHOSE, mais on ne peut *contribuer quelque chose*. Par exemple, on peut dire que le gouvernement va CONTRIBUER À LA RÉALISATION d'un projet, mais on ne peut pas dire qu'il va *contribuer deux millions* au projet. On contourne la difficulté en disant que le gouvernement va CONTRIBUER POUR DEUX MILLIONS au projet. On peut également changer de verbe et dire que le gouvernement va FOURNIR deux millions. Autres exemples : Je suis heureux de CONTRIBUER DE MES DENIERS à votre entreprise; et encore : Seriez-vous prête à CONTRIBUER POUR 20 % à notre programme d'aide?

CONTRÔLE À DISTANCE   Voir **Télécommande**

CONTRÔLE (HORS DE ~, SOUS ~)
Les locutions *hors de contrôle* et *sous contrôle* sont des calques de l'anglais qu'il faut éviter. Ainsi, au lieu de dire qu'un incendie est *sous contrôle*, on dira qu'il est MAÎTRISÉ. Pour faire comprendre que cet incendie est *hors de contrôle*, on peut dire qu'il n'est pas MAÎTRISÉ, qu'il n'a pas encore été CIRCONSCRIT; ou encore : que l'incendie CONTINUE DE S'ÉTENDRE, DE SE PROPAGER.

CONTRÔLE, CONTRÔLER
Depuis leur entrée dans la langue française, au 15e siècle, les mots CONTRÔLE et CONTRÔLER signifient vérification, soumettre à une vérification. On dit, dans ce sens, que la police CONTRÔLE la vitesse ou exerce un CONTRÔLE de la vitesse sur les routes et que les douaniers CONTRÔLENT les bagages des voyageurs. Or, au cours du 20e siècle, les mots CONTRÔLE et CONTRÔLER, pour les besoins du langage et sous l'influence de l'anglais, ont pris une gamme de sens nouveaux et nous disons correctement : le CONTRÔLE des naissances comme synonyme de contraception; le CONTRÔLE de soi; CONTRÔLER ses réactions; bien CONTRÔLER une machine; perdre le CONTRÔLE d'un véhicule. On dit aussi qu'une ⇨

armée a le CONTRÔLE d'un territoire, c'est-à-dire qu'elle y exerce sa domination. On peut dire également qu'une société commerciale en CONTRÔLE une autre, etc. Il faut cependant éviter de dire qu'un incendie est *contrôlé.* Voir **Contrôle (hors de ~, sous)**

CONVENIR (avec ÊTRE et AVOIR)
Le verbe CONVENIR, au sens de TOMBER D'ACCORD, s'emploie aussi bien avec l'auxiliaire AVOIR qu'avec l'auxiliaire ÊTRE. Ex. : Les deux experts ONT CONVENU ou SONT CONVENUS de l'innocuité du nouveau produit.

CONVENTION Voir **Congrès d'investiture**

COPIE et **EXEMPLAIRE**
Ces deux mots ne sont pas interchangeables. Il faut dire EXEMPLAIRE pour tout ce qui est publié. On dit les EXEMPLAIRES d'un livre, d'un journal, d'une revue, et aussi d'un disque, d'une cassette, etc. COPIE s'emploie pour les doubles d'un contrat, d'une lettre, d'un document photocopié, d'un acte notarié, etc. Il y a une exception : on dit les COPIES d'un film, même si le cas peut s'apparenter à une publication. Ex. : Je n'ai pas reçu mon EXEMPLAIRE du journal ce matin. Veuillez faire trois COPIES du contrat.

COPROPRIÉTÉ et ***CONDOMINIUM*** Voir ***Condominium***

CORDUROY
Le mot *corduroy* est un emprunt inutile à l'anglais. C'est VELOURS CÔTELÉ qu'il faut dire en français. Ex. : Il aime porter un pantalon en VELOURS CÔTELÉ.

CORPORATION et **SOCIÉTÉ**
Le sens français de CORPORATION est celui d'organisme qui rassemble les membres d'une même profession, d'un même métier : la CORPORATION des omnipraticiens. *Corporation* dans le sens de SOCIÉTÉ COMMERCIALE est un anglicisme. Quant au mot SOCIÉTÉ, il a toute une gamme de sens, y compris celui de groupe commercial qui réunit ses intérêts. Il y a des sociétés nationales et des sociétés privées. Ex. : La SOCIÉTÉ des alcools du Québec, la SOCIÉTÉ Radio-Canada, la SOCIÉTÉ d'ingénierie Pelletier, la SOCIÉTÉ de Jésus, la SOCIÉTÉ nationale des Québécois, etc.

COSMONAUTE (prononciation) Voir **Astronaute**

COSTUME DE BAIN et **MAILLOT DE BAIN**
COSTUME DE BAIN et MAILLOT DE BAIN sont devenus tout à fait synonymes. Mais MAILLOT DE BAIN est plus actuel. Quant au

BIKINI, c'est un maillot de bain qui a été inventé pour économiser le tissu.

COTON À FROMAGE pour ÉTAMINE
Coton à fromage est une traduction littérale de cheesecloth. Le terme français équivalent est ÉTAMINE. C'est un tissu mince et léger qui sert à fabriquer certains vêtements, à filtrer des liquides, mais aussi à envelopper certains fromages. On mange la croûte du fromage, sauf quand elle est pénétrée par l'ÉTAMINE.

COTON-TIGE et CURE-OREILLE
Ces deux termes sont synonymes; ils désignent tous les deux le bâtonnet muni d'un tampon d'ouate à chaque extrémité. Au pluriel, on écrit : des COTONS-TIGES, des CURE-OREILLES. Notons que COTON-TIGE était à l'origine une marque déposée.

COUDE À COUDE   Voir **Nez à nez**

COULEUR (ADJECTIFS DE)
Lorsqu'un adjectif de couleur est employé seul, il s'accorde comme n'importe quel adjectif. Ex. : Des souliers NOIRS, une chevelure BLONDE, etc. Mais les adjectifs **composés**, employés pour désigner des couleurs, sont **invariables**. Ex. : Des robes BLEU PÂLE, des voitures ROUGE CLAIR. Pour décrire des choses qui ont plus d'une couleur, les adjectifs sont également invariables. Ex. : Des brochures VERT ET BLEU. Mais, s'il s'agit d'objets différents ayant chacun sa couleur, alors les adjectifs sont variables. Ex. : Des immeubles GRIS ET BLEUS (certains sont gris, d'autres sont bleus). Enfin, les noms employés comme adjectifs pour désigner des couleurs sont invariables. Ex. : Des chandails MARRON, des décorations AZUR, des cartons MOUTARDE.

COUP D'ÉTAT et PUTSCH
Un COUP D'ÉTAT, c'est la prise du pouvoir par des moyens illégaux, anticonstitutionnels. Un PUTSCH est un coup d'État, un soulèvement, mené par un groupe politique armé ou appuyé par des militaires. PUTSCH est un mot venu de l'allemand qui signifie échauffourée.

COUPE-CICUIT, DISJONCTEUR   Voir *Breaker*

COUPER, COUPURE (dans les dépenses, les salaires, etc.)
Couper et *coupure* sont l'objet de fréquents anglicismes chez nous. Quand il s'agit de budget, de dépenses, de salaires, d'emplois, de personnel, etc., il faut éviter les mots *couper* et *coupure*. (En anglais c'est simple : to cut est le verbe et cut est ⇨

le nom.) Par exemple, au lieu de dire des *coupures de budgets*, il faut dire des COMPRESSIONS BUDGÉTAIRES, ou des RÉDUCTIONS BUDGÉTAIRES, et au lieu de dire *couper les dépenses*, il faut dire RÉDUIRE ou COMPRIMER LES DÉPENSES. Pour éviter des anglicismes tenaces, nous pouvons employer des expressions comme les suivantes, en évitant toujours les mots *couper* et *coupure* : FAIRE DES RÉDUCTIONS BUDGÉTAIRES, DIMINUER LES BUDGETS, RÉDUIRE LE PERSONNEL, RÉDUCTION DU PERSONNEL, RESTREINDRE LES DÉPENSES, SUPPRIMER DES POSTES, DIMINUER LES EMPLOIS, etc. Voir aussi **Découpure** et **Coupure**

COUPLE (UNE ~ DE)
La locution UNE COUPLE DE, qu'on prend souvent pour un anglicisme, vient du vieux français et signifie : deux choses de la même espèce. Si quelqu'un dit « Je vais passer UNE COUPLE DE jours à Chicoutimi », cela ne veut rien dire de plus que « Je vais passer DEUX jours à Chicoutimi ». Comme la locution UNE COUPLE DE est vieillie, il vaut mieux dire DEUX, tout simplement.

COUR DE TRIAGE (anglicisme)
La locution *cour de triage* est un anglicisme venu de marshalling yard. Le terme correct en français est GARE DE TRIAGE. Dans le langage des chemins de fer, le mot GARE ne désigne pas seulement l'immeuble qui accueille les voyageurs, mais aussi l'emplacement où l'on fait le triage des wagons, là où sont formés les trains. C'est ce qui s'appelle GARE DE TRIAGE.

COURBE, VIRAGE, TOURNANT
Les mots COURBE, VIRAGE et TOURNANT désignent tous les trois les sinuosités routières. On peut parler des COURBES dangereuses d'une route, et dire dans le même sens les VIRAGES ou les TOURNANTS dangereux. Le mot VIRAGE, en plus, signifie la manœuvre d'un conducteur pour s'engager dans une COURBE, de même que le mouvement du véhicule lui-même. Notons que l'expression NÉGOCIER UN VIRAGE est utilisée en français depuis 1927, selon Robert, et qu'elle a été empruntée à l'anglais to negotiate a curve.

COURIR LA CHANCE DE, COURIR LE RISQUE DE   Voir **Chance** et **Risque**

COURONNE, AVOCATS DE LA COURONNE
Dans le droit québécois, et canadien en général, le mot COURONNE continue de désigner LA POURSUITE, LE MINISTÈRE DE LA JUSTICE, en dépit du rapatriement de la Constitution canadienne. En Droit pénal, on peut donc dire : un AVOCAT DE LA

COURONNE comme synonyme de AVOCAT DE LA POURSUITE. Bien des avocats, au Québec en particulier, préfèrent cependant se dire AVOCATS DE LA POURSUITE plutôt qu'AVOCATS DE LA COURONNE.

COURONNE (d'une grande ville)
La COURONNE d'une grande ville, c'est l'ensemble des localités disposées en couronne autour de cette ville. Le mot COURONNE, en ce sens, ne peut être associé à l'un des points cardinaux et c'est pourquoi on ne peut pas dire correctement *la couronne nord*, ou la *couronne ouest* de Montréal. Une grande ville n'a qu'UNE SEULE COURONNE, et cette couronne entoure cette ville (confirmé par la Commission de toponymie du Québec). Par conséquent, au lieu de dire : la *couronne nord* de Montréal, il faut dire la BANLIEUE NORD de Montréal.   Voir **Banlieue**

COURRIEL (COURRIER ÉLECTRONIQUE)
COURRIEL est le terme recommandé et qui devient populaire pour désigner le courrier électronique d'Internet. COURRIEL est un abrégé de COURRIER ÉLECTRONIQUE. Beaucoup de Français utilisent MAIL, venu de l'américain E-Mail (electronic mail), et ils l'écrivent et le prononcent à la française : mêle.

COURS DE MAÎTRE   Voir **Master Class**

COURSE À LA *CHEFFERIE*   Voir ***Chefferie*** d'un parti

COURSE SOUS HARNAIS
L'expression *course sous harnais* est une traduction incorrecte de harness races. Le terme équivalent en français correct est COURSE ATTELÉE.

COURT DE TENNIS
Le T doit être muet dans la prononciation de COURT, alors qu'il est prononcé en anglais, langue d'origine du terme. Certains diront qu'ils veulent éviter la confusion avec COURS de tennis, mais en contexte le problème ne se pose pas. Et, si l'on veut contourner la difficulté, on peut bien sûr employer TERRAIN DE TENNIS.

COUSSIN GONFLABLE
Ce dispositif de sécurité des voitures s'appelle airbag en anglais. Chez nous, on dit plutôt COUSSIN GONFLABLE, et parfois SAC GONFLABLE. Ces termes français sont reconnus officiellement au Québec. En France, on se contente du terme anglais.

COUTELLERIE
COUTELLERIE, pour désigner un ensemble de couteaux, fourchettes, cuillers, etc., est un québécisme. Dans le reste de la francophonie, on dit SERVICE DE COUVERTS, et aussi MÉNAGÈRE, et l'on emploie COUTELLERIE au sens de fabrique de couteaux. Ex. : Nous donnons un SERVICE DE COUVERTS à nos parents pour Noël.

COUVERT, COUVERTURE, *COUVERTE*, COUVERCLE
À table, le COUVERT, c'est tout ce que l'on place pour servir le repas : nappe, assiettes, soucoupes, tasses, couteaux, fourchettes, etc. On dit : Mettre le COUVERT pour tant de personnes. Ce qui recouvre une marmite, c'est le COUVERCLE. Une boîte a également un COUVERCLE. Sur un lit, on met une COUVERTURE sur le drap, et non pas une *couverte* (québécisme). Un livre est enveloppé d'une COUVERTURE, partie qui recouvre et enserre ses pages. Il y a des COUVERTURES de livres cartonnées, toilées, brochées, etc. Notons qu'une COUVERTURE de livre recouvre le dessus, le dos et le dessous de l'ouvrage. Pour un magazine, une revue, on dit la PAGE COUVERTURE, ou simplement la COUVERTURE. Mais un journal n'a jamais de couverture : on dit la PREMIÈRE PAGE du journal, ou simplement la UNE.

COVER-UP (d'un scandale, d'une affaire louche)
Voir **Camouflage**

COVOITURAGE Voir **Car pool**

***CRAQUE* pour FISSURE**
Il ne faut pas voir des *craques*, mais plutôt des FISSURES, des LÉZARDES, dans certains murs. C'est le mot anglais crack qui nous a incités à utiliser ce régionalisme. Pour un vase, une assiette, on peut employer le mot FÊLURE, au lieu de l'anglicisme *craque*.

***CRASH* pour ÉCRASEMENT** (D'AVION)
Lorsqu'un avion s'écrase au sol, nous appelons cela un ÉCRASEMENT. En France, on appelle cela un *crash*. La définition de *crash* selon les Français est : écrasement d'avion (Robert). Pour éviter cet illogisme, nous devons continuer de dire ÉCRASEMENT. (Quant au mot KRACH, terme boursier qui se prononce krak, il est traité à la lettre K.)

***CRATE* pour CAGEOT**
Un *crate* de fraises (prononcé crète). Nous avons tous entendu cet anglicisme dans les marchés et les épiceries. Le terme français fait maintenant son chemin, heureusement, et l'on

entend CAGEOT de fraises, ou d'autres fruits et légumes. Il faut donc oublier *crate* et dire CAGEOT.

CRIME, DÉLIT, OFFENSE
Ces mots sont souvent confondus dans notre langage. Il faut faire les distinctions suivantes.
Une OFFENSE est une parole ou une action qui blesse quelqu'un dans son honneur, sa dignité. OFFENSE est synonyme d'insulte, d'outrage. Ainsi, au lieu de dire que l'amende est de 200 $ à la première *offense*, on dira AU PREMIER DÉLIT.
DÉLIT se dit de toute action illicite, de toute action prohibée, qui viole la loi, peu importe sa gravité. Une fraude, un vol à l'étalage, sont des DÉLITS.
Le mot CRIME s'applique à tout manquement très grave à la loi, à la morale. L'assassinat, le viol, le vol avec violence, l'escroquerie, le complot, la trahison, sont tous des CRIMES.

CRIMINALISER et DÉCRIMINALISER
La faute est courante, on dit des *motards criminalisés*, alors qu'il faut dire des MOTARDS CRIMINELS. CRIMINALISER signifie en justice : faire passer de la juridiction civile à la juridiction criminelle. Ex. : CRIMINALISER la vente du tabac aux enfants. DÉCRIMINALISER, c'est retirer un acte du Code criminel. Ex. : DÉCRIMINALISER l'avortement.

CUEILLETTE DES ORDURES   Voir **Collecte des ordures**

CUISINIÈRE et POÊLE   Voir **Poêle**

CUMULER DES POINTS
On entend parfois dire qu'un sportif ou qu'une équipe *cumule* un certain nombre de points. C'est une déformation d'ACCUMULER. On pourrait dire aussi TOTALISER un certain nombre de points. Ex. : L'équipe de Terrebonne TOTALISE maintenant 30 points. Le sens correct de CUMULER est celui de détenir plusieurs fonctions en même temps.

CURE et REMÈDE
On confond parfois CURE et REMÈDE sous l'influence de l'anglais dont le mot cure couvre ces deux notions à la fois. Ainsi, on fait un anglicisme en disant qu'une *cure* vient d'être trouvée pour une certaine maladie, alors que l'on veut dire un REMÈDE. On dit en anglais : A cure has been found. Par contre, on dit correctement, faire une CURE de désintoxication, une CURE d'amaigrissement, etc.

CUTE (mot anglais qui se prononce kioute)
Cet emprunt à la langue anglaise n'a pas sa raison d'être puisqu'il a un équivalent exact en français qui est MIGNON, MIGNONNE, c'est-à-dire joli(e) et délicat(e). Qu'il est MIGNON votre chaton!

DACTYLO et MACHINE À ÉCRIRE

Les DACTYLOS, les MACHINES À ÉCRIRE, deviennent des notions du passé; mais comme on en reparlera encore longtemps, il est bon de se rappeler qu'une ou un DACTYLO est une personne qui écrit à la machine et que l'appareil lui-même s'appelle MACHINE À ÉCRIRE.

DARD et FLÉCHETTE

On appelle souvent *jeu de dards* le jeu qui s'appelle correctement JEU DE FLÉCHETTES. Les petites flèches qui se lancent à la main vers une cible sont des FLÉCHETTES et non des *dards*, mot que nous avons calqué sur l'anglais dart. Le mot DARD est français, mais il désigne une ancienne lance munie d'une pointe de fer; il désigne aussi l'organe pointu et creux que les insectes piqueurs nous enfoncent gentiment dans la peau. Les maringouins et les guêpes figurent parmi les insectes munis de DARDS.

DATE (place de l'article dans la)   Voir **Article** (dans la date)

DATE (À), *JUSQU'À DATE*

Les locutions *à date* et *jusqu'à date* sont des anglicismes qui nous viennent de to date et up to date. Il faut les remplacer par JUSQU'À MAINTENANT ou JUSQU'À PRÉSENT, ou encore par À CE JOUR ou JUSQU'ICI. Au lieu de dire « Personne n'est venu *à date* », on dira « Personne n'est venu JUSQU'À MAINTENANT ». Au lieu de « *À date*, tout se passe normalement », on dira « JUSQU'ICI, tout se passe normalement ». Quant aux locutions *mettre à date*, *être à date*, elles sont également à éviter. On les remplace par METTRE À JOUR et ÊTRE À JOUR. Ex. : La secrétaire arrive enfin à METTRE son travail À JOUR. Le mois dernier, elle n'ÉTAIT jamais À JOUR dans son courrier.   Voir **Jour** (**Mettre à jour** et **Mettre au jour**)

DEADLINE
Le mot deadline que certains de nous emploient comme un mot de notre langue est à remplacer par HEURE LIMITE, DATE LIMITE, ÉCHÉANCE. Ex. : Quelle est l'HEURE LIMITE pour terminer ce travail? Le gouvernement devra bientôt affronter l'ÉCHÉANCE électorale. Dans le domaine des publications, on dit l'HEURE DE TOMBÉE, ou simplement la TOMBÉE. Le journaliste doit toujours savoir l'HEURE DE TOMBÉE pour l'article qu'il prépare.

DEALER, FAIRE UN DEAL
Je viens de faire un bon *deal!* s'exclame un Québécois. Mais non, tu viens de conclure une BONNE AFFAIRE! reprend son interlocuteur défenseur du bon français. Pour traduire la phrase anglaise It's a deal, on dit tout simplement : MARCHÉ CONCLU! Quant au verbe *dealer*, du même calibre que *pitcher* et *watcher*, on le remplace par NÉGOCIER, ou TRAITER. Ainsi, au lieu de dire « Je peux *dealer* avec ces gens-là », on dira « Je peux m'ARRANGER, je peux NÉGOCIER avec eux ». Et pour remplacer « Je peux *dealer* avec ça », on dira « Je peux FAIRE FACE À CETTE SITUATION, ou JE PEUX ME DÉBROUILLER ».

DÉBARDEUR (vêtement)   Voir **Gilet, Chandail**, etc.

DÉBARQUER et EMBARQUER   Voir **Embarquer**

DÉBATTEUR, DÉBATTEUSE
Le mot DÉBATTEUR, DÉBATTEUSE, venu de l'anglais debater est utilisé et reconnu en français depuis une cinquantaine d'années. Au lieu de dire : C'est un bon debater (en prononçant à l'anglaise), il vaut mieux employer DÉBATTEUR, que l'on trouve dans les dictionnaires français, et qui est recommandé tant au Québec que dans l'ensemble de la francophonie. Un DÉBATTEUR, une DÉBATTEUSE, c'est une personne habile dans les débats, politiques ou autres.

DÉBUTER (ne peut avoir de complément direct)
Le verbe DÉBUTER est un verbe intransitif, ce qui signifie qu'il ne **peut pas avoir de complément direct**. Par conséquent, on dit correctement : LES TRAVAUX DÉBUTERONT EN AVRIL; mais on ne peut pas dire : *Nous débuterons les travaux en avril*. Dans ce dernier cas, il y a un complément direct, donc, la phrase est incorrecte. Avec le verbe COMMENCER, le problème n'existe pas, on peut employer ce verbe avec ou sans complément direct. Ainsi, on dit correctement « POUR COMMENCER, nous allons étudier... » et aussi correctement « POUR COMMENCER LE DÉBAT, nous allons... ».

DÉCADE et DÉCENNIE
Ces deux mots ne sont pas synonymes, loin de là! Une DÉCADE est une période de **dix jours**; mais ce mot est à éviter vu qu'il est devenu ambigu. Une DÉCENNIE est une période de **dix ans**. On confond parfois les deux termes et la faute vient du fait qu'en anglais decade signifie une période de dix ans. Ex. : La dernière DÉCENNIE a été marquée par une forte baisse des naissances au Québec.

DÉCARCÉRER, DÉCARCÉRATION, DÉCARCÉRATEUR
Ces mots sont des néologismes acceptés. Surtout, ce sont des termes utiles et bien construits. Ainsi, on dit : DÉCARCÉRER des personnes emprisonnées dans un véhicule accidenté ou dans les décombres d'un tremblement de terre. La DÉCARCÉRATION des personnes emprisonnées sera longue et difficile. L'usage de DÉCARCÉRATEUR se répand également pour désigner ce que l'on a appelé des « pinces de désincarcération », ou « pinces de survie », pour dégager des personnes emprisonnées accidentellement.

DÉCÉDER, DÉCÈS et MOURIR, MORT
DÉCÉDER s'emploie plutôt en parlant de **mort naturelle**. DÉCÉDER s'emploie aussi comme terme juridique ou par euphémisme. On dit un CERTIFICAT DE DÉCÈS, jamais un « certificat de mort ». Il est plus délicat d'annoncer à quelqu'un le DÉCÈS que la MORT d'un être cher. Dans la vitrine d'un établissement, il est plus convenable d'écrire « Fermé pour cause de DÉCÈS » que « Fermé pour cause de *mort* ». Comme DÉCÉDER s'emploie plutôt pour les morts naturelles, il est préférable de dire qu'une personne est MORTE ACCIDENTELLEMENT, sauf bien sûr si l'on veut ménager les sensibilités. Dans les médias, on dira MOURIR ACCIDENTELLEMENT, et l'on parle des MORTS ACCIDENTELLES.

DÉCHARGE ÉLECTRIQUE (terme correct)   Voir *Choc électrique*

DÉCHETS, ORDURES, VIDANGES   Voir **Vidanges**

DÉCLARATION DE REVENUS
Nous faisons chaque année des DÉCLARATIONS DE REVENUS à nos gouvernements, et non pas des *rapports d'impôt*. Sur les formulaires que nous remplissons, c'est bien DÉCLARATION DE REVENUS qui est inscrit. Nous déclarons nos REVENUS.

DÉCOMPTE, DÉPOUILLEMENT, COMPTAGE
Quand on parle d'élections, il faut dire DÉPOUILLEMENT DES VOTES ou DES SUFFRAGES, ou encore DU SCRUTIN, et non pas ⇨

décompte des votes ni *comptage des votes*. Le mot DÉCOMPTE est français, mais il désigne ce qu'il y a à déduire sur une somme que l'on paye. Quant au mot COMPTAGE, il signifie le fait de compter, en général; par exemple, le COMPTAGE des voitures qui passent sur une artère. Voir aussi **Recomptage**

DÉCOUPURE et COUPURE
Les articles DÉCOUPÉS dans les journaux sont des COUPURES et non pas des *découpures*. On dit : un ALBUM DE COUPURES. Le mot DÉCOUPURE est français, mais il a le sens de bordure découpée. On dit les DÉCOUPURES d'une guirlande, d'une broderie, etc.

DÉCOUVERT (ÊTRE À)   Voir **Rouge (être dans le)**

DÉCRIMINALISER et CRIMINALISER   Voir **Criminaliser**

DÉCROCHER, DÉCROCHAGE, DÉCROCHEUR
Ces mots québécois, qui n'ont pas d'équivalents en français général, sont recommandés par l'OQLF. Ils nous permettent d'éviter le terme anglais dropout. DÉCROCHER, c'est abandonner les études avant la fin de la période obligatoire. Un DÉCROCHEUR, une DÉCROCHEUSE, c'est un ou une élève qui DÉCROCHE, qui choisit le DÉCROCHAGE.

DE D'AUTRES   Voir **Autres (de d')**

DÉDUCTIBLE pour FRANCHISE
Dans le domaine des assurances, la partie des dommages payée par l'assuré s'appelle FRANCHISE. En anglais, on dit deductible dans ce sens. Le mot DÉDUCTIBLE est également français, mais il s'emploie plutôt comme adjectif. Ex. : Des dépenses DÉDUCTIBLES du revenu.

DÉFENDANT (CHAMPION)   Voir **Champion défendant**

DÉFICIT D'OPÉRATION   Voir **Opération** pour **Exploitation**

DÉFILÉ, PARADE, PROCESSION
Il y a les DÉFILÉS DE MODE, qui sont des présentations de collections sur des mannequins. Il y a les DÉFILÉS de troupes, comme celle du 14 juillet à Paris. Mais le mot PARADE désigne plus précisément une cérémonie militaire où les troupes défilent en grande tenue. Il est incorrect, cependant, de dire la *parade* de la Saint-Jean-Baptiste, c'est le DÉFILÉ qu'il faut dire dans ce cas. DÉFILÉ s'emploie aussi pour désigner, en général, un déplacement de personnes, par exemple, auprès de la dépouille d'un

défunt illustre. Enfin, le mot PROCESSION désigne strictement un défilé religieux qui se fait souvent en priant et en chantant.

DÉFINITIF et **FINAL** Voir **Final**

DÉFINITIVEMENT
L'adverbe DÉFINITIVEMENT signifie d'une façon définitive, pour de bon. Nous partons DÉFINITIVEMENT pour Sherbrooke. Mais on fait un anglicisme si l'on dit par exemple : Elle est *définitivement* plus jolie que sa sœur. Dans ce dernier cas, l'adverbe correct est INDÉNIABLEMENT, ou INCONTESTABLEMENT, ou encore INDISCUTABLEMENT.

DÉFRAYER
On dit correctement DÉFRAYER QUELQU'UN, c'est-à-dire : payer ses dépenses. Ex. : La compagnie a envoyé deux experts en mission à Sept-Îles, en les assurant qu'ils seraient entièrement DÉFRAYÉS. On dit aussi correctement DÉFRAYER QUELQUE CHOSE. Ex. : Votre transport et votre logement seront DÉFRAYÉS par l'employeur. La faute qu'il faut éviter, c'est celle de dire *défrayer les dépenses* de quelqu'un. En effet, DÉFRAYER signifie rembourser les frais, les dépenses, de sorte qu'il y a pléonasme à dire *défrayer les frais, les dépenses*.

DÉGUEULASSE
Le qualificatif DÉGUEULASSE, qui vient de gueule, dégueuler, est d'emploi familier et plutôt vulgaire. Nous en abusons parfois chez nous. Que l'on dise qu'il fait un temps DÉGUEULASSE, le mot est fort, mais explicite. Mais qu'un député, en Chambre, traite un adversaire de DÉGUEULASSE, c'est tomber dans la vulgarité et le mauvais goût.

DÉLAI et **RETARD**
DÉLAI n'est pas synonyme de retard. Il faut retenir que DÉLAI peut vouloir dire deux choses : (1) le temps accordé pour faire quelque chose et (2) la prolongation accordée pour faire quelque chose. DÉLAI ne veut pas dire RETARD et il est donc incorrect de dire «Nous ne tolérerons aucun *délai* », alors que l'on veut dire «Nous ne tolérerons aucun RETARD ». DÉLAI ne peut pas être employé, non plus, au sens d'heure limite. Au lieu de dire « Le *délai* pour respecter la consigne est midi, demain », on dira correctement « L'HEURE LIMITE pour respecter la consigne est midi, demain ».

DÉLIT, CRIME, OFFENSE Voir **Crime**

DEMANDE (EN)
La locution *en demande* n'est pas française. Au lieu de dire qu'un article, qu'un produit est très *en demande*, il faut dire qu'il est très DEMANDÉ, très RECHERCHÉ. En anglais, on dit correctement : This product is very much in demand. C'est de là que nous vient la faute.

DEMANDER UNE QUESTION
L'usage français veut que l'on dise POSER UNE QUESTION. En anglais, on dit to ask a question. C'est sous l'influence de l'anglais que nous disons souvent *demander une question*. Excusez-moi, j'ai une question à vous POSER (et non pas à vous *demander*).

DEMANDER et REVENDIQUER
Ces deux verbes comportent une différence importante; il ne faut donc pas les confondre.
REVENDIQUER, c'est réclamer une chose sur laquelle on a un droit. C'est demander avec force quelque chose qui nous est dû. On peut REVENDIQUER sa part d'un héritage si l'on est persuadé d'y avoir droit. Un réfugié politique ne peut pas REVENDIQUER le droit d'asile politique; il peut seulement le DEMANDER. Il faut faire la même distinction avec les mots DEMANDEUR et REVENDICATEUR.

DÉMÉRITE (POINTS DE)
En matière de sécurité routière, il vaut mieux dire POINTS D'INAPTITUDE. C'est le seul terme reconnu en français. Le terme *points de démérite* est à éviter; c'est un calque de l'américain demerit marks. De plus, il convient de dire ACCUMULER DES POINTS D'INAPTITUDE, et non pas *perdre des points d'inaptitude*. En fait, ce sont des points qui s'accumulent, et on les reçoit comme des pénalités, on ne les perd pas.

DEMI-FINALE (terme correct)   Voir *Semi-finale*

DEMI-TOUR (terme correct)   Voir *Virage en U*

DÉMOTION (anglicisme)
Démotion n'est pas un mot français; c'est un calque de l'anglais demotion qu'il faut traduire par RÉTROGRADATION. Si une personne est rabaissée à un poste inférieur dans une entreprise, un gouvernement, il s'agit d'une RÉTROGRADATION. Cette personne est RÉTROGRADÉE.

DÉMYSTIFIER et DÉMYTHIFIER

Ces deux verbes se ressemblent, mais ils ont des sens différents. Voyons ces différences : DÉMYSTIFIER, c'est détromper des gens qui ont été victimes d'une mystification, c'est-à-dire d'une croyance erronée, d'un mythe. Ex. : Il faut DÉMYSTIFIER les adeptes, souvent naïfs, de certaines sectes.

DÉMYTHIFIER, c'est ramener à sa véritable nature une chose ou une personne dont on a fait un mythe, c'est-à-dire dont on a grandement exagéré la grandeur, l'importance. Ex. : Il a fallu beaucoup de temps pour DÉMYTHIFIER Mussolini.

DÉNEIGEUSE DE TROTTOIRS   Voir **Chasse-neige**

DENIM et JEAN

Le mot JEAN vient d'une déformation, en anglais, du nom de la ville de Gênes, en Italie, où était fabriqué ce tissu de coton croisé. Le nom du tissu a ensuite été donné au vêtement. Maintenant, le nom JEAN désigne autant le pantalon que la toile très serrée qui sert à fabriquer différents vêtements populaires. On dit un pantalon en JEAN.

Quant au mot DENIM, qu'il faut prononcer de-nime, son nom vient de Nîmes, en France, où était fabriqué un tissu qui s'appelait à l'origine SERGE de NÎMES. Un blouson en DENIM.

DENTS (AVOIR DES)

L'expression *avoir des dents*, utilisée surtout en parlant des lois, est un anglicisme. En effet, on dit en anglais a legislation that has teeth, ce qui signifie une loi IMPLACABLE, une loi IMPITOYABLE, une loi SANS MÉNAGEMENT. Ce sont ces derniers termes qu'il convient d'utiliser à la place de l'anglicisme.

DENTS (L'ÉCHAPPER PAR LA PEAU DES)

L'expression *l'échapper par la peau des dents* est un anglicisme qui nous vient de to escape by the skin of one's teeth. Nous avons en français un équivalent bien connu : L'ÉCHAPPER BELLE. On peut dire aussi : ÉCHAPPER DE JUSTESSE (à un malheur, à un accident).

DENTUROLOGISTE

Le terme utilisé en France est PROTHÉSISTE DENTAIRE. Au Québec, l'usage a reconnu le mot DENTUROLOGISTE pour désigner le spécialiste qui fabrique des prothèses dentaires. D'ailleurs, la corporation qui regroupe ces spécialistes s'appelle chez nous : l'Ordre des DENTUROLOGISTES.

DENTURE et DENTITION
Pour désigner l'ensemble des dents d'une personne, deux termes sont acceptés : DENTURE et DENTITION. C'est DENTITION qui est, cependant, le plus employé. Le mot DENTITION a un deuxième sens : la formation des dents, depuis l'enfance jusqu'à la fin de l'adolescence.

DÉODORANT pour **DÉSODORISANT**
Il faut éviter le mot *déodorant*, calque de l'anglais deodorant, même si on le trouve dans le Robert avec la mention d'anglicisme. Le mot français est DÉSODORISANT.

DÉPARTEMENT (d'un magasin), *MAGASIN À RAYONS*
On dit le RAYON et non le *département*. Le RAYON des jouets, dans un GRAND MAGASIN. Curieusement, l'usage a consacré le mot RAYON pour chacune des sections des magasins, mais en même temps a choisi GRAND MAGASIN, plutôt que *magasin à rayons*, pour désigner l'ensemble de l'établissement. Donc, on va dans le RAYON approprié d'un GRAND MAGASIN.

DÉPARTIR
Le verbe DÉPARTIR, qui s'utilise surtout à la forme pronominale, se conjugue comme PARTIR. Par conséquent, il faut dire : Je me DÉPARS de ces choses inutiles, je me DÉPARTAIS, etc. Correct également : Il ne se DÉPART ou ne se DÉPARTAIT jamais de son calme. C'est une faute courante de conjuguer DÉPARTIR sur le modèle de RÉPARTIR. Il faut donc éviter de dire *il se départissait*, et dire plutôt IL SE DÉPARTAIT, sur le modèle de PARTIR.

DÉPENDANT DE, DÉPENDAMMENT DE
Cette faute est courante chez nous. On entend : Je vais y aller demain ou mardi, *dépendant du* temps qu'il fera; ou *dépendamment du* temps... On peut corriger cet anglicisme, calqué sur depending on, en disant tout simplement : SELON le temps qu'il fera. (Notons que *dépendamment* est inexistant en français correct.)

DÉPENDANTS (en parlant de personnes)
On dit en anglais : How many dependents have you? L'équivalent français est : Combien de PERSONNES À CHARGE avez-vous? On dit correctement : La pauvre mère ne pouvait joindre les deux bouts; elle avait trop de PERSONNES À SA CHARGE, ou TROP DE PERSONNES À CHARGE.

DÉPENSES D'OPÉRATION   Voir *Opération* pour **Exploitation**

DÉPENSES ENCOURUES Voir **Encourir**

DÉPLACER UN ACCIDENT
Il est illogique et même impossible de *déplacer* un accident, comme l'affirment parfois des commentateurs de la circulation. Ce que l'on déplace, ce sont plutôt les véhicules accidentés. Ex. : Vous pouvez maintenant emprunter telle artère, les véhicules accidentés ont été DÉPLACÉS, ou encore, le lieu de l'accident a été DÉBLAYÉ.

DÉPORTER, DÉPORTATION et EXTRADER, EXTRADITION
Il faut éviter de confondre les verbes DÉPORTER et EXTRADER. On dit qu'une personne est EXTRADÉE quand elle est livrée à un pays dans lequel elle est l'objet d'une accusation. Le pays où l'accusation a été portée a obtenu l'EXTRADITION de l'accusé. DÉPORTER une personne, c'est l'expulser de son pays. C'est la condamner à la DÉPORTATION, peine qui, en France, a été remplacée par la détention criminelle. En fait, c'est aux temps des colonies surtout que l'on DÉPORTAIT des personnes. On le faisait de la métropole vers ces colonies. Ex. : Dreyfus a été condamné à la DÉPORTATION. Il a été DÉPORTÉ.

DÉPÔT **(élections ou justice)** Voir **Caution** et **Cautionnement**

DÉPÔT pour **CONSIGNE** Voir *Retournable*

DÉPOTOIR, DÉCHARGE (termes corrects) Voir *Dompe*

DÉPOUILLEMENT, COMPTAGE Voir **Décompte**

DÉPUTÉ DE L'ARRIÈRE-BANC Voir *Backbencher*

DÉRHUMER (SE)
Le verbe SE DÉRHUMER, bien connu dans la région de Québec, est inconnu, en général, des Montréalais. SE DÉRHUMER est un terme régional qui signifie s'éclaircir la voix en toussant volontairement. SE DÉRHUMER se rend en français général par SE RACLER LA GORGE ou S'ÉCLAIRCIR LA VOIX.

DERNIER (CE), CELUI-CI, etc. Voir **Celui-ci**, **Ce dernier**, etc.

DERRICK
Le mot anglais derrick (employé par certains Français) est un emprunt inutile puisqu'il équivaut à TOUR DE FORAGE. De plus le terme français TOUR DE FORAGE est plus explicite.

DESIGN et STYLISME
Le mot DESIGN, emprunté à l'anglais, est accepté en français au sens d'esthétique industrielle impliquant la recherche de formes nouvelles et adaptées à leurs fonctions. L'emploi en français de DESIGN s'applique en particulier aux objets utilitaires, aux meubles, et à l'habitat en général. Cependant, DESIGN ne doit pas supplanter le mot CONCEPTION dans les autres domaines et on ne pourrait pas parler de design d'un moteur, et de tout ce qui n'a pas de côté esthétique.
Le mot STYLISME, utilisé en français depuis 1846, selon Robert, est synonyme de DESIGN, mais il est d'un emploi beaucoup plus rare. STYLISTE et DESIGNER sont synonymes, ils désignent les spécialistes de l'esthétique industrielle.

DÉSODORISANT (terme correct)   Voir ***Déodorant***

DÉTACHÉE (MAISON)
Les expressions *maison détachée* et *maison semi-détachée* sont des calques de detached house et semi-detached house. En français général, on dit MAISON INDIVIDUELLE, PAVILLON, MAISON INDÉPENDANTE, et dans le cas contraire, MAISON JUMELLE, MAISON JUMELÉE, ou MAISON MITOYENNE.

DÉTENTION D'OTAGE et PRISE D'OTAGE   Voir **Prise d'otage**

DÉTOUR et DÉVIATION
Faire un DÉTOUR, c'est employer un chemin plus long que la voie la plus directe. En voyage, on peut, par exemple, faire un DÉTOUR pour admirer de beaux paysages, ou pour aller visiter des amis.
Une DÉVIATION, au contraire, est une route imposée pour éviter un obstacle, comme des travaux, ou un accident, etc. Notons qu'en anglais le mot detour s'emploie à la fois au sens de DÉTOUR et de DÉVIATION, ce qui a pour effet de créer la confusion chez certains d'entre nous.

DEUXIÈME PLUS GRAND (LE), LE TROISIÈME MEILLEUR, etc.
Quand on dit LE PLUS GRAND, LA MEILLEURE, etc., on emploie le superlatif; cela veut dire qu'il n'y en a pas de plus grand, de meilleure, etc. Par conséquent, **on ne peut pas dire** *le deuxième plus grand, la troisième meilleure*, etc. C'est la logique française qui le veut. On contourne la difficulté au moyen d'une périphrase. Ex. : Pour ne pas dire *le deuxième plus grand pays d'Amérique*, on peut dire LE DEUXIÈME PAYS D'AMÉRIQUE POUR SA SUPERFICIE. Pour éviter de dire *la deuxième meilleure comédienne du Québec*, on peut dire LA DEUXIÈME COMÉDIENNE DU QUÉBEC POUR SON TALENT ou sa RENOMMÉE. Cette difficulté

nous vient de la langue anglaise qui ne s'embarrasse pas de ce genre de logique. En anglais, on peut dire : The second largest country, the third best actor, etc.

DÉVELOPPER

Certains emplois du verbe DÉVELOPPER, venus de l'anglais, et qui étaient considérés comme des anglicismes naguère, sont désormais acceptés en français. Ainsi, il y a quelques décennies à peine, il était jugé fautif de dire : DÉVELOPPER de nouvelles techniques; il fallait dire plutôt : CRÉER, METTRE AU POINT, INVENTER de nouvelles techniques. En médecine, il était incorrect, et il est encore incorrect pour les puristes de notre langue, de dire : DÉVELOPPER UNE MALADIE; il fallait dire CONTRACTER une maladie, ÊTRE ATTEINT d'une maladie. Désormais, les dictionnaires usuels considèrent ces emplois comme corrects, et l'on peut dire, par exemple : Ces enfants risquent de DÉVELOPPER la leucémie; ou encore : C'est notre compagnie qui a DÉVELOPPÉ cette technique.

DÉVELOPPEUR (immobilier et autres)

Le mot DÉVELOPPEUR est d'usage limité en français, alors que developer, en anglais, a un grand nombre de sens. Ainsi, l'expression *développeur immobilier* est un anglicisme qu'il faut remplacer par PROMOTEUR IMMOBILIER, ou CONSTRUCTEUR D'HABITATIONS, selon le cas. DÉVELOPPEUR est cependant un mot reconnu pour parler de la personne qui développe un film, ou de celle qui écrit des logiciels, ou fabrique des cartes électroniques. Notons que ce genre de mot évolue très rapidement avec les techniques modernes.

DÉVIATION et DÉTOUR   Voir **Détour**

DEVISE et MONNAIE

On confond souvent DEVISE et MONNAIE. Il importe donc de se rappeler que pour nous, Canadiens, le dollar est l'**unité monétaire**, c'est-à-dire la MONNAIE de notre pays. On emploie le mot DEVISE en parlant de la monnaie des pays étrangers. Si l'on part pour un voyage en Europe, il est souhaitable d'emporter des DEVISES des pays que l'on va visiter. La MONNAIE de la France (ou unité monétaire), pour les Français, est l'euro (€); mais pour les Canadiens, l'euro (€) est une DEVISE (étrangère). Exemples : Le dollar américain ($US) et le mark allemand (DM) sont des DEVISES FORTES. Notons que le mot DEVISE a un autre sens : il peut être synonyme de mot d'ordre pour un pays, un organisme. La DEVISE du Canada est : A mari usque ad mare.

DEVOIR (EN)
L'expression *en devoir* est un anglicisme calqué sur on duty. Il faut dire DE SERVICE, ou EN SERVICE. Ex. : Le policier Dumas est DE SERVICE ce soir. On a rendu hommage à trois pompiers morts EN SERVICE.

DIACHYLON
Le mot DIACHYLON est français (il se prononce dia-ki-lon), mais c'est un terme pharmaceutique qui désigne un pansement servant à calmer une inflammation. Il n'a pas le sens de PANSEMENT ADHÉSIF qu'on lui donne chez nous. Le terme courant en français général est SPARADRAP ou PANSEMENT. Un enfant se fait une petite blessure en tombant, on lui applique un SPARADRAP, ou un PANSEMENT ADHÉSIF.

DIASPORA
Le mot DIASPORA, qui à l'origine désignait spécifiquement l'ensemble des communautés juives dispersées à travers le monde, s'applique aussi, maintenant, aux autres peuples vivant dispersés. On dit : la DIASPORA haïtienne, la DIASPORA arménienne. Mais DIASPORA n'est pas synonyme de communauté. Et si, par exemple, on veut parler des Haïtiens vivant à Miami, il faut éviter de dire *la diaspora haïtienne de Miami*, et dire la COMMMUNAUTÉ HAÏTIENNE DE MIAMI.

DICTION et PHONÉTIQUE
La confusion des mots DICTION et PHONÉTIQUE est fréquente chez nous. Il faut donc savoir que la PHONÉTIQUE, c'est la qualité des sons, de l'articulation. La personne qui prononce bien sa langue a une belle PHONÉTIQUE. La DICTION, c'est l'**art de dire**, c'est l'art de bien interpréter des textes, des vers, une pièce de théâtre, en y mettant son cœur, son âme. Un bon comédien, une bonne comédienne, sont des experts de la DICTION.

DIÉTÉTISTE, DIÉTÉTICIEN, DIÉTÉTICIENNE
DIÉTÉTISTE est un terme québécois, reconnu par l'OQLF et le Robert. En français général, c'est le mot DIÉTÉTICIEN, DIÉTÉTICIENNE, qui est seul en usage. Chez nous, les deux termes sont acceptés comme synonymes.

DIFFAMATION et LIBELLE   Voir **Libelle**

DIFFICULTÉ et MISÈRE   Voir **Misère**

DILEMME
Attention à l'orthographe de DILEMME qui s'écrit avec deux M. Pour le sens, Voir **Alternative**

DÎNER D'ÉTAT, FUNÉRAILLES D'ÉTAT
Ces locutions employant *État* sont des anglicismes. Il faut dire plutôt DÎNER OFFICIEL, DÎNER DE GALA, GRAND BANQUET, etc. Et on dira FUNÉRAILLES NATIONALES lorsqu'elles sont prises en charge par le gouvernement.

DIOXYDE DE SOUFRE
Ce terme de chimie est une mauvaise traduction de sulfur dioxide. L'équivalent correct en français est ANHYDRIDE SULFUREUX. La faute est courante.

DIPLÔMÉ et *GRADUÉ*
Une personne ne peut pas être *graduée*, elle ne peut être que DIPLÔMÉE. Un thermomètre, une éprouvette, peuvent être GRADUÉS, pas une personne. Ex. : C'est une infirmière DIPLÔMÉE, c'est-à-dire qu'elle a son diplôme. Son thermomètre est GRADUÉ en Celsius.

DIRIGEABLE et MONTGOLFIÈRE
Il y a chaque été au Québec le Festival des MONTGOLFIÈRES. Ces ballons emportés au gré du vent ne sont pas dirigeables. Il ne faut pas les confondre avec des DIRIGEABLES, qui eux, leur nom l'indique, peuvent être dirigés à volonté. Les DIRIGEABLES sont des ballons allongés et munis d'une hélice actionnée par un moteur.

DISCOUNT   Voir **Escompte**

DISCOURS et ALLOCUTION   Voir **Allocution**

DISGRÂCE
On fait un anglicisme quand on dit qu'une personne, ou une action, est une *disgrâce* pour une famille, pour une profession, etc. On dira pour corriger que cette personne, ou cette action, DÉSHONORE cette famille ou cette profession; qu'elle EN EST LA HONTE. En anglais, to be a disgrace signifie : ÊTRE UNE HONTE. Le mot DISGRÂCE est français, cependant. Il désigne la perte des bonnes grâces de la ou des personnes dont on dépend. DISGRÂCE est synonyme de **déchéance**.

DISGRACIEUX
On dit parfois que des événements *disgracieux* sont survenus sur une place publique, dans une ville, alors que l'on veut parler d'événements HONTEUX, FÂCHEUX, REGRETTABLES ou DÉPLORABLES. L'adjectif DISGRACIEUX signifie plutôt : qui manque de grâce. Un visage DISGRACIEUX, des ornements DISGRACIEUX, ont le défaut de manquer de grâce, de beauté.

DISJONCTEUR Voir **Breaker**

DISPENDIEUX Voir **Cher, Coûteux, Onéreux**

DISPONIBLE
DISPONIBLE est synonyme de libre. On dit par exemple : Il n'y a plus de places DISPONIBLES pour le spectacle de ce soir; ou encore : Aucun électricien n'est DISPONIBLE pour faire ce travail. Mais, si l'on dit qu'un article est *disponible* dans les grands magasins, alors on fait un emploi fautif de cet adjectif et il faudrait dire plutôt que cet article est EN VENTE. On dit correctement qu'un livre est EN VENTE dans toutes les librairies; ou encore qu'il est SUR LE MARCHÉ. Un livre DISPONIBLE se dit cependant au sens d'un livre qui n'est pas épuisé.

DISPOSER DE
La locution verbale DISPOSER DE est correcte dans plusieurs sens, dont celui de posséder; mais elle est fautive dans le sens de se débarrasser, de jeter à la poubelle. Une affiche qui dit : « Veuillez *disposer* de vos bouteilles et de vos cartons vides dans cette poubelle », devrait se lire plutôt : « Veuillez JETER vos bouteilles et vos cartons vides... » Mais on dit correctement : Nous DISPOSONS d'un personnel qualifié.

DISQUES ANTITABAC Voir **Antitabac (disques)**

DISQUE COMPACT
Comme tous les disques mis en vente sont maintenant des compacts, il n'y a plus lieu de dire « disque compact ». Le mot DISQUE est suffisant, sauf quand on veut rappeler une époque révolue ou si l'on parle de disques anciens (microsillons, 78 tours, etc.). Quant à l'abréviation CD ou DC, elle est également inutile, et il vaut mieux parler avec des mots qu'avec des abréviations. Voir **Album**

DISTILLER, DISTILLERIE, DISTILLATION (prononciation)
Il faut prononcer DIS-TI-LER, DIS-TI-LE-RI, DIS-TI-LA-SION, et non pas *dis-ti-yer, dis-ti-ye-ri*, etc. Autrement dit : les L des mots

de cette famille se prononcent comme dans ville et non pas comme dans fille.

DISTORTIONNER
Il n'y a pas de verbe *distortionner*, même si le mot DISTORSION est bien français. On peut accuser quelqu'un de DÉFORMER les faits, et non de les *distortionner*.

DIVORCER et non *SE DIVORCER*
Le verbe DIVORCER n'a pas de forme pronominale (*se divorcer*). On dit qu'un couple EST DIVORCÉ, ou VA DIVORCER. On dit qu'une personne A DIVORCÉ D'AVEC son conjoint. Enfin, on dit correctement : Ils vont DIVORCER.

DIX (prononciation)   Voir **Cinq, Six,** etc. (prononciation)

DIXIÈMES *DE UN* POUR CENT
Dans les fractions de pourcentages inférieures à 1 %, il faut éviter de dire *de un*, qui constitue un anglicisme. Ainsi, au lieu de dire *trois dixièmes de un pour cent*, il faut dire tout simplement TROIS DIXIÈMES POUR CENT. Au lieu de dire *trois quarts de un pour cent*, on dira correctement TROIS QUARTS POUR CENT.

D'OCCASION, DE SECONDE MAIN, USAGÉ   Voir **Usagé**

DOCTEUR
Nous abusons du titre de docteur. On ne peut appeler DOCTEUR que ceux qui ont obtenu leur doctorat en médecine. L'usage français leur accorde l'exclusivité du titre alors qu'en anglais et en allemand, tous ceux qui détiennent un doctorat peuvent être appelés DOCTEUR. La forme féminine DOCTEURE se répand au Québec ; mais l'ancienne forme féminine *doctoresse* est presque disparue ; il faut l'éviter.

DOLLARS US
Il faut absolument éviter de parler de *dollars US* (souvent prononcés you ess). Ce sont des DOLLARS AMÉRICAINS. Quand il faut abréger dans un tableau, ou autrement, on peut écrire $US ; mais quand on parle, on abuse de l'abréviation et de l'anglicisme en disant des *dollars US*.

DOMESTIQUES (VOLS, PRODUITS)
On dit en anglais <u>domestic flights</u>, en parlant des **vols intérieurs** (aviation commerciale). Les anglophones disent également <u>domestic products</u>, dans le commerce, en parlant des produits de notre pays. Si l'on traduit littéralement, on obtient : *vols domes-* ⇨

tiques et *produits domestiques*, qui sont des anglicismes à éviter. Les défenseurs du français disent plutôt : VOLS INTÉRIEURS et PRODUITS CANADIENS, QUÉBÉCOIS, ou DE CHEZ NOUS. En France, pour ce qui est de l'aviation commerciale, le terme VOLS DOMESTIQUES est largement utilisé et Air Canada a emboîté le pas.

DOMICILE, À (sports)
Plusieurs commentateurs de sport emploient l'expression À DOMICILE, dans le sens de chez eux, dans leur propre ville. Ils disent par exemple : Les Canadiens jouent ce soir À DOMICILE. Cette expression plaît à certains, déplaît à d'autres pour qui le domicile c'est le foyer, la résidence. Ils soutiennent qu'on joue au scrabble à domicile, pas au hockey. Cependant, l'OQLF reconnaît l'usage de DOMICILE au sens de « port d'attache d'une équipe sportive ».

DOMPE **pour DÉPOTOIR, DÉCHARGE**
DÉPOTOIR et DÉCHARGE désignent tous les deux le lieu où l'on jette les ordures. Quant à *dompe*, c'est un calque de l'anglais dump; il faut l'éviter.

DONNE-LE-MOI
L'une de nos fautes courantes est l'inversion des compléments. Nous avons tendance à dire *donne-moi-le*, au lieu de DONNE-LE-MOI. Nous disons aussi *faites-moi-le savoir*, au lieu de FAITES-LE-MOI SAVOIR. La règle à retenir en pareil cas, c'est que le complément direct se place avant le complément indirect.

DONT et QUE
Le pronom relatif DONT équivaut à **de qui, de quoi, duquel**, etc. Pour éviter la répétition de DE, il ne faut pas l'utiliser dans la première proposition, lorsqu'il y a DONT dans la deuxième. **À éviter :** C'est *de* Pierre *dont* nous parlons. Dans ce cas, le *dont* signifie DE QUI, et par conséquent, il y a répétition du DE. On corrige en disant : C'est DE Pierre QUE nous parlons. Par contre, il importe d'utiliser DONT et non pas QUE lorsqu'on veut dire DE QUI, DE QUOI, DUQUEL. **À éviter :** Les enfants *que* je vous parle sont partis. Comme dans ce dernier cas on veut dire DE QUI je vous parle, il faut remplacer le *que* par DONT. On dira donc correctement : Les enfants DONT je vous parle.

DOPE, DOPER, DOPANT, DOPAGE
Le mot DOPE demeure un terme d'usage familier au sens de drogue utilisée pour stimuler l'organisme ou dissiper la fatigue, mais les autres mots de la même famille sont des termes reconnus par l'usage et employés couramment, surtout dans le domaine des sports et de l'athlétisme. DOPER, c'est administrer

un stimulant à quelqu'un ou à un cheval; on dit aussi SE DOPER. Les produits utilisés sont des DOPANTS. Le DOPAGE est l'action de doper ou de se doper. Enfin, le DOPEUR, la DOPEUSE, sont des personnes qui fournissent ou administrent les DOPANTS.

DOREUR D'IMAGE Voir **Spin doctor**

DORMANT et TRAVERSE
Ce que nous appelons couramment DORMANT, c'est-à-dire la pièce de bois placée sous les rails d'un chemin de fer pour les retenir en place, se nomme TRAVERSE, en français général. Le mot DORMANT a un autre sens en Europe francophone; il désigne le CADRE d'une porte, ou d'une fenêtre, c'est-à-dire la partie fixe d'une ouverture, celle à laquelle sont fixées soit la porte soit les parties mobiles d'une fenêtre. Le mot CADRE, en ce sens, est utilisé aussi bien en français général qu'en français québécois.

DOS-D'ÂNE
Un DOS-D'ÂNE est une déformation indésirable de la chaussée qui forme une bosse rappelant l'animal. Ex. : Les nombreux DOS-D'ÂNE risquaient d'abîmer notre voiture. Un DOS-D'ÂNE est une bosse de la route, alors qu'un NID-DE-POULE est un trou. Voir **Speed bump (Bosse de ralentissement)**

DOS LARGE (AVOIR LE)
AVOIR LE DOS LARGE et AVOIR BON DOS sont deux expressions synonymes qui signifient : supporter patiemment, parfois même injustement, les injustices, les moqueries.

DOUANE
Le mot DOUANE s'emploie normalement au singulier. Il faut dire passer À LA DOUANE, et non pas passer *aux douanes*. Ce pluriel incorrect s'explique par le mot équivalent en anglais, qui est customs, toujours utilisé au pluriel. Un douanier est un employé de la DOUANE.

DOUBLAGE D'UN FILM Voir **Postsynchronisation**

DOUCHETTE Voir **Code-barre**

DRASTIQUE
Le mot DRASTIQUE, dans son sens traditionnel, s'emploie à propos des remèdes énergiques, en particulier les purgatifs. Ex. : Le médecin a dû lui administrer un remède DRASTIQUE. Dans la langue actuelle, c'est cependant dans le sens de l'anglais drastic que ce mot est utilisé, c'est-à-dire, celui de RADICAL, ⇨

DRACONIEN, ÉNERGIQUE, etc. Cet emprunt à l'anglais est superflu si l'on considère tous les équivalents que nous offre le français. Les Français parlent parfois de *mesures drastiques* prises par le gouvernement, ou de *réforme drastique*, mais ils utilisent davantage les synonymes ÉNERGIQUES, DRACONIENS, RADICAUX. Au Québec, on résiste en général à cet anglicisme.

DRIVING RANGE (golf)
Le terrain aménagé pour l'entraînement des golfeurs, pour les coups de départ, s'appelle en anglais driving range, et l'équivalent proposé en français est TERRAIN D'EXERCICE. Le drive des golfeurs, c'est le coup de départ, celui de longue portée.

DROIT AU CHAPITRE (AVOIR)   Voir **Voix (avoir ~ au chapitre)**

DROIT COMMUN   Voir *Common law*

DROITS DE L'HOMME plutôt que **DROITS HUMAINS**
On dit DROITS DE L'HOMME, sur la scène internationale, en particulier à l'ONU. Au Canada, les gouvernements d'Ottawa et de Québec ont opté à la place pour DROITS DE LA PERSONNE, ce qui a donné satisfaction à ceux qui croyaient que les droits de la femme n'étaient peut-être pas inclus dans les DROITS DE L'HOMME. Ainsi, nous pouvons, au besoin, avoir recours à la CHARTE DES DROITS DE LA PERSONNE pour défendre nos droits. Quant à l'expression DROITS HUMAINS, elle n'a rien de fautif, même si on l'accuse d'être calquée sur human rights. Mais ce n'est pas le terme reconnu, en français général, au sens des droits fondamentaux des personnes.

DROPOUT, TO DROP OUT   Voir **Décrocher**

DÛ (usages fautifs)
Le participe passé du verbe devoir, DÛ, est souvent employé fautivement chez nous. Ainsi, on fait un anglicisme en disant : *dû* au mauvais temps, la fête a été annulée. On corrige en disant : EN RAISON du mauvais temps. Autre exemple d'usage fautif : Elle est *due* pour des vacances. Dans ce cas, on peut corriger en disant : Elle a un GRAND BESOIN de vacances; ou encore : IL EST TEMPS qu'elle prenne des vacances. Dans le commerce, quand on dit qu'un compte est *dû*, on veut dire qu'il est À ÉCHÉANCE, et si l'on dit qu'il est *passé dû*, on veut dire qu'il est EN SOUFFRANCE. Au lieu de dire qu'il faut payer *ses dus* à un organisme, on dira correctement SA COTISATION. Enfin, il faut éviter de dire qu'un train est *dû* à telle heure, et dire plutôt que ce train est ATTENDU, ou qu'il DOIT ARRIVER à telle heure. Notons que le

participe passé DÛ ne porte l'accent circonflexe qu'au masculin singulier. On écrit DUE, DUS et DUES, sans accent.

DUMPING
Le mot DUMPING est entré dans la langue française vers 1900 selon Robert. De plus, on ne lui connaît pas d'équivalent dans notre langue. Donc, DUMPING est un mot français d'origine anglaise.

E

EAU BOUILLANTE (ÊTRE DANS L')
L'expression *être dans l'eau bouillante* est une traduction littérale de l'américain : to be in hot water. Cet anglicisme est tout à fait superflu en français puisque nous avons de parfaits équivalents : ÊTRE DANS DE BEAUX DRAPS, ÊTRE DANS LE PÉTRIN, ou DANS UN PÉTRIN. De plus, certains Québécois traduisent mal hot water et disent *être dans l'eau chaude*, ce qui ne veut pas dire grand-chose puisque nous prenons tous notre bain ou notre douche à l'eau chaude. S'ils disaient dans l'eau bouillante, au moins, l'expression américaine serait mieux traduite et aurait un sens. Mais la vraie solution, c'est d'employer une expression française. (Notons que warm water se traduit par eau chaude et que hot water se rend par eau bouillante.)

ÉBOUEUR Voir *Vidangeur*

ÉCALE et ÉCAILLE
Les noix, les amandes, sont recouvertes d'ÉCALES, tandis que certains poissons, certains reptiles, et les pattes de certains oiseaux portent des ÉCAILLES. On dit donc ÉCALER des noix, mais ÉCAILLER des huîtres, des poissons, etc.

ÉCHALAS et ÉCHALOTE
Un ÉCHALAS est un pieu que l'on enfonce en terre au pied d'un arbuste pour le soutenir. Il faut dire : être MAIGRE COMME UN ÉCHALAS (et non *comme une échalote*). On dit aussi UN ÉCHALAS en parlant d'une personne grande et mince. Ce que nous appelons ÉCHALOTE au Québec est un OIGNON VERT en français général. Une ÉCHALOTE, toujours en français général, est un légume de la famille de l'ail.

ÉCHANGER À
Il faut éviter de dire qu'un joueur a été *échangé à* tel club et dire plutôt qu'il a été CÉDÉ, VENDU ou TRANSFÉRÉ à un autre club. On peut dire aussi qu'un joueur est PASSÉ à un autre club ⇨

moyennant telle somme d'argent en retour. En tout cas, ÉCHANGER ne doit pas être suivi de la préposition À.

ÉCHAPPER (usage québécois)
Dans le reste de la francophonie, on dit que QUELQUE CHOSE NOUS ECHAPPE. Ex. : Son marteau LUI A ÉCHAPPÉ en travaillant. Chez nous, nous disons ÉCHAPPER QUELQUE CHOSE. Ex. : Il A ÉCHAPPÉ son marteau en travaillant. Cet usage particulier au Québec n'est généralement pas considéré comme fautif.

ÉCHÉANCE (terme correct)   Voir **Deadline**

ÉCHOUAGE et ÉCHOUEMENT
ÉCHOUAGE est un acte volontaire. L'ÉCHOUAGE d'une barque sur la plage. ÉCHOUEMENT se dit de l'arrêt involontaire d'un navire sur le fond. L'ÉCHOUEMENT d'un paquebot près d'une île.

ÉCHOUER UN EXAMEN
Il faut dire ÉCHOUER À UN EXAMEN, plutôt que *échouer un examen*. On dit correctement : ÉCHOUER À UN TEST ANTIDOPAGE. ÉCHOUER peut aussi être employé seul, sans complément indirect : tous ses efforts ONT ÉCHOUÉ.

ÉCOLE DE RÉFORME
L'expression *école de réforme* que nous utilisions jadis au Québec était un anglicisme calqué sur reform school. Nous l'avons changée pour MAISON DE REDRESSEMENT. Puis, on a voulu un terme plus acceptable pour tout le monde et l'on dit désormais : CENTRE DE RÉADAPTATION (pour jeunes délinquants). On pourrait dire aussi CENTRE DE RÉÉDUCATION.

ÉCOLIER, ÉTUDIANT, COLLÉGIEN   Voir **Étudiant**

ÉCOPER ou ÉCOPER DE
Le verbe ÉCOPER, qui signifie familièrement recevoir un coup, un désagrément, peut s'employer seul ou suivi de la préposition DE. IL A ÉCOPÉ D'UNE FORTE AMENDE, ou IL A ÉCOPÉ UNE FORTE AMENDE. ÉCOPER peut aussi s'employer sans complément : Ce sont toujours les mêmes qui ÉCOPENT.

ÉCRASEMENT D'AVION   Voir **Crash**

ÉCRIVAINE (forme féminine pour **ÉCRIVAIN**)
Voir **Féminin des noms de métiers**

EFFECTIF et MEMBERSHIP
Certains se croient forcés d'utiliser l'anglicisme membership, persuadés que ce mot n'a pas d'équivalent en français. Or, membership a un parfait équivalent en français qui est EFFECTIF. On dit l'EFFECTIF d'un parti politique (le nombre de ses membres), on dit aussi l'EFFECTIF d'un régiment, et encore l'EFFECTIF d'une classe, etc.

EFFET QUE (À L')
La locution *à l'effet que* n'est pas française, c'est une traduction littérale de to the effect that. La faute est courante ; on entend par exemple : Le maire a fait une déclaration *à l'effet que* les impôts fonciers pourraient augmenter. On peut corriger en disant : Le maire a fait une déclaration SELON LAQUELLE les impôts... ou encore une déclaration VOULANT QUE les impôts... On peut aussi, dans le présent exemple, simplifier la phrase et dire : Le maire A LAISSÉ ENTENDRE QUE...; ou A PRÉVENU les contribuables QUE...

ÉGALISER LE SCORE, BUT ÉGALISATEUR
Il faut dire ÉGALISER LE SCORE, plutôt que l'*égaler*. Et on dit correctement : le BUT ÉGALISATEUR. Exemple du Robert : Ils ont ÉGALISÉ une minute avant la fin du match. Dans cet exemple, le mot SCORE est sous-entendu, mais il est attesté depuis longtemps en français, de même que le mot MARQUE. On peut dire aussi : ÉGALISER LA MARQUE.   Voir **Marque** et **Score**

ÉLABORER
C'est un anglicisme que d'utiliser le verbe ÉLABORER dans le sens de « développer davantage un sujet, en dire plus long sur une question ». Exemple de la faute : Le patron *n'a pas élaboré davantage*. Il faut dire plutôt : Le patron N'EN A PAS DIT PLUS LONG SUR LA QUESTION; ou encore : Le patron N'A PAS ÉTÉ PLUS EXPLICITE.

ÉLECTEUR, VOTANT, *VOTEUR*   Voir *Voteur*

ÉLECTION PARTIELLE, ÉLECTION COMPLÉMENTAIRE
Ces deux termes sont synonymes et tout aussi corrects l'un que l'autre. Si des élections ont lieu, disons dans trois circonscriptions, il s'agit indiscutablement d'une ÉLECTION PARTIELLE, et comme ce scrutin a pour but de compléter la députation, c'est une ÉLECTION COMPLÉMENTAIRE.

ÉLECTROCUTER
ÉLECTROCUTER, selon certains dictionnaires, signifie tuer par une décharge électrique. Selon d'autres dictionnaires, ÉLECTROCUTER signifie tuer ou blesser par une forte décharge électrique. Par conséquent, si l'on veut être clair, il faut préciser qu'une personne A ÉTÉ TUÉE ou BLESSÉE par une décharge électrique. Le verbe « électrocuter » est ambigu. VOIR *Choc électrique* et **Décharge électrique**

ÉLIGIBLE et ADMISSIBLE   VOIR **Admissible**

ÉLIRE PAR ACCLAMATION, ÉLIRE SANS OPPOSITION
Ces deux expressions sont presque synonymes et aussi correctes l'une que l'autre. On peut dire qu'une personne a été ÉLUE PAR ACCLAMATION à la mairie, c'est-à-dire à l'unanimité et dans l'enthousiasme. Si cette personne a été ÉLUE SANS OPPOSITION, c'est qu'il n'y avait même pas d'autre candidat en lice, sa popularité étant restée incontestée.

E-MAIL, COURRIER ÉLECTRONIQUE, etc.   VOIR **Courriel**

EMBARQUER et DÉBARQUER
Les verbes EMBARQUER et DÉBARQUER, qui à l'origine ne s'employaient qu'à propos des barques, des navires, ont vu leurs sens s'élargir considérablement. On EMBARQUE et l'on S'EMBARQUE dans un avion. EMBARQUER et DÉBARQUER s'emploient maintenant pour les marchandises et les personnes à propos de tous les véhicules, même terrestres. Au figuré, on peut se laisser EMBARQUER dans une affaire pas toujours désirable. Les autres sens figurés de ces deux verbes sont nombreux. Dans le langage populaire, DÉBARQUER chez quelqu'un, DÉBARQUER quelque part, signifie : arriver à l'improviste.

EMBARRER pour ENFERMER
Il faut dire ENFERMER quelqu'un, un animal, dans un lieu, une pièce, une maison, une cage, et non pas l'*embarrer*. Ex. : Ses parents l'ont ENFERMÉ dans sa chambre. On peut dire aussi : S'ENFERMER dans son bureau, sa chambre, pour lire, travailler, etc. Quant à « embarrer », il s'emploie plutôt en parlant des chevaux.

ÉMETTRE (usages corrects et incorrects)
Le verbe ÉMETTRE est employé correctement au sens de produire au-dehors, mettre en circulation, offrir au public. Nous disons correctement : ÉMETTRE UNE OPINION, UNE OBJECTION; ÉMETTRE DES SONS, DES SIGNAUX; ÉMETTRE DES BILLETS DE BANQUE, DES OBLIGATIONS, DES CHÈQUES, etc.

Il faut cependant éviter le verbe *émettre* dans les cas suivants :

Usages fautifs	**Corrections**
Émettre un communiqué, un avis, etc.	PUBLIER un communiqué, un avis.
Émettre une décision.	RENDRE une décision.
Émettre un mandat d'amener (ou autre document juridique).	LANCER un mandat.
Émettre un verdict.	PRONONCER, RENDRE un verdict.
Émettre un passeport, un permis.	DÉLIVRER un passeport, un permis.
Émettre un rapport.	PRODUIRE un rapport.
Émettre un reçu.	REMETTRE, DONNER, DÉLIVRER un reçu.

EMMENER et **AMENER**   Voir **Amener**

EMPHASE pour **ACCENT**
Nous employons parfois le mot *emphase* alors que nous devrions dire ACCENT. Exemple de la faute : Aujourd'hui, nous mettrons l'*emphase* sur les problèmes des adolescents. Il faut dire plutôt : Nous mettrons l'ACCENT, c'est-à-dire l'INSISTANCE. Mettre l'ACCENT sur quelque chose, c'est y attacher une importance particulière. Quand au mot EMPHASE, il a le sens de GRANDILOQUENCE et, de nos jours, il est souvent péjoratif. Parler avec EMPHASE, c'est abuser du style élevé, du ton déclamatoire.

EMPLOI (ÊTRE À L'~ DE)
L'expression *être à l'emploi de* est un anglicisme fréquent chez nous. Il est calqué sur to be in the employ of. On fait mieux de dire tout simplement TRAVAILLER POUR, ou CHEZ. Ainsi, au lieu de dire « Je suis à l'emploi de cette compagnie depuis 15 ans », on dira correctement « Je TRAVAILLE POUR cette compagnie depuis 15 ans ». Le pire, c'est que l'expression to be in the employ of est désuète en anglais. Nous avons calqué une expression maintenant démodée.

EMPLOYÉ CIVIL
Le terme *employé civil* est un calque de civil servant. C'est le mot FONCTIONNAIRE qu'il faut employer en français correct. Ex. : Les FONCTIONNAIRES constituent une partie importante des travailleurs de la région d'Ottawa.

EMPORTER et **AMENER**   Voir **Amener**

EN AUTANT DE JOURS Voir *Autant (en ~ de jours)*

EN AUTANT QUE JE SUIS CONCERNÉ
  Voir *Concerné (en autant que je suis)*

EN TOUT ET PARTOUT
En tout et partout est une déformation de l'expression EN TOUT ET POUR TOUT. Cette locution signifie au total. Ex. : EN TOUT ET POUR TOUT, vous nous devez cent dollars.

ENCONTRE (à l'~ de)
La locution À L'ENCONTRE DE signifie : en s'opposant à **telle chose**, à l'endroit de **quelque chose**. Par conséquent, il est incorrect de dire qu'une personne, qu'un organisme, va prendre des représailles *à l'encontre de quelqu'un*. Il faut plutôt dire : des représailles CONTRE QUELQU'UN ou À L'ENDROIT DE QUELQU'UN.

ENCOURIR
ENCOURIR signifie **s'exposer à** quelque chose de fâcheux, de regrettable. On peut dire, par exemple : Par vos paroles provocantes, vous ENCOUREZ de graves représailles. Il est incorrect cependant d'employer *encourir* au sens de subir, risquer, en matière de finance. Ainsi, on ne peut pas dire que quelqu'un *encourt* de grandes dépenses s'il entreprend certains travaux. On dira plutôt que cette personne S'EXPOSE, ou RISQUE D'ENGAGER de grandes dépenses, si elle entreprend certains travaux. Et au lieu de dire, par exemple, des pertes *encourues* par une inondation, on dira les pertes SUBIES par une inondation.

ENDORMIR (S') et **AVOIR SOMMEIL**
Nous confondons régulièrement ces deux expressions. Quelqu'un dit, en bâillant : *je m'endors!* alors que cette personne veut dire J'AI SOMMEIL. Si on ressent le besoin de dormir, ON A SOMMEIL! S'ENDORMIR a un tout autre sens, celui de commencer à dormir, de plonger dans le sommeil. Ex. : Je me couche vers onze heures, mais je M'ENDORS seulement une heure plus tard.

ENDOS et **DOS**
On dit parfois « Veuillez signer *à l'endos* » alors qu'il faudrait dire « Veuillez signer AU DOS, ou AU VERSO ». En fait, une formule, un chèque, n'ont pas d'*endos*, ils ont un DOS, ou un VERSO. L'ENDOS, c'est une **inscription** faite au dos d'un chèque, d'un effet de commerce.

ENDOSSER
ENDOSSER un chèque, c'est le signer au dos. ENDOSSER un geste, un projet, c'est l'approuver, l'appuyer. Ex. : La directrice a ENDOSSÉ sans hésiter la proposition de Julie.

ENGAGÉE (ligne téléphonique)
Il faut dire qu'une ligne téléphonique est OCCUPÉE et non pas *engagée*. Les verbes ENGAGER et S'ENGAGER sont cependant bien français dans un grand nombre de sens.

ENGUEULER, ENGUEULADE
Les mots ENGUEULER et ENGUEULADE, formés avec le mot gueule, s'emploient couramment dans toute la francophonie, et pas toujours méchamment. Cependant, leur usage se limite au langage familier. Dans le langage relevé, ou en public, dans les médias, par exemple, on emploiera plutôt des termes comme INJURIER, RÉPRIMANDER, DISPUTER, INVECTIVER, et les substantifs ALTERCATION, PRISE DE BEC, INJURE, DISPUTE, RÉPRIMANDE, INVECTIVE, ex. : les deux députés ont eu une vive ALTERCATION.

ENLÈVEMENT DES ORDURES (terme correct)
Voir **Collecte des ordures**

ENLEVER (S') LA VIE
L'expression S'ENLEVER LA VIE ne figure pas dans les dictionnaires usuels et on la soupçonne d'être un calque de to take one's life. Cependant, S'ENLEVER LA VIE est d'usage courant tant en France que chez nous et il faut l'accepter. Si on ne l'aime pas, on peut dire SE SUICIDER. On peut dire également METTRE FIN À SES JOURS ou SE DONNER LA MORT. Mais S'ENLEVER LA VIE peut servir d'euphémisme. Après tout, on dit de l'assurance-vie alors qu'il s'agit en fait d'assurance-mort.

ENNUYANT et **ENNUYEUX**
L'adjectif ENNUYANT est vieilli et régional. En français actuel, on dit plutôt : ENNUYEUX, ENNUYEUSE, terme qui a cependant deux sens : (l) Qui cause des ennuis, des problèmes, des embarras. Ex. : Cette panne est très ENNUYEUSE. (2) Qui cause de l'ennui, de la lassitude, de la monotonie. Ex. : Nous avons vu un film plutôt ENNUYEUX.

ÉNONCIATION DES NOMBRES ET DES FRACTIONS
USAGE DE LA VIRGULE
En écrivant, nous utilisons la **virgule** dans les grands nombres. Nous écrivons par exemple : 1,7 million de personnes, ou 1 700 000 personnes. Dans le langage parlé, il faut éviter de ⇨

mentionner la virgule et dire : un million sept cent mille personnes. Alors qu'un journal écrit 1,5 milliard $, nous dirons en parlant : un milliard et demi de dollars. Pour exprimer des **pourcentages**, cependant, l'usage actuel veut que nous mentionnions la virgule en parlant. Pour signifier par exemple : 5,32 %, nous disons : cinq virgule 32 pour cent. Cependant, si la fraction du pourcentage est ,5 ou ,25 ou ,75 nous dirons préférablement : cinq et demi pour cent; cinq et quart pour cent, et cinq et trois quarts pour cent. Voir **Et** (emploi dans les nombres)

ÉNONCIATION DES ANNÉES
Pour les années allant de 1100 à 1699, on commence par dire les centaines : onze CENT 57, seize cent huit, quatorze CENT 92, etc. Pour les années à partir de 1700, on commence par dire mille, ou deux mille, trois mille, etc. Ex. : l'année MILLE 715, l'année MILLE 824, l'année MILLE neuf cent cinquante, l'an deux MILLE 95, l'an deux MILLE 200, etc. Pour les années à partir de 1700, on peut aussi commencer par les centaines; mais cette façon est moins moderne et à déconseiller.

ENREGISTRÉ (COURRIER) pour **RECOMMANDÉ**
On fait un anglicisme en disant du *courrier enregistré, une lettre enregistrée* (registered mail). Il faut dire COURRIER RECOMMANDÉ, LETTRE RECOMMANDÉE.

ENREGISTRER (en parlant des personnes)
Le verbe *enregistrer* ne peut pas s'employer en parlant des personnes; c'est un anglicisme. Il faut dire INSCRIRE. On INSCRIT un enfant à l'école; on S'INSCRIT à un club, à un parti. Monsieur Dupond est INSCRIT à l'hôtel et non pas *enregistré*. Par contre, ENREGISTRER se dit pour **les choses**. On ENREGISTRE ses bagages, des données, On ENREGISTRE une émission, un disque, une cassette, etc.

ENREGISTREMENT D'UN VÉHICULE
Il faut éviter de dire l'*enregistrement* d'un véhicule et dire plutôt le CERTIFICAT D'IMMATRICULATION d'un véhicule. Également, il faut dire la PLAQUE D'IMMATRICULATION et le NUMÉRO D'IMMATRICULATION d'un véhicule. Voir **Licence**

ENSEIGNANT, PROFESSEUR, INSTITUTEUR   Voir **Professeur**

ENTENDRE À RIRE
L'expression ENTENDRE À RIRE est acceptable; mais il faut savoir qu'elle n'est utilisée qu'au Québec, au Canada francophone, et inconnue du reste de la francophonie. En français général, les

équivalents sont : AVOIR LE SENS DE L'HUMOUR, BIEN PRENDRE LA PLAISANTERIE, SAVOIR PLAISANTER.

ENTERRER UNE VOIX
On dit familièrement chez nous que des musiciens, un orchestre, *enterrent la voix* des chanteurs et chanteuses. L'expression est à éviter. On préférera utiliser l'équivalent en français général, c'est-à-dire COUVRIR LA ou LES VOIX. Ex. : L'orchestre COUVRAIT souvent LA VOIX de la chanteuse.

ENTRAÎNEUR, ENTRAÎNEUSE
La personne qui entraîne les chevaux, celle qui entraîne les athlètes, se nomme ENTRAÎNEUR, ENTRAÎNEUSE. La forme féminine de ce nom existe depuis très longtemps. Parallèlement, il existe en français le mot ENTRAÎNEUSE, du féminin seulement, et qui désigne la jeune femme qui, dans les bars, les salles de danse, incite les clients à danser, à consommer.

ENTRÉE, PORTIQUE, VESTIBULE
La petite pièce d'accès dans une maison se nomme VESTIBULE. Il vaut mieux éviter de l'appeler ENTRÉE, qui a de nombreux sens, et il faut surtout ne pas l'appeler PORTIQUE. En effet, le mot ENTRÉE est un générique pour les voies d'accès. L'entrée d'une maison, ce peut être la porte principale, tout simplement. On dit l'ENTRÉE DE SERVICE, l'ENTRÉE DES ARTISTES, l'ENTRÉE d'un port, l'ENTRÉE d'une grotte, bref l'ENTRÉE de n'importe quoi. C'est pourquoi le mot VESTIBULE est préférable pour désigner la petite pièce d'accès à une maison. Quant au mot PORTIQUE, c'est un terme d'architecture qui désigne une galerie ouverte soutenue par deux rangées de colonnes. Dans les aéroports, il y a des PORTIQUES DE DÉTECTION pour contrôler le passage des armes à feu, des explosifs, etc.

ENTREVUE et INTERVIEW
Si l'on parle de l'interrogation d'une personne en vue de la diffusion en ondes, il vaut mieux utiliser le mot INTERVIEW qui est accepté en français. Le mot ENTREVUE est d'emploi beaucoup plus général. Il peut désigner toute rencontre entre deux ou plusieurs personnes pour des fins diverses. Avec le mot INTERVIEW, on fait le verbe INTERVIEWER, très utile en radiotélévision, tandis qu'avec ENTREVUE, on ne peut faire que le verbe ENTREVOIR, qui n'a pas du tout le même sens. Notons qu'il faut prononcer IN-TER-VIOU, de préférence à INN-TER-VIOU, et IN-TER-VIOU-É de préférence à IN-TER-VIOU-VÉ.

ÉNUMÉRATION, ÉNUMÉRATEUR (élections)
En vue d'une élection, on fait le RECENSEMENT ÉLECTORAL, ou RECENSEMENT DES ÉLECTEURS. Il faut éviter le terme *énumération* qui est un anglicisme en ce sens. Ce sont les RECENSEURS, les RECENSEUSES, qui font le travail de RECENSER les électeurs. Quant au verbe ÉNUMÉRER, il signifie simplement : énoncer des choses une à une. L'ÉNUMÉRATION, c'est l'action d'énumérer.

ENVOLÉE et **VOL** (aviation)
En matière d'aviation, il faut éviter de confondre les mots VOL et ENVOLÉE. Un VOL, c'est le trajet parcouru par un avion d'un aéroport à un autre. Ex. : Le VOL 524, Montréal-Halifax. Le mot ENVOLÉE est synonyme d'ENVOL ou de DÉCOLLAGE. Ex. : L'ENVOLÉE s'est faite de la piste numéro 4. Par conséquent, on dira par exemple qu'une compagnie d'aviation effectue 40 VOLS par jour vers les États-Unis, et non pas 40 *envolées*.

ENVOYER LA MAIN Voir *Main (envoyer la)*

ÉPAULE À LA ROUE (METTRE L')
Voir *Mettre l'épaule à la roue*

ÉPEURANT
Le qualificatif *épeurant* est archaïque. Il vaut mieux le remplacer par EFFRAYANT, TERRIBLE, TERRIFIANT, etc.

ÉPIZOOTIE, ÉPIDÉMIE
Quand une maladie contagieuse se répand chez des animaux, on parle d'ÉPIZOOTIE, mot qu'il faut prononcer é-pi-zo-ti. (Il faut éviter *zou* tout comme dans le mot zoo, voir Zoo.) Mais on peut aussi éviter ce mot plutôt rare et dire ÉPIDÉMIE comme lorsqu'il s'agit des humains. On peut dire l'ÉPIZOOTIE ou l'ÉPIDÉMIE de fièvre aphteuse.

ÉPOUSER et **MARIER**
Le verbe MARIER, au sens de prendre comme époux, épouse, est un régionalisme employé chez nous et aussi, selon Robert, dans le nord de la France et en Belgique. En français général, on dit plutôt ÉPOUSER dans ce sens-là. Ex. : Elle A ÉPOUSÉ un Espagnol. En fait, le verbe MARIER a deux sens :
1. Unir en célébrant le mariage. Ex. : C'est le père Ambroise qui les A MARIÉS.
2. Donner en mariage. Ex. : M. et Mme Dupont viennent de MARIER leur fille. Notons cependant que le verbe SE MARIER a le sens de prendre pour époux, épouse. Ex. : Ils SE SONT MARIÉS ce matin.

ÉPUISEMENT PROFESSIONNEL Voir *Burnout*

ERRATIQUE (JEU)
Certains commentateurs de sports parlent parfois de *jeu erratique*, au sens de jeu rempli d'erreurs. Cet emploi est incorrect. On pourrait plutôt qualifier cette mauvaise performance de JEU PLEIN D'ERREURS, INCOHÉRENT, DÉSORDONNÉ. Le mot ERRATIQUE est français, il s'utilise en science, et n'a rien à voir avec les erreurs.

ÉRUPTION et IRRUPTION Voir **Irruption**

ESCALATEUR
Escalateur est un régionalisme à éviter tout comme *escalator* qu'emploient certains Français. Les termes à retenir sont ESCALIER MÉCANIQUE, ESCALIER MOBILE, et, même s'il est plus rare, ESCALIER ROULANT.

ESCOMPTE et RABAIS
On confond parfois ces deux mots qui ont des sens bien différents. ESCOMPTE est un terme des banques, de la finance. Par exemple, on accorde souvent un ESCOMPTE à ceux qui paient une dette ou remboursent un prêt avant échéance. Le mot RABAIS est un terme de commerce. Les magasins accordent souvent des RABAIS pour se faire concurrence. Certains magasins prétendent vendre toujours À RABAIS. Ce sont des magasins de RABAIS. (Quant au mot discount, il est anglais seulement.)

ESCORTE
Une ESCORTE est un cortège qui accompagne une personne pour l'honorer et la protéger. Une ESCORTE est toujours composée de plusieurs personnes. Par conséquent, une personne ne peut pas dire qu'elle a choisi une ESCORTE pour se faire accompagner au bal. Il s'agit plutôt d'un ACCOMPAGNATEUR, d'une ACCOMPAGNATRICE. On peut dire aussi: un CAVALIER, une CAVALIÈRE.

ESPACE À BUREAUX
Espace à bureaux est un mauvais calque de office space. Il faut dire plutôt LOCAUX POUR BUREAUX. Une affiche, au lieu d'annoncer des *espaces de bureaux* à louer, devrait plutôt se lire : BUREAUX À LOUER, ou LOCAUX POUR BUREAUX À LOUER.

ESPÈCE (toujours féminin)
Le mot ESPÈCE n'a qu'un genre : le féminin. Par conséquent, il faut dire : C'est UNE ESPÈCE d'idiot, et non pas *un espèce* d'idiot. Cette faute est courante même en France. On fait accorder le mot ESPÈCE avec le nom qui suit et l'on dit fautivement ⇨

« C'est *un espèce* de légume », au lieu de dire « C'est UNE ESPÈCE de légume ».

ESQUIMAU   Voir **Inuit**

EST (À L'EST DE et DANS L'EST DE)   Voir **Nord**

ESTIMÉ (UN)
Le mot ESTIMÉ ne peut pas s'employer comme nom. On fait une faute en disant les *estimés budgétaires* du gouvernement. Il faut dire les PRÉVISIONS BUDGÉTAIRES. Au lieu de dire « faire un *estimé* des dégâts, des pertes », on dira « une ESTIMATION, une ÉVALUATION des dégâts, des pertes ». On peut dire aussi : Les pertes sont ÉVALUÉES ou ESTIMÉES à tant. Dans ce cas, ESTIMÉES est le participe passé du verbe ESTIMER, ce qui est tout à fait correct.

ESTRIE et CANTONS-DE-L'EST
Depuis 1981, le nom ESTRIE est le seul nom **officiel** pour désigner cette région administrative du Québec. Cependant, l'appellation CANTONS-DE-L'EST continue d'être utilisée couramment comme synonyme d'ESTRIE. En particulier, les milieux touristiques tiennent à l'ancien nom de cette région pour la publicité bilingue, surtout à l'extérieur du Québec. Ils allèguent que CANTONS-DE-L'EST a l'avantage d'avoir un équivalent anglais : Eastern Townships, alors que ESTRIE ne se traduit pas.

ET (emploi dans les nombres)
Il faut éviter de dire *soixante et cinq, soixante et six*, etc.; la conjonction *et* est de trop. Il faut dire soixante-cinq, soixante-six, etc. La règle est simple. On n'emploie ET dans les nombres que lorsqu'ils se terminent par UN, et seulement de 21 à 71. On dit donc correctement : soixante ET un, mais soixante-deux, soixante-cinq ; on dit : soixante ET onze, mais soixante-douze, soixante-treize, etc.

ÉTAMINE (terme correct)   Voir ***Coton à fromage***

ÉTATS-UNIS (accords au pluriel)
Les noms pluriels que portent certains pays, territoires et localités doivent être considérés comme des pluriels dans les accords grammaticaux. Ainsi, il faut dire et écrire : Les États-Unis SONT un pays prospère. Les Bahamas SONT populaires auprès des touristes nord-américains. Les Escoumins SONT un village attrayant du Bas-Saint-Laurent. Dans plusieurs cas, cependant, le pluriel de certains noms a été oublié et les accords se font au

singulier. Par exemple, on dit : Je vais À Trois-Rivières et non pas *aux* Trois-Rivières. Elle vient DE Deux-Montagnes, ou DE Sept-Îles, et non pas *des* Deux-Montagnes, *des* Sept-Îles. Dans ces cas, les accords de verbes et d'adjectifs se font également au singulier.

ÉTÉ INDIEN, ÉTÉ DE LA SAINT-MARTIN
Ce que nous appelons chez nous l'ÉTÉ INDIEN, parfois l'ÉTÉ DES INDIENS, s'appelle en français général l'ÉTÉ DE LA SAINT-MARTIN.

ÉTEINDRE (un appareil)   Voir **Allumer**

ETHNIE, ETHNIQUE et MINORITÉS
Le mot ETHNIE (du grec ethnos : peuple, nation) désigne un groupe humain qui a notamment en commun la langue et la culture. Par conséquent, les Québécois francophones forment une ETHNIE. Et c'est à tort que certaines personnes croient que le mot ETHNIE désigne un groupe étranger. Les Canadiens d'origine polonaise, portugaise ou italienne, constituent des MINORITÉS ETHNIQUES. Mais l'ETHNIE italienne est largement répandue dans le monde. Les Néo-Canadiens immigrés d'Asie et d'Afrique forment des minorités raciales et ethniques à la fois, puisqu'en plus de leurs particularités linguistiques et culturelles, ils présentent des différences physiques. En tout cas, il faut éviter de dire les *ethniques* du Québec et dire plutôt : les MINORITÉS ETHNIQUES du Québec.

ÊTRE (À), abus de la forme passive
Si nous disons : Ce ne sont pas là *des choses à être dites*, nous employons inutilement la forme passive; nous devrions dire plutôt : Ce ne sont pas là DES CHOSES À DIRE. De même, au lieu de dire « C'est le premier accident du genre *à être survenu* à Québec », on dira plutôt « C'est le premier accident du genre À SURVENIR à Québec ».

ÊTRE et FAIRE (en météo)
À propos de météo, il faut, dans certains cas, employer le verbe FAIRE et non pas le verbe *être*, comme en anglais. On dit correctement : Il FAIT beau ce matin; il va FAIRE beau cet après-midi. Il FAIT 15 degrés; il FAIT chaud; il va FAIRE froid. Dans tous ces cas, seul le verbe FAIRE est correct, et l'on fait un anglicisme en employant le verbe *être*. Il est donc incorrect de dire : *c'est beau ce matin, ce sera froid cet après-midi, c'est 15 degrés en ce moment.* (En anglais : It is beautiful this morning, It is 15 degrees, etc.) Par contre, il **faut** employer le verbe ÊTRE devant des adjectifs qui indiquent toujours un état météo- ⇨

rologique. Il est évidemment correct de dire : c'EST ensoleillé, ce SERA nuageux cet après-midi, ce SERA pluvieux demain.

ÊTRE au sens d'ALLER
Peut-on employer le verbe ÊTRE dans le même sens que le verbe ALLER? Peut-on dire « Il A ÉTÉ à Montmagny », tout comme on dit « Il EST ALLÉ à Montmagny »? La réponse est oui. Cet emploi du verbe ÊTRE semble aussi vieux que notre langue elle-même. Nous AVONS ÉTÉ à Québec, en fin de semaine, est tout aussi correct que nous SOMMES ALLÉS à Québec... Or, il n'y a pas que le français qui utilise le verbe ÊTRE au sens d'ALLER. L'anglais en fait autant (I have been in Québec yesterday), de même que l'espagnol, et aussi le latin.

ÊTRE À DÉCOUVERT   Voir **Rouge** (être dans le)

ÊTRE LÀ POUR RESTER
L'expression *être là pour rester* est un anglicisme. C'est un calque de to be there to stay. Pour corriger, il faut dire : ÊTRE LÀ POUR DE BON, ÊTRE LÀ DÉFINITIVEMENT. Par conséquent, au lieu de dire : « La nouvelle mesure annoncée par les autorités *est là pour rester* », il faut dire « La nouvelle mesure annoncée par les autorités EST LÀ POUR DE BON », ou encore « EST DÉFINITIVE, EST PERMANENTE ».

ÊTRE MIEUX DE
L'expression *être mieux de* est incorrecte. On la corrige en remplaçant *être* par FAIRE. Au lieu de dire « *J'aurais été mieux* de ne pas y aller », on dit correctement « J'AURAIS MIEUX FAIT de ne pas y aller ». Au lieu de dire « Vous *auriez été mieux* de louer une voiture », on dit correctement « Vous AURIEZ MIEUX FAIT de louer une voiture ».

ÉTUDIANT, ÉCOLIER, COLLÉGIEN
On est ÉTUDIANT si l'on fréquente une université ou une maison d'enseignement de niveau universitaire. Les élèves des cégeps sont des CÉGÉPIENS ou des COLLÉGIENS. Aux primaire et secondaire, on est ÉCOLIERS ou ÉLÈVES. Notons que le mot ÉLÈVE est un terme générique. Il peut s'employer à propos de toute personne qui apprend en recevant les connaissances de quelqu'un d'autre. Exemple : ÉLÈVE AU VOLANT.

ÉVASION FISCALE et FRAUDE FISCALE   Voir **Fraude fiscale**

ÉVÉNEMENT (À TOUT)
La locution *à tout événement* est archaïque. Il est donc préférable de l'éviter. D'autant plus qu'elle a beaucoup de synonymes en français actuel. On a le choix entre : DE TOUTE FAÇON, QUOI QU'IL EN SOIT, EN TOUT CAS, QUOI QU'IL ARRIVE, etc.

ÉVENTAIL et VENTILATEUR   Voir **Ventilateur**

ÉVENTUEL, ÉVENTUELLEMENT
On se méprend sur le sens de ces mots.
Il importe de savoir que ÉVENTUEL signifie : **qui peut ou non se produire; possible.** Exemples : Des incidents ÉVENTUELS, des profits ÉVENTUELS, un acheteur ÉVENTUEL.
ÉVENTUELLEMENT est synonyme de **s'il y a lieu, le cas échéant, selon les circonstances.** Ex. : Nous aurons recours à vos services ÉVENTUELLEMENT.
On fait un anglicisme en employant *éventuellement* dans le sens de : un jour ou l'autre, tôt ou tard, inévitablement. Exemples de la faute : « Nous mourrons tous *éventuellement*. » Cette dernière phrase revient à dire que nous mourrons peut-être tous. Il faudrait dire plutôt : Nous mourrons tous UN JOUR OU L'AUTRE, ou TÔT OU TARD. (En anglais, on dit correctement : We will all die eventually.)

ÉVIDENCE et PREUVE
Employé au sens de « preuve », *évidence* est un anglicisme. Exemple de la faute : Les policiers tentent de trouver de nouvelles *évidences* contre le suspect. Il faut dire plutôt : Les policiers tentent de trouver de nouvelles PREUVES contre le suspect. La phrase anglaise « He was freed for lack of evidence » se traduit correctement par « IL A ÉTÉ LIBÉRÉ FAUTE DE PREUVES ».

ÉVIDENT (C'EST PAS)
Depuis quelques années, on emploie l'expression *C'est pas évident*, au sens de « Ce n'est pas facile ». Cet usage qui fausse le sens du mot ÉVIDENT a été lancé en France et s'est répandu dans la francophonie. Il est à éviter, puisqu'il donne au mot ÉVIDENT le sens de FACILE, qu'il n'a pas dans une phrase positive, ce qui est inacceptable. Exemple de la faute : Enfiler une aiguille, pour une fillette, *c'est pas évident*. On dira plutôt : Enfiler une aiguille, pour une fillette, CE N'EST PAS FACILE, ou C'EST TRÈS DIFFICILE.

EXACT, EXACTE (prononciation)
Il vaut mieux prononcer eg-zact, au masculin comme au féminin. Au masculin, on peut aussi prononcer eg-za, mais cette prononciation est plus rare et moins claire, donc à éviter.

EXCAVATRICE, PÉPINE, RÉTROCAVEUSE Voir **Pépine**

EXCESSIVEMENT
Normalement, l'adverbe EXCESSIVEMENT signifie : avec excès, de façon excessive, trop, qui dépasse la mesure. On dit correctement : Manger EXCESSIVEMENT cause de l'embonpoint. Cependant, cet adverbe est galvaudé par l'usage, même de la part de grands auteurs comme Balzac, Daudet, Hugo et Stendhal. Par conséquent, on ne peut plus voir de faute dans une phrase comme la suivante : Elle était EXCESSIVEMENT belle dans sa nouvelle robe blanche.

EXÉCUTIF
Nous avons pris l'habitude de mal traduire le mot anglais executive, tant le nom que l'adjectif. Il en est résulté plusieurs anglicismes dont il faut se défaire. En français général, le nom EXÉCUTIF désigne **le pouvoir qui fait appliquer les lois**. Autrement dit, l'EXÉCUTIF, c'est le cabinet des ministres, c'est le **gouvernement**. Quant à l'adjectif EXÉCUTIF, EXÉCUTIVE, il signifie : qui concerne l'exécution des lois. Dans les grandes villes, le COMITÉ EXÉCUTIF est l'organisme qui fait appliquer les règlements municipaux. Ex. : Le COMITÉ EXÉCUTIF de Montréal. Voilà pour les usages corrects du nom et de l'adjectif. Voyons d'autres cas où nous avons mal traduit l'anglais executive. Quand on parle de **dirigeants d'entreprises**, executive se rend en français par CADRE pour désigner une personne qui occupe un poste de commande qui n'est pas nécessairement une fonction importante; et il se rend par DIRIGEANT pour désigner un cadre supérieur. Pour désigner la **réunion des dirigeants** d'une entreprise, il faut dire le CONSEIL, ou le COMITÉ DE DIRECTION. Quant au **groupe** formé du président, du vice-président, du secrétaire et du trésorier d'un organisme, on peut l'appeler BUREAU ou DIRECTION. Exemple : Le BUREAU ou la DIRECTION de l'entreprise, ou du syndicat, a pris les mesures nécessaires pour régler la question. L'équivalent français de executive vice-president est tout simplement : VICE-PRÉSIDENT. Et pour traduire executive director, on doit dire DIRECTEUR GÉNÉRAL. Enfin, en cinéma et en télévision, le terme anglais executive producer doit se traduire par PRODUCTEUR DÉLÉGUÉ.

EXEMPLAIRE et COPIE   Voir **Copie**

EXERCER (S')   Voir *Pratiquer (se)*

EXERCICE FINANCIER (terme correct)   Voir *Année fiscale*

EXHIBIT (tribunaux et exposition)
Les objets et documents présentés en preuve devant les tribunaux s'appellent PIÈCES À CONVICTION, et non pas *exhibits*, qui est un mot anglais, inexistant en français. De nombreux avocats et même des juges emploient encore l'anglicisme *exhibit*. Le même anglicisme est fréquent à propos de l'emplacement d'un exposant dans une exposition. Cette installation doit s'appeler un STAND, terme francisé depuis plus de cent ans. Dans ce cas également, il importe d'éviter le mot *exhibit*, qui demeure un mot strictement anglais.   Voir aussi **Stand** et **Kiosque**

EXIT
Exit est un mot latin qui a été adopté par la langue anglaise, jamais par la langue française. Le terme français est SORTIE. Dans les salles de spectacles, on a longtemps affiché *exit* au-dessus des issues de secours. Maintenant, on écrit SORTIE, ou SORTIE DE SECOURS.

EXONÉRER et ACQUITTER
EXONÉRER quelqu'un, c'est **le libérer d'une dette, d'une charge financière**. Par exemple, un étranger qui vient travailler chez nous pour une courte période peut être EXONÉRÉ d'impôt. Par contre, un tribunal, un juge, peut ACQUITTER ou INNOCENTER une personne jugée non coupable. Par conséquent, au lieu de dire « Le juge l'a *exonéré* », on dira « Le juge l'a ACQUITTÉ ou INNOCENTÉ ». Quant à l'expression *exonérer de tout blâme*, c'est un calque complet de l'anglais to exonerate of all blame. On la remplace tout simplement par ACQUITTER ou INNOCENTER.

EXPERT-COMPTABLE   Voir **Comptable agréé** (sens différent)

EXPERT, EXPERTE, EN SINISTRES
La personne qui a pour tâche d'évaluer les dégâts d'un sinistre : incendie, inondation, accident, etc., est un EXPERT ou une EXPERTE EN SINISTRES, ou encore un EXPERT ou une EXPERTE EN ASSURANCES. Il faut éviter le terme *ajusteur d'assurances* qui est un anglicisme.

EXPLOITATION et OPÉRATION
   Voir *Opération* pour **Exploitation**

EXTENSIONNER pour **PROLONGER**
Si le nom EXTENSION est bien français, le verbe *extensionner* ne l'est pas. Notre langue a des équivalents bien connus : ÉTENDRE et PROLONGER, selon le cas. Ainsi, on dit correctement ÉTENDRE la portée d'une loi, et non pas l'*extensionner*. On dit PROLONGER un délai et non pas l'*extensionner*.

EXTORSION et ***TAXAGE*** Voir **Taxage**

EXTRADER et **DÉPORTER** Voir **Déporter**

EXTRAIT DE BAPTÊME, **EXTRAIT DE NAISSANCE**
Voir ***Certificat de naissance***

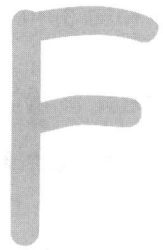

FACE-LIFTING Voir ***Lifting***

FACILITÉS
Le nom FACILITÉS, au pluriel, s'emploie correctement au sens de conditions de paiement qui accommodent le client. Ce grand magasin accorde toutes les FACILITÉS de paiement. Ce même terme au pluriel est cependant un anglicisme au sens qu'on lui donne dans le transport maritime, quand on parle des *facilités* offertes par un port. Il faut dire plutôt INSTALLATIONS. Ex. : Le port de Trois-Rivières offre de remarquables INSTALLATIONS aux cargos du Saint-Laurent.

FAILLITE et BANQUEROUTE
Une FAILLITE est l'échec financier d'une entreprise ou d'une personne. Elle devient officielle lorsqu'un tribunal constate la cessation de paiements par cette entreprise ou par cette personne. Une BANQUEROUTE est **une faillite accompagnée d'actes illégaux**, notamment la fraude. Quand un commerçant, par exemple, prépare une faillite dans le but de s'enrichir en fermant son commerce, il fait une BANQUEROUTE, et peut être poursuivi par la Justice. En anglais, le mot bankruptcy signifie à la fois faillite et banqueroute, c'est pourquoi on a tendance à voir ces deux mots comme des synonymes.

FAIRE APPLICATION Voir ***Application*** *(faire)*

FAIRE DU TEMPS **(en prison)**
On ne peut pas *faire du temps* et cette expression est incorrecte. Par conséquent, au lieu de dire qu'un prisonnier *a fait du temps* dans un pénitencier, on dira qu'il A PURGÉ UNE PEINE DE PÉNITENCIER. La faute se fait également dans le cas des médecins et autres professionnels de la santé. Au lieu de dire que le gouvernement veut obliger les médecins à *faire du temps* dans des centres éloignés des grandes villes, on dira que le gouvernement veut obliger ces médecins à EXERCER LEUR ⇨

PROFESSION pendant un certain temps dans des régions éloignées.

FAIRE et ÊTRE (en météo)   Voir **Être et Faire** (en météo)

FAIRE FACE À LA MUSIQUE   Voir *Musique (faire face à la)*

FAIRE LONG FEU, NE PAS FAIRE LONG FEU
L'expression FAIRE LONG FEU signifie échouer, être un échec. Elle remonte au début des armes à feu, alors qu'il arrivait qu'une cartouche, au lieu de faire partir le projectile en explosant, faisait une petite flamme inutile. Ex. : Leur plan A FAIT LONG FEU. Quant à l'expression NE PAS FAIRE LONG FEU, sûrement dérivée de la précédente, elle signifie NE PAS DURER LONGTEMPS. Ex. : Leur association N'A PAS FAIT LONG FEU.

FAIRE MIEUX DE (expression correcte)   Voir *Être mieux de*

FAIRE SA PART
L'expression *faire sa part* est un calque de l'anglais to do one's part. On évite cet anglicisme en disant plutôt FOURNIR SA PART, ou encore CONTRIBUER, PARTICIPER. Ex. : Il faut que chacun CONTRIBUE ou PARTICIPE à la campagne de financement en faveur des sidéens. Ou encore : Avez-vous FOURNI VOTRE PART à Centraide ?

FAIRE SON IDÉE
Il convient de dire plutôt PRENDRE UNE DÉCISION, ou FAIRE SON CHOIX, selon le cas. On dit en anglais : to make up one's mind, expression qu'il faut éviter de calquer. Ainsi, au lieu de dire « Avez-vous *fait votre idée* sur l'achat de cette maison ? », on dira plutôt « Avez-vous PRIS UNE DÉCISION sur l'achat de cette maison ? ». Et on dira « Avez-vous FAIT VOTRE CHOIX en vue de l'élection de lundi ? », plutôt que « Avez-vous *fait votre idée* en vue de l'élection de lundi ? ».

FAIRE SORTIR LE VOTE   Voir **Sortir le vote** (faire)

FAIRE TOUT EN SON POSSIBLE
Il arrive souvent que l'on combine à tort deux expressions en une seule. Ainsi dans *faire tout en son possible*, on a amalgamé les expressions FAIRE SON POSSIBLE et FAIRE TOUT EN SON POUVOIR. Il faut donc choisir l'une des deux expressions et dire par exemple : JE FERAI MON POSSIBLE pour terminer avant dimanche; ou encore : JE FERAI TOUT EN MON POUVOIR pour terminer avant dimanche.

FAIRE UN FOU, UNE FOLLE DE SOI
Une expression anglaise dit to make a fool of oneself. Il faut éviter de la calquer et de dire par exemple : Regarde cet hurluberlu, il est encore en train de *faire un fou de lui !* On corrigera en disant : Regarde cet hurluberlu, il est encore en train de SE RENDRE RIDICULE! ou encore, de SE COUVRIR DE RIDICULE!

FAIRE UNE REMARQUE (expression correcte)
Voir *Passer une remarque*

FAIRE-VALOIR
Un ou une FAIRE-VALOIR est un ou une comique dont le rôle consiste à mettre en valeur le ou la principale comique d'un spectacle. Suzanne Lapointe a longtemps servi de FAIRE-VALOIR à Gilles Latulippe. Le terme anglais est straightman.

FAMILIER AVEC
On peut correctement se dire FAMILIER AVEC des personnes, mais pas avec des choses. Il est incorrect de dire : Je ne suis pas encore *familier avec* cet ordinateur. On dira plutôt : Je ne suis pas encore FAMILIARISÉ AVEC ou HABITUÉ À cet ordinateur. En tournant la phrase autrement, on peut dire : Cet ordinateur ne m'est pas encore FAMILIER. À l'égard des personnes, on peut être FAMILIER, si elles nous sont intimes ou proches parentes. Ex. : Ces voisins sont devenus mes amis les plus FAMILIERS.

FAN, FAN CLUB
Les termes FAN et FAN CLUB sont utilisés couramment en français depuis plusieurs décennies. Faut-il leur préférer ADMIRATEUR et CLUB D'ADMIRATEURS? Ou encore, les utiliser comme synonymes des termes français? C'est aux usagers de la langue qu'il appartient de décider.

FAST FOOD
FAST FOOD ne semble pas un emprunt nécessaire. Des équivalents français tout à fait valables et qui gagnent en popularité font une concurrence très sérieuse à ce terme anglais, tout en offrant une famille complète de mots composés. Nous pouvons dire la RESTAURATION RAPIDE, ou le PRÊT-À-MANGER, s'il s'agit de l'industrie. En parlant d'un établissement, nous pouvons dire RESTAURANT-MINUTE. Enfin, en parlant des repas servis rapidement, nous pouvons utiliser REPAS-MINUTE, ou PLAT-MINUTE.

FAUCHÉ (au sens de « sans le sou »)   Voir **Cassé (être)**

FAUSSE REPRÉSENTATION
L'expression *fausse représentation* est un anglicisme à éviter. Il s'agit d'un calque de false representation, qui se dit également en anglais : false pretence et false declaration. En français correct, on peut dire DÉCLARATION TROMPEUSE, ou employer des équivalents comme FRAUDE, ESCROQUERIE ou ABUS DE CONFIANCE. Mais, dans tous les cas, il s'agit de propos trompeurs en vue de frauder. VOIR **Représentation** (autres usages incorrects).

FAUTEUIL ROULANT VOIR **Chaise** et **Fauteuil**

FAVORITISME et **PATRONAGE** VOIR **Patronage**

FAX et **TÉLÉCOPIEUR**
Les noms FAX et TÉLÉCOPIE, TÉLÉCOPIEUR, de même que les verbes FAXER et TÉLÉCOPIER, sont tous largement répandus et reconnus en français. Les discussions à leur propos sont à peu près terminées dans la francophonie. On peut faire son choix.

FÉCONDATION IN VITRO (terme correct)
VOIR ***Fertilisation in vitro***

FEELING
Le mot anglais feeling est tout à fait superflu en français, même s'il figure au Robert. Nous pouvons dire selon le cas : SENTIMENT, ÉMOTION, SENSATION, INTUITION. Au lieu de dire « Ça me donne un bon *feeling* », on dira « Ça me donne une bonne SENSATION ». Au lieu de dire « Elle avait un *feeling* défavorable à son endroit », on dira « Elle avait une INTUITION défavorable à son endroit ».

FÉMININ DES NOMS DE MÉTIERS, DE TITRES, etc.
Lancée au début des années 80 par l'Office québécois de la langue française, la féminisation des titres et des fonctions a connu des succès rapides et une approbation presque générale chez nous. Dans les autres pays francophones, le mouvement fait lentement son chemin. Bon nombre de termes qui n'étaient que masculins sont désormais des deux genres, même en France... Les titres et les fonctions les plus faciles à féminiser sont ceux qui se terminent par E. Même dans la France conservatrice, on dit de plus en plus Madame LA MINISTRE. Au Québec, au Canada francophone, on a accepté d'emblée le double genre pour des mots comme JUGE, AGRONOME, ARCHITECTE, ASTRONOME, ARBITRE, DIPLOMATE, COMMISSAIRE, DÉTECTIVE, ACROBATE, MACHINISTE. Ces mots, et tous les autres désignant des titres et des fonctions, et se terminant par E, ne sont officiellement que **masculins** selon la plupart des dictionnaires

français. Notons cependant que le Petit Larousse et le Petit Robert, dans leurs nouvelles éditions, mentionnent de nouvelles formes féminines : UNE MINISTRE, UNE JUGE, UNE MAGISTRATE, UNE PEINTRE. Dans plusieurs cas, il suffit d'ajouter un E final pour féminiser. Exemples : ÉCRIVAINE, AUTEURE, AGENTE, CONSULE, ARTISANE, SOLDATE, BANQUIÈRE, GREFFIÈRE, PLOMBIÈRE, POLICIÈRE. Dans d'autres cas, il faut doubler la dernière consonne : CHIRURGIENNE, FORGERONNE.

Féminin des finales en EUR et en TEUR
La féminisation se fait en EUSE quand le masculin se termine en EUR : CHAUFFEUSE, BOXEUSE, TAILLEUSE, CHERCHEUSE, ENTRAÎNEUSE. Quand le masculin finit par TEUR, la nouvelle forme féminine se termine en TRICE ou en TEUSE : ANIMATRICE, AGRICULTRICE, FACTRICE, NAVIGATRICE, SÉNATRICE, ORATRICE; et ACHETEUSE, PORTEUSE, etc.

Il faut éviter l'abus de la finale en EURE
Seules une dizaine de finales en EUR ont été féminisées en EURE. Il s'agit de DOCTEURE, AUTEURE, PROFESSEURE, INGÉNIEURE, GOUVERNEURE, ANNONCEURE, CENSEURE, ASSESSEURE, METTEURE EN..., SUPERVISEURE. Pour RÉVISEUR, deux formes féminines se font concurrence : RÉVISEURE et RÉVISEUSE. Il importe d'éviter de fabriquer de nouvelles formes féminines qui sont, en fait, reconnues depuis longtemps avec des finales différentes. Par exemple, CHRONIQUEUSE, DIRECTRICE et ACUPONCTRICE sont reconnues depuis fort longtemps, et les formes *chroniqueure*, *directeure* et *acuponcteure* sont à rejeter.

Quelques cas particuliers
Dans certains cas, on féminise seulement au moyen de l'article et des accords. On dit UNE POÈTE. La forme *poétesse* est vieillie et prend une allure péjorative. On dit UNE TÉMOIN, UNE PORTE-PAROLE et UNE SUBSTITUT. Le masculin MAÎTRE devient MAÎTRESSE seulement dans MAÎTRESSE DE MAISON. On dit par conséquent UNE MAÎTRE DE CÉRÉMONIES ainsi que UNE MAÎTRE D'HÔTEL. Dans les cas de MARIN et de MÉDECIN, les formes féminines MARINE et MÉDECINE ayant un autre sens, il faut se contenter de féminiser en employant UNE MARIN et UNE MÉDECIN. Quant au mot MAIRESSE, il désignait autrefois la femme d'un maire. Désormais, il ne s'emploie que pour la femme élue à la tête d'une ville.

FEMME et ÉPOUSE
FEMME est le féminin de HOMME et aussi de MARI. On dit : Ils sont MARI et FEMME. Un homme doit dire : Je vous présente ma ⇨

FEMME, et non pas mon *épouse*. Le mot ÉPOUX, ÉPOUSE, en français moderne, est soit littéraire, soit juridique. Ex. : Acceptez-vous de prendre pour ÉPOUSE Marie Jolicœur, ici présente? Les ÉPOUX se doivent fidélité pour la vie.

FERMETURE ÉCLAIR
Le terme FERMETURE ÉCLAIR est de plus en plus courant en France. D'abord nom commercial, FERMETURE ÉCLAIR fait concurrence à FERMETURE À GLISSIÈRE qui demeure le terme le plus recommandable. Les Français utilisent également ZIP, nom commercial anglais, alors que nous utilisons ZIPPER; mais ces derniers termes sont à éviter.

FERRY-BOAT Voir **Traversier**

FERTILISATION IN VITRO
Il importe de dire plutôt FÉCONDATION IN VITRO. En effet, FERTILISATION et FERTILISER s'emploient seulement en agriculture. On FERTILISE des sols. La FERTILISATION des terres nouvelles. Mais la FÉCONDATION, c'est l'action de FÉCONDER, c'est-à-dire de transformer l'ovule en embryon. Ces termes s'emploient pour la femme et pour les animaux.

FEU et INCENDIE
Quand le feu ravage un immeuble, une construction quelconque, on est en présence d'un INCENDIE; il faut éviter de dire un *feu* dans ce cas. Par exemple, on ne peut pas dire qu'une rue est fermée à cause d'un *feu* mais plutôt à cause d'un INCENDIE. (À moins, bien sûr, qu'un FEU DE JOIE n'ait été allumé dans la rue). On dit correctement un FEU DE JOIE, un FEU DE BROUSSE, un FEU (ou un INCENDIE) DE FORÊT, un FEU DE CAMP, etc. On assure sa propriété en cas d'INCENDIE, pas en cas de feu.

FEU (NE PAS FAIRE LONG)   Voir **Faire long feu**

FEU (PASSER AU ~, PRENDRE EN ~)
Passer au feu, au sens de ÊTRE DÉTRUIT PAR LE FEU, est un régionalisme à éviter. On dit correctement qu'un immeuble BRÛLE, QU'IL EST DÉTRUIT PAR UN INCENDIE, et aussi QU'IL EST LA PROIE DES FLAMMES. *Prendre en feu* est également un régionalisme à éviter. Il suffit de supprimer la préposition EN et de dire PRENDRE FEU. Sa voiture a PRIS FEU.

FEUILLETON (terme correct)   Voir **Soap opéra**

FICHE DE PRÉSENCE (terme correct)   Voir *Carte de temps*

FIDÉLISER, FIDÉLISATION
FIDÉLISER signifie rendre fidèle, en parlant d'un client, ou habituer à un produit, en parlant d'un consommateur. Ex. : Cette boutique a réussi à FIDÉLISER une clientèle appréciable. Cette FIDÉLISATION est attribuable à l'amabilité des vendeurs.

FIER (SE ~ SUR)
Si on dit en anglais to rely on, il est par contre incorrect de dire *se fier sur*. Il faut dire SE FIER À quelqu'un ou À quelque chose. Au lieu de dire « Vous pouvez *vous fier sur* ce dentiste et sur sa nouvelle technique », on dira correctement « Vous pouvez VOUS FIER À ce dentiste et À sa nouvelle technique ».

FIÈVRE et TEMPÉRATURE   Voir **Température et Fièvre**

FIÈVRE DES FOINS pour **RHUME DES FOINS**
Fièvre des foins, terme calqué sur hay fever, est un anglicisme que nous remplaçons de plus en plus par RHUME DES FOINS, qui est le terme correct. Les emballages pharmaceutiques écrivent maintenant RHUME DES FOINS. Le terme français est d'ailleurs plus réaliste, puisque cette affection ne cause pas de fièvre.

FILAGE et CÂBLAGE
Pour désigner un ensemble de fils électriques, ceux d'un immeuble, ou ceux qui réunissent des appareils, c'est CÂBLAGE qu'il faut employer. Ex. : On a dû refaire tout le CÂBLAGE de cette maison. CÂBLAGE a aussi d'autres sens comme le fait de câbler une ville, une région, c'est-à-dire lui apporter le câble. Quant au mot FILAGE, il est français, mais il désigne l'action de filer un textile, et aussi la fabrication du fil métallique.

FILER
Je ne file pas bien aujourd'hui! dit-on souvent chez nous. C'est un anglicisme (to feel) qu'il faut remplacer par JE NE ME SENS PAS BIEN. Et au lieu de dire « Elle ne *file* pas, ou elle *file* mal aujourd'hui », on dira correctement « Elle ne se PORTE pas bien, ou ne se SENT pas bien ». Quant aux expressions FILER DOUX, FILER UN MAUVAIS COTON, ce sont de bonnes vieilles expressions françaises, tout comme FILER LE PARFAIT AMOUR.

FILIBUSTER
Le mot filibuster, bien connu des parlementaires et des journalistes, est un terme anglais qui se rend en français par OBSTRUCTION SYSTÉMATIQUE. Filibuster, terme du parlementarisme ⇨

britannique, se dit de l'ensemble des moyens employés par des parlementaires pour faire obstruction à un projet de loi.

FILIÈRE pour CLASSEUR
Employé chez nous au sens de CLASSEUR, le mot *filière* est un anglicisme calqué sur file. Un CLASSEUR est un meuble à compartiments pour ranger des dossiers. Quant au mot français FILIÈRE, il désigne un appareil pour fabriquer des fils. Il désigne aussi une série d'états à traverser, de formalités à accomplir pour parvenir à une fin. Ainsi, le film américain The French Connection a été nommé dans sa version française : LA FILIÈRE FRANÇAISE.

FILS et non *JUNIOR* Voir *Junior*

FINAL (au pluriel)
L'adjectif FINAL a deux pluriels au masculin : FINALS et FINAUX.
Ex. : Les accords FINALS ou FINAUX d'une œuvre musicale.

FINAL et DÉFINITIF
L'adjectif FINAL, en français, signifie simplement : qui termine une chose, qui vient en dernier. Ex. : La lettre FINALE d'un mot, l'accord FINAL d'une mélodie. Si, par exemple, un employeur, au cours d'un conflit de travail, entend présenter sa dernière offre à ses travailleurs, il pourra l'appeler son offre DÉFINITIVE, ou ULTIME, ou IRRÉVOCABLE. Ces trois derniers mots seraient alors des termes forts et menaçants. S'il qualifie son offre de « finale », en ce sens, il fait un anglicisme parce que le mot anglais final, lui, a le sens d'irrévocable.

FINALISER
Longtemps considéré comme un anglicisme à éviter, le verbe FINALISER est maintenant reconnu dans les sens suivants : METTRE AU POINT, ACHEVER, COMPLÉTER, METTRE LA DERNIÈRE MAIN À, PARACHEVER. Le sens qu'on donne à FINALISER est le suivant : conduire un projet, un travail, au dernier point de perfection.

FINANCIER, PÉCUNIAIRE, MONÉTAIRE Voir **Monétaire**

FINI (en début de phrase)
Faut-il écrire FINI les vacances, ou bien FINIES les vacances ? Les deux façons sont correctes, parce que FINI en début de phrase peut équivaloir à C'EST FINI. Mais on écrira : Les vacances sont FINIES.

FINS (À *TOUTES* ~ *PRATIQUES,* À TOUTES ~ UTILES)
L'expression *à toutes fins pratiques* est à rejeter. C'est un calque de l'anglais for all practical purposes. Pour corriger, on peut dire EN PRATIQUE, PRATIQUEMENT, À VRAI DIRE, ou encore VIRTUELLEMENT. Ex. : Les travaux sont À VRAI DIRE terminés. L'hiver est PRATIQUEMENT arrivé. Certains prétendent corriger l'anglicisme *à toutes fins pratiques* en disant À TOUTES FINS UTILES. Or, À TOUTES FINS UTILES a un sens tout à fait différent. Il signifie « en cas de besoin ». On peut dire par exemple : Je conserve mes vieux dossiers À TOUTES FINS UTILES.

FISCALE (ANNÉE)   Voir **Année fiscale**

FISCALE (FRAUDE)   Voir **Fraude fiscale** et **Évasion fiscale**

FISSURE (terme correct)   Voir *Craque*

FIXTURE
Bien qu'il n'ait rien de français, le mot fixture, emprunté à l'anglais, s'emploie souvent chez nous au sens d'appareils d'éclairage installés en permanence. On dit par exemple : Le locataire est parti en emportant toutes les *fixtures*. Il faudrait dire plutôt qu'il a emporté tous les APPAREILS D'ÉCLAIRAGE FIXES. Ces appareils comprennent les APPLIQUES, qui sont fixées aux murs, ainsi que les PLAFONNIERS et les SUSPENSIONS.

FLÂNAGE pour **FLÂNERIE**   Voir **niaiseux, niaiser**

FLASH-BACK
Le terme FLASH-BACK est courant en cinéma, et utilisé en français depuis 1923, selon Robert, pour désigner une séquence qui se passe dans le passé, par rapport à l'action du film lui-même. L'équivalent français proposé, RETOUR EN ARRIÈRE, est clair; on devrait l'utiliser davantage.

FLOP
L'anglicisme qu'est le mot flop n'est pas nécessaire en français puisque nous pouvons dire FIASCO ou ÉCHEC. Ex. : L'éducation de son enfant a été un FIASCO. Dans le monde du spectacle, FIASCO se rend généralement par FOUR ou BIDE. Ex. : Ce film policier est un FOUR!

FLOTTE et PARC
Le mot FLOTTE qui désigne depuis toujours l'ensemble des navires d'un pays, d'une société maritime, s'emploie couramment pour désigner les appareils d'une compagnie d'aviation. Ex. : La FLOTTE d'Air Canada comprend tant d'appareils. Pour désigner l'ensemble des véhicules terrestres dont dispose une armée, une société, c'est le mot PARC qu'il faut employer. On dit par exemple : le PARC d'une compagnie de taxis ou d'une compagnie d'autobus, d'autocars, etc.

FOCUS, **FOCALISER**
Le mot *focus* a été emprunté au latin par la langue anglaise; il faut l'éviter en français. Le verbe FOCALISER, de la même racine, est cependant bien français. On remplace *focus* par OBJET PRINCIPAL, POINT CENTRAL. Ainsi, au lieu de dire que nous allons *mettre le focus sur* tel aspect d'une chose, on dira plutôt : METTRE L'ACCENT SUR cet aspect, ou NOUS FOCALISER, NOUS CONCENTRER SUR cet aspect d'une chose. Au lieu de dire que le gouvernement doit *mettre le focus sur* l'emploi des jeunes, on dira que le gouvernement doit SE CONCENTRER, SE FOCALISER SUR l'emploi des jeunes.

FONCTION (EN) et EN FONCTIONNEMENT
C'est à tort que l'on dit parfois qu'une usine, qu'une installation, est *en fonction* depuis tant d'années. En parlant des choses, il faut dire EN FONCTIONNEMENT, ou EN ACTIVITÉ. Ex. : L'équipement de notre usine est EN FONCTIONNEMENT depuis 15 ans. La locution EN FONCTION se dit en parlant des personnes. Ex. : Monsieur Dupont est EN FONCTION depuis 20 ans.

FONDS MUTUELS (anglicisme)
Cette forme de placement populaire que nous appelons à tort *fonds mutuels* doit plutôt se nommer FONDS COMMUNS DE PLACEMENT, ou simplement FONDS COMMUNS. Il faut éviter le calque de l'anglais mutual fund.

FONDS DE PENSION (anglicisme)
L'expression *fonds de pension* est un anglicisme que nous avons calqué sur pension fund. Le terme équivalent en français correct est CAISSE DE RETRAITE. Ex. : Notre entreprise a créé une CAISSE DE RETRAITE très avantageuse. Désormais, nous sommes assurés d'une RETRAITE confortable. Le mot PENSION se dit correctement pour la somme que retire un retraité. Ex. : À partir de 60 ans, nous pourrons retirer une PENSION mensuelle.   Voir **Pension** et **Retraite**

FONTAINE et ABREUVOIR Voir **Abreuvoir**

FORCE (ÊTRE EN ~, PRENDRE ~), anglicismes
On dit en anglais to be in force, ce qui se traduit par ÊTRE EN VIGUEUR et non pas *être en force* qui est un calque à éviter. Ex. : Le nouveau système SERA EN VIGUEUR à compter du premier juin. La locution PRENDRE EFFET est également française. Ex. : Les restrictions sur la cigarette ONT PRIS EFFET l'an dernier. Il faut éviter *prendre force* qui est aussi un anglicisme, calqué dans ce cas sur to come into force. Comme synonyme de PRENDRE EFFET, on peut dire : ENTRER EN VIGUEUR, ou DEVENIR APPLICABLE.

FORGER UNE SIGNATURE
L'expression *forger une signature* est un anglicisme. On dit to forge a signature en anglais. En français correct, on CONTREFAIT ou on IMITE UNE SIGNATURE. La CONTREFAÇON d'une signature, tout comme celle de documents ou d'œuvres d'art, constitue un acte criminel.

FOU (FAIRE UN ~ DE SOI) Voir *Faire un fou de soi*

FOURNAISE
Nous employons depuis longtemps chez nous le mot *fournaise* au sens d'appareil à chauffage, ce qui est un anglicisme venu de furnace. Le terme français est CHAUDIÈRE. Une CHAUDIÈRE À MAZOUT est le terme correct pour *fournaise à l'huile*. Voir **Huile à chauffage**. Quant au mot CHAUDIÈRE, nous l'employons à tort au sens de SEAU. Voir **Chaudière**

FRACTION DE 1 %
Dans les pourcentages inférieurs à 1 %, il faut se garder d'utiliser les mots *de un*, qui constituent un anglicisme. Par exemple, 1/2 % se dit UN DEMI POUR CENT, et non pas *un demi de un pour cent*; 3/10 % se dit TROIS DIXIÈMES POUR CENT. On dit en anglais : three tenths of one per cent.

FRACTIONS et NOMBRES
  Voir **Énonciation des nombres et des fractions**

FRAIS D'ADMISSION, PRIX D'ADMISSION Voir **Admission**

FRANCHISE (terme correct) Voir *Déductible*

FRANC-TIREUR
Un FRANC-TIREUR est un combattant indépendant, un soldat qui n'appartient à aucune armée régulière. Il ne faut pas confondre ⇨

FRANC-TIREUR avec TIREUR D'ÉLITE, qui est un tireur ayant acquis une grande dextérité au tir. Comme synonyme de FRANC-TIREUR, on peut dire MAQUISARD ou RÉSISTANT. FRANC-TIREUR s'emploie aussi au sens de TIREUR EMBUSQUÉ, celui qui joue un rôle isolé pour le compte d'une armée régulière. Le terme anglais sniper est l'équivalent de TIREUR EMBUSQUÉ et non de tireur d'élite.

FRAPPER et HEURTER
Le verbe *frapper* ne doit jamais désigner un acte accidentel et nous l'employons toujours à tort lorsque nous décrivons un accident. Ainsi, on peut dire qu'une personne a été HEURTÉE, RENVERSÉE, ÉCRASÉE, par un véhicule, mais pas *frappée*. FRAPPER décrit un geste volontaire. On peut FRAPPER à une porte. On peut FRAPPER quelqu'un avec un bâton, ou avec ses poings ou ses pieds. En décrivant un accident, on peut employer les verbes HEURTER, PERCUTER, HAPPER, RENVERSER, TÉLESCOPER (pour des trains), ou ÉCRASER, mais jamais le verbe *frapper* qui ne désigne rien d'accidentel.

FRAPPER UN NŒUD
L'expression *frapper un nœud* est un anglicisme que nous avons calqué sur to hit a snag. C'est un régionalisme familier que l'on peut remplacer par SE HEURTER À UNE DIFFICULTÉ, À UN OBSTACLE, ou TOMBER SUR UN OS. *Frapper un nœud* est un québécisme.

FRASIL
FRASIL est un québécisme de bon aloi. Il désigne les cristaux de glace flottant généralement à la surface de l'eau, et qui, à l'occasion, à cause du courant, peuvent aller bloquer au moins partiellement une prise d'eau.
N. B. : On prononce généralement le L final de FRASIL.

FRAUDE FISCALE et ÉVASION FISCALE (impôt)
Par FRAUDE FISCALE on entend tous les moyens illégaux pour se soustraire en tout ou en partie à ses obligations envers le fisc. Ainsi, le fait de déclarer des revenus inférieurs à la réalité, ou de cacher certaines sources de revenus, constitue une FRAUDE FISCALE. Pour ce qui est de l'ÉVASION FISCALE, c'est l'ensemble des méthodes plus ou moins légales, mais souvent méconnues des contribuables de peu d'expérience pour réduire leur impôt à payer. Cependant, l'ÉVASION FISCALE, si elle dépasse certaines limites, peut devenir de la FRAUDE et être passible de poursuites judiciaires.

FRIGIDAIRE et RÉFRIGÉRATEUR
Le mot FRIGIDAIRE, bien qu'il soit une marque de commerce, est de plus en plus utilisé dans la francophonie, même en littérature, à la place de RÉFRIGÉRATEUR. En plus d'être de forme tout à fait française, FRIGIDAIRE a l'avantage de n'avoir que trois syllabes sonores, contre cinq pour RÉFRIGÉRATEUR. FRIGIDAIRE est pour le moins acceptable, et son abrégé FRIGO l'est tout à fait, dans le langage populaire.

FREIN À MAIN
On dit souvent *frein à bras*, mais c'est FREIN À MAIN qui est le terme correct.

FRONTISPICE (PAGE)
On se méprend sur le sens véritable de FRONTISPICE, qui désigne en fait la page illustrée, placée en face de la page de titre, dans un livre, ou encore la gravure placée face au titre. Il faut éviter de dire *la page frontispice*, dans le sens de LA PREMIÈRE PAGE. On dira par exemple : Sa photo paraît en PREMIÈRE PAGE du magazine, et non pas en *page frontispice* du magazine. VOIR **Page couverture** (d'un journal).

FRUITS DE MER
Il importe de savoir que l'expression française FRUITS DE MER n'est pas l'équivalent exact du terme anglais seafood. En effet, on entend par FRUITS DE MER les mollusques et les crustacés (en fait tous les animaux marins comestibles, à l'exclusion des poissons, selon Robert), tandis que seafood englobe, en plus, les poissons. Par conséquent, si un restaurant veut traduire seafood dans son menu, il doit mentionner : FRUITS DE MER et POISSONS.

FUNÉRAILLES, OBSÈQUES, SERVICE FUNÈBRE
Ces termes sont souvent confondus chez nous. D'abord, il importe de savoir que le mot FUNÉRAILLES désigne non pas une cérémonie, mais un ensemble d'événements qui ont lieu à l'occasion d'un décès. Les FUNÉRAILLES comprennent l'embaumement, l'exposition du corps, les visites funèbres, les cortèges, l'enterrement, les cérémonies à l'église, l'incinération, la mise au tombeau, etc. Tout cela dure généralement quelques jours.
Le SERVICE FUNÈBRE, c'est la cérémonie qui a lieu à l'église avant l'inhumation. Certains disent qu'ils sont allés aux funérailles d'une personne, alors qu'ils ne sont allés qu'au SERVICE FUNÈBRE. Quant aux OBSÈQUES, elles comprennent généralement la cérémonie religieuse ou laïque en présence des proches, ainsi que le cortège et l'enterrement ou l'incinération.

FUNÉRAILLES D'ÉTAT Voir *Dîner d'État*

FUSIONNER
Le verbe FUSIONNER ne s'utilise qu'à la forme active. Il est par conséquent incorrect de dire *se fusionner* (à la forme pronominale). On évitera de dire : Les deux sociétés *se sont fusionnées*; on dira plutôt : Les deux sociétés ONT FUSIONNÉ. Il est également correct de dire : On va FUSIONNER ces villes, ou encore ces fichiers, ces documents. On peut dire également FUSIONNER AVEC. Ex. : La maison Dubois a FUSIONNÉ AVEC sa concurrente.

GADOUE, SLOCHE, NÉVASSE
La neige boueuse de nos rues en hiver a pris plusieurs noms acceptables. On peut dire : SLOCHE, francisation de <u>slush</u>; GADOUE, synonyme de boue; et aussi NÉVASSE, mot plus savant fait avec le latin nivis (neige) et la terminaison « asse » comme dans dégueulasse.

GAGER, GAGEURE et PARIER, PARI
GAGER, au sens de PARIER, est démodé. De même que GAGEURE, au sens de PARI, n'est plus utilisé, sauf au Québec. En français moderne, il faut dire PARIER, ou FAIRE DES PARIS, aux courses, PARIER qu'il va pleuvoir. Ex. : Je n'ai plus les moyens d'aller PARIER aux courses de chevaux. Il m'a PARIÉ dix dollars qu'il reviendrait avant demain. Cesse de FAIRE DES PARIS, tu vas te ruiner! Quant au verbe GAGER, il a plutôt, en français actuel, le sens de deviner, supposer. Exemples : GAGEONS qu'il ne réussira pas. Je te GAGE que tu ne pourras pas y arriver. Enfin, le mot GAGEURE (on prononce ga-ju-re) est devenu synonyme de **défi**, **tour de force**. Ex. : Escalader un gratte-ciel en patins à roulettes, c'est toute une GAGEURE!

GAGNER SON POINT   Voir *Point* **(gagner son)**

GAI et HOMOSEXUEL
Le mot GAI, que les Français écrivent plutôt GAY, désigne en général les hommes homosexuels, mais particulièrement ceux qui assument ouvertement leur orientation sexuelle ou qui militent en faveur de leurs droits. L'adjectif GAI, variable en genre et en nombre, s'emploie couramment pour qualifier les organismes, les lieux, les manifestations des GAIS. Le mot LESBIENNE s'emploie comme équivalent féminin de GAI, et aussi à propos des femmes homosexuelles en général. Le mot GAI ou GAY désigne aussi les hommes et les femmes homosexuels.

GALE, GALLE, CROÛTE
Quand on se fait une plaie, il apparaît à sa surface une lamelle par dessèchement du sang. Il faut éviter d'appeler ça une *galle*. C'est une CROÛTE. Ex. : N'arrache pas la CROÛTE, ça va saigner. Les mots GALE et GALLE désignent des maladies animale ou végétale. GALE désigne une maladie contagieuse de la peau, chez l'homme ou chez l'animal; tandis qu'une GALLE est une excroissance qui se forme sur les plantes.

GALERIE, BALCON, VÉRANDA
Faisons les distinctions qui s'imposent entre ces mots. Un BALCON est une plate-forme entourée d'une balustrade, accrochée en saillie, et qui constitue un accès au grand air et au soleil pour les occupants d'un logis. Une GALERIE, c'est une voie de passage à l'intérieur ou à l'extérieur d'un immeuble. Une GALERIE, c'est aussi un passage bordé de boutiques dans un centre commercial. GALERIE a aussi le sens de boutique : une GALERIE d'objets d'arts, de tableaux. Enfin, il y a les GALERIES des mines et celles que certains animaux creusent pour se faire un refuge. Quant au mot VÉRANDA, il désigne une galerie vitrée, ou entourée de moustiquaires, et adossée au rez-de-chaussée d'une maison.

GANG et BANDE
Y a-t-il une différence entre une BANDE de voyous et un GANG de voyous? Non, en principe, mais le mot anglais gang, d'emploi assez courant en français, a un sens plus dur et c'est de lui que vient GANGSTER. Un GANG, selon Robert, est une bande organisée, une association de malfaiteurs. Le mot BANDE a des sens plus variés. On peut dire une BANDE de gamins, d'écoliers en fête. Mais le mot BANDE peut aussi être synonyme de GANG. Ainsi, on dit une BANDE de voleurs, une BANDE criminelle, une BANDE de malfaiteurs. Bref, le mot BANDE peut s'employer pour les bons et les méchants, mais pas le mot GANG. (Notons qu'il faut prononcer GAN-GUE et non pas *ga-gne*.)

GARAGE (VENTE DE)   Voir *Vente de garage*

GARDE-À-VOUS (AU)   Voir *Attention (se tenir à l')*

GARDE-BOUE et AILE
Un GARDE-BOUE est une pièce de métal qui recouvre chacune des roues d'une bicyclette, d'une moto et d'une ancienne voiture. Les voitures modernes ont plutôt des AILES, parties de la carrosserie qui recouvrent les roues. Voir **Bavette**

GARDE DU CORPS et **GARDE-CORPS**
Ces deux termes n'ont rien en commun. Un GARDE DU CORPS est une personne responsable de la sécurité d'une personnalité. On dit familièrement GORILLE, dans le même sens. Le président était bien encadré de ses GARDES DU CORPS. Quant à GARDE-CORPS, d'un emploi rare chez nous, il est synonyme de GARDE-FOU. Ce peut être une clôture, un parapet, une balustrade, pour empêcher les gens de tomber d'un pont, d'un lieu élevé.

GARDE-ROBE
Au sens de PENDERIE, de PLACARD, D'ARMOIRE À VÊTEMENTS, le nom GARDE-ROBE est vieilli en France et toujours bien vivant au Québec. Mais, des deux côtés de l'Atlantique, on emploie GARDE-ROBE pour désigner l'ensemble des vêtements d'une personne. Ex. : Cette femme a une riche GARDE-ROBE. Dans les deux sens, GARDE-ROBE est du **féminin**, et le pluriel s'écrit GARDE-ROBES.

GARDEZ LA LIGNE pour **NE QUITTEZ PAS**
L'expression *Gardez la ligne* est un calque de hold the line. Au téléphone, il faut dire plutôt NE QUITTEZ PAS. Et si vous tenez à GARDER LA LIGNE, eh bien, surveillez votre alimentation. En effet, GARDER LA LIGNE, qui ne se dit pas en France au téléphone, s'emploie cependant chez le diététiste dans toute la francophonie.

GARE DE TRIAGE (terme correct)   Voir *Cour de triage*

GARE ROUTIÈRE et *TERMINUS D'AUTOBUS*
Terminus d'autobus est un régionalisme à remplacer par GARE ROUTIÈRE. Cependant, TERMINUS désigne la dernière station d'une ligne de transport. On peut dire aussi GARE TERMINUS. Quant à la GARE ROUTIÈRE, elle équivaut pour les **autocars** à la gare ferroviaire. C'est là que les autocars (couramment **cars**) prennent et laissent leurs voyageurs. C'est là aussi que l'on attend les voyageurs et aussi l'heure d'un départ.

GAZON et TOURBE   Voir **Tourbe**

GEL, GELER et BLOCAGE, BLOQUER (prix, salaires)
Nous employons toujours GEL et GELER, en parlant des prix, des salaires, des crédits, etc. GEL et GELER sont des emplois au figuré de BLOCAGE et BLOQUER, termes que nous devrions privilégier. Ex. : Les travailleurs résistent au BLOCAGE de leurs salaires. Les crédits de l'entreprise ont été BLOQUÉS par les banques. GEL et GELER peuvent servir de synonymes commodes.

GÊNE et GÊNÉ pour TIMIDITÉ et TIMIDE
GÊNE et GÊNÉ, au sens de TIMIDE et TIMIDITÉ, sont des régionalismes courants chez nous et dans quelques autres régions de la francophonie. Nous disons « Ça l'a GÊNÉ de rencontrer nos invités », alors qu'en France, on dirait « Ça l'a INTIMIDÉ de rencontrer nos invités ». Nous disons « Sa GÊNE l'empêche de parler en public », alors que les Français disent « Sa TIMIDITÉ l'empêche de parler en public ». La GÊNE, en français général, c'est plutôt un malaise, une situation embarrassante. Il a de la GÊNE à respirer, à avaler. Être GÊNÉ par quelque chose, c'est être embêté, dérangé, par cette chose.

GENRE DES NOMS COMMUNS
Le genre des noms communs est un épineux problème. Voici quelques-unes des difficultés les plus courantes à ce chapitre :

Masculin		Féminin	
Amiante	En-tête	Acoustique	Fibre de verre
Asphalte	Entracte	Aérogare	Hélice
Augure	Escalier	Ancre	Idole
Autobus	Étage	Apostrophe	Moustiquaire
Autographe	Granule	Atmosphère	Oasis
Automne	Ovule	Écritoire	Orbite
Embâcle	Pétale	Épitaphe	Ténèbres

GENRE DES NOMS DE PAYS
En général, les noms de pays se terminant par E sont du féminin. Ex. : France, Chine, Espagne, Italie, Libye, Autriche, etc. Les noms de pays se terminant par une autre lettre que E sont généralement du masculin. Ex. : Iran, Irak, Liban, Israël, Yémen, Japon, Venezuela. Les rares exceptions ne constituent pas de problème. Ainsi, Mexique et Mozambique sont du masculin même s'ils se terminent par E, mais personne ne risque de s'y tromper.

GENRE DES NOMS DE VILLES
Comme dans le cas des pays, les noms de villes sont généralement du féminin s'ils se terminent par E, même si ce E est suivi d'un S. Ex. : Rome, Venise, Londres, Bruxelles, Marseille, Lisbonne.
Les noms de villes sont généralement du masculin dans les autres cas : Montréal, New York, Paris, Lyon, Ottawa, Moncton, Québec. Mais, si le mot ville est sous-entendu, on peut toujours utiliser le nom d'une ville au féminin. Ex. : QUÉBEC est RECONNUE pour l'hospitalité de ses citoyens. Par contre, si le nom d'une capitale est employé pour désigner le pays ou son gouvernement, alors, c'est le masculin qu'il faut employer. Ex. : LONDRES et ROME ne sont pas encore REMIS de ce malentendu.

GENRE DES PROVINCES CANADIENNES
C'est simple, les quatre provinces les plus près du centre ont des noms masculins : Ontario, Québec, Manitoba et Nouveau-Brunswick. Les noms des six autres provinces, trois à l'ouest et trois à l'est, sont du féminin.

GENS D'AFFAIRES
Comme le mot GENS désigne un nombre indéterminé de personnes, on ne peut jamais le faire précéder d'un nombre. On ne peut pas dire : *Mille gens* sont réunis; ou encore : *Quatre gens* sont venus pour vous voir. Il en va de même pour GENS D'AFFAIRES. On ne peut pas dire : *Cinq cents gens d'affaires* français vont venir nous visiter. Pour éviter, d'autre part, de dire « hommes et femmes d'affaires » qui est un peu long, on dira PERSONNES D'AFFAIRES, même si ce n'est pas une locution reconnue, et alors on pourra utiliser un nombre : CINQ CENTS PERSONNES D'AFFAIRES.

GENTILÉS DES PROVINCES CANADIENNES
On dit : les TERRE-NEUVIENS, les PRINCE-ÉDOUARDIENS, les NÉO-ÉCOSSAIS, les NÉO-BRUNSWICKOIS, les QUÉBÉCOIS, les ONTARIENS, les MANITOBAINS, les SASKATCHEWANAIS, les ALBERTAINS et les BRITANNO-COLOMBIENS. Les formes féminines se font selon les règles habituelles.

GICLEUR (D'INCENDIE)   Voir **Sprinkler**

GILET, CHANDAIL, PULL, DÉBARDEUR, *SWEATER*
Le GILET est un tricot avec ou sans manches qui s'attache en avant. GILET désigne aussi une partie du complet, celle sans manches, qui s'attache à l'avant, que certains appellent *veste*.
Le CHANDAIL est un gros tricot, à manches longues (pour le hockey, le ski, etc.). Il peut avoir un col roulé.
Le PULL est plus délicat que le chandail. Il se passe par-dessus la tête. Il est avec ou sans manches. Il peut aussi avoir un col roulé. (PULL, se prononce pul. Peu employé chez nous, on peut le remplacer par CHANDAIL.)
Quant au mot sweater, c'est un anglicisme inutile puisque nous pouvons le remplacer par CHANDAIL.
Le DÉBARDEUR est un tricot léger, collant, sans col ni manches, et très échancré.

GÎTE TOURISTIQUE (terme correct)   Voir **Bed and breakfast**

GLACIAL (pluriel)
Le pluriel le plus habituel de GLACIAL est GLACIALS. Des hivers GLACIALS. C'est l'avis de Grevisse et de Robert, qui ajoutent que GLACIAUX s'emploie plus rarement.

GLISSOIRE et **GLISSADE**
Une GLISSOIRE est une pente pour glisser. Aux glissoires traditionnelles en bois ou en métal sur lesquelles glissent les enfants s'ajoutent les GLISSOIRES D'EAU, longues glissoires dans lesquelles on fait descendre de l'eau. Mais il ne faut pas confondre les mots GLISSOIRE et GLISSADE. Une GLISSADE, c'est l'action de glisser, alors qu'une GLISSOIRE est la côte sur laquelle on glisse. Ex. : Venez faire quelques GLISSADES dans nos GLISSOIRES D'EAU.

GLOBALISATION, GLOBAL et **MONDIALISATION, MONDIAL**
Quand un phénomène se répand, devient général dans le monde, on assiste à sa MONDIALISATION. Un phénomène devient MONDIAL. Il faut éviter l'anglicisme qui consiste à dire *globalisation* au lieu de MONDIALISATION; ou encore *global*, dans le sens de MONDIAL. On dit correctement : La MONDIALISATION de l'économie. L'économie est de plus en plus une affaire MONDIALE. Si l'on dit *global*, en ce sens, on fait un anglicisme. En anglais, on dit : Economy is a global affair. On peut dire également qu'un phénomène devient PLANÉTAIRE, c'est-à-dire qu'il s'étend à la planète.
Quant au mot GLOBAL, il a un autre sens, en français. On dit par exemple : une somme GLOBALE, un revenu GLOBAL. Avoir une approche GLOBALE d'un problème, c'est l'envisager dans son ensemble. Le terme anglais global village se dit en français VILLAGE PLANÉTAIRE.

GOÉLAND, GOÉLETTE (prononciation)
Il faut prononcer ces mots en trois syllabes : **go-é-lan** et **go-é-lette** et éviter les prononciations *gwé-lan* et *gwé-lette*.

GORILLE et **GARDE DU CORPS**   Voir **Garde du corps**

GOÛTER
En général, dans la francophonie, GOÛTER signifie vérifier, percevoir le goût de quelque chose. GOÛTEZ-moi cette sauce! Au Québec et en Belgique, GOÛTER a de plus un autre sens, celui de **avoir goût de**. Ex. : Ce vin GOÛTE la cerise. Cette soupe GOÛTE le brûlé.

GRADUÉ pour **DIPLÔMÉ**   Voir **Diplômé**

GRAINS DE NEIGE, GRAINS DE PLUIE
Il n'y a ni *grains de neige*, ni *grains de pluie*, n'en déplaise à certains communicateurs de la radio et de la télévision. Il convient de dire plutôt des FLOCONS DE NEIGE, et des GOUTTES ou des GOUTTELETTES DE PLUIE. On peut cependant parler de GRAINS dans le cas de la grêle et du grésil.

GRAND MAGASIN (terme correct)
Voir *Département* (d'un magasin)

GRAND TOTAL
L'expression *grand total* est calquée sur l'anglais. En français correct, on dit plutôt TOTAL GLOBAL, ou TOTAL GÉNÉRAL. Ex. : Le TOTAL GLOBAL de ma dette envers vous est de trois cents dollars. Mais on peut contourner la difficulté en employant TOTAL comme adjectif, et en disant, par exemple : Je vous dois la SOMME TOTALE de trois cents dollars.

GRATTE, GRATTOIR, RACLETTE
Le mot GRATTE, en plus de désigner l'instrument de jardinage, s'utilise chez nous pour le véhicule qui pousse la neige au bord de la rue ou de la route. Mais l'instrument qu'on utilise pour enlever la neige et la glace des voitures s'appelle GRATTOIR. Quant à RACLETTE, c'est l'instrument des laveurs de vitres, fait d'une fine bande de caoutchouc qui s'adapte bien au verre des vitrines et des vitres. RACLETTE est aussi le terme recommandé pour traduire squeegee, l'instrument muni d'une raclette et d'une éponge pour laver les vitres des voitures.

GRÉSIL, GRÉSILLER (prononciation)
GRÉSIL se prononce gré-zil, mais les L sont mouillés dans le verbe GRÉSILLER (gré-zi-yé) et dans le nom GRÉSILLEMENT (gré-ziy'ment). Les L sont mouillés dans toute la conjugaison du verbe GRÉSILLER.

GRÈVE TOURNANTE, AUTRES GRÈVES
Le terme anglais rotating strike se rend en français par GRÈVE TOURNANTE. Il faut éviter *grève rotative* qui est un anglicisme. Une GRÈVE TOURNANTE est un arrêt de travail qui touche à tour de rôle différents secteurs de la production, ou différentes usines d'une entreprise.
GRÈVE PERLÉE : Grève qui interrompt l'activité d'une entreprise par des arrêts ou des ralentissements de travail à une phase, un stade de la production.
GRÈVE SUR LE TAS : Interruption du travail par des grévistes qui demeurent à leurs postes. ⇨

GRÈVE SAUVAGE : Grève qui éclate sans préavis et sans consultation avec la direction du syndicat.

GRILLER (SE FAIRE) Voir **Bronzer, Bronzage**

GROS (PRIX DU ~, COMMERCE DU ~, MAGASIN DU ~)
  Voir **Prix de gros**

GROSSIÈRE INDÉCENCE Indécence (grossière)

GUERRE À FINIR Voir *Lutte à finir*

GYPROC
Le mot *gyproc*, qui est un nom commercial, devrait être remplacé tout simplement par PLAQUE DE PLÂTRE. Recouvrir des murs avec des PLAQUES DE PLÂTRE. En France, on dit couramment PLACOPLÂTRE, terme reconnu même si c'est un nom venu du commerce pour désigner ce matériau fait de plâtre coulé entre deux cartons.
Quant au mot GYPSE, c'est le nom de la roche sédimentaire dont on fabrique le plâtre.

H (la lettre)
La lettre H, qu'il s'agisse du H muet ou du H aspiré, ne se prononce pas en français. Il n'y a qu'une exception à cette règle, c'est dans le cas de certaines interjections comme : HA! HUE! HOU! HOUP! et HUM! Dans ces cas, le H peut être prononcé.
Le H **muet** est celui qui n'a aucune influence phonétique. Ex. : Les HOMMES, l'HISTOIRE, etc. (on prononce comme s'il n'y en avait pas : les-z-ommes, l'istoire, etc.). Notons que le H de HUISSIER est muet, comme celui de homme. On écrit donc L'HUISSIER et on prononce LES HUISSIERS : lè-z-uissiers.
Voir **Huissier**
Quant au H **aspiré**, il ne se prononce pas, non plus, mais il a une double influence phonétique : il empêche la liaison et il empêche l'élision. Ex. : LE HOMARD (et non *l'homard*), LES HUBLOTS et non *les-z-hublots*. Pour indiquer qu'un H est aspiré, les dictionnaires Robert le signalent dans la parenthèse de prononciation d'un mot, au moyen d'une apostrophe. Les Larousse l'indiquent au moyen d'un astérisque avant le mot lui-même.

HABIT, COMPLET, COSTUME
Il faut dire un COMPLET pour homme, ou un COSTUME pour homme, et non pas *un habit* pour homme. Le mot HABIT est un terme générique : des HABITS de travail, un HABIT de neige, un HABIT de scaphandrier, des HABITS du dimanche, etc. Mais le vêtement pour homme qui comprend le pantalon, le veston, et parfois le gilet, doit s'appeler COSTUME ou COMPLET.

HACKER
Le mot <u>hacker</u>, en informatique, a deux sens. On peut le traduire par PIRATE INFORMATIQUE quand on parle d'une personne qui pénètre illégalement dans des systèmes informatiques avec l'intention de piller des renseignements. On peut le traduire par MORDU DE L'INFORMATIQUE pour désigner un amateur qui s'introduit dans des systèmes pour le plaisir, par curiosité.

HAÏR
Le verbe HAÏR ayant un H aspiré, il faut éviter toute liaison et toute élision de ce mot, avec le mot qui le précède. On dira par exemple : Elle LE HAIT (en prononçant : elle le è). Je LES HAIS (se prononce : je lè è). NOUS HAÏSSONS cela (nou a-issons). Le participe passé HAÏ se prononce a-i. Ils ont HAÏ leurs rivaux (ils zon a-i). Le verbe HAÏR conserve son tréma dans toute la conjugaison, sauf aux trois premières personnes du singulier de l'indicatif et au singulier de l'impératif. Quand on n'a pas le temps de vérifier la graphie ou une prononciation du verbe HAÏR, il vaut mieux employer un synonyme comme DÉTESTER.

HAÏTI, HAÏTIEN (h muet)
Le H de HAÏTI, comme celui de HAÏTIEN, est **muet**. Il faut donc faire la liaison et l'élision devant ces mots : LES HAÏTIENS (lè-za-i-sien). Je reviens D'HAÏTI. Elle vit EN HAÏTI (en na-i-ti).

HALL, FOYER, LOBBY
La salle d'entrée d'une gare, d'un hôtel, s'appelle HALL (mot francisé depuis plus d'un siècle). Il faut éviter de dire *lobby* qui est un anglicisme en ce sens. Ex. : Attendez-moi dans le HALL de l'hôtel. Le HALL de la gare était rempli de vacanciers. Quant au mot FOYER, il désigne la salle d'accueil dans les salles de spectacles, où se réunissent les spectateurs aux entractes. Le mot LOBBY n'a qu'un seul sens en français : celui de GROUPE DE PRESSION. En anglais, lobby signifie « groupe de pression », et il équivaut aussi aux mots français HALL et FOYER.

HANDICAP, HANDICAPÉ
Le H de HANDICAP et de HANDICAPÉ est un H aspiré. On doit donc éviter l'élision et la liaison devant ces mots. UN HANDICAP (sans liaison) et DES HANDICAPS (sans liaison). LE HANDICAPÉ visuel et non pas *l'handicapé* visuel. Il faut noter cependant qu'un bon nombre de francophones, même cultivés, en France surtout, considèrent le H de HANDICAP et de HANDICAPÉ comme un H muet.

HARASSEMENT, HARASSER et HARCÈLEMENT, HARCELER
On confond parfois HARASSEMENT et HARCÈLEMENT de même que les verbes HARASSER et HARCELER. Il importe donc de se rappeler que HARASSEMENT est synonyme de grande fatigue et que HARASSÉ est synonyme de fatigué, fourbu. Ex. : Après ces durs affrontements, nos soldats étaient HARASSÉS. Leur HARASSEMENT n'avait d'égal que leur courage.
HARCELER signifie soumettre à de petites attaques répétées et incessantes. Ex. : Cessez de me HARCELER avec vos questions.

Le HARCÈLEMENT sexuel de cet employeur auprès des travailleuses a été dénoncé par le syndicat.

HARDWARE et **SOFTWARE** (informatique)   Voir **Software**

HARNACHER et **AMÉNAGER**
Le seul sens incontestable de HARNACHER est celui de passer le HARNAIS à un cheval, à un animal de selle. Chez nous, les expressions HARNACHER UN COURS D'EAU et le HARNACHEMENT D'UN COURS D'EAU sont des métaphores venues de l'anglais to harness, au sens d'AMÉNAGER UN COURS D'EAU et d'AMÉNAGEMENT D'UN COURS D'EAU. Ces métaphores sont valables, mais elles ne doivent pas nous faire oublier les vrais termes qui sont AMÉNAGER et AMÉNAGEMENT. On peut dire aussi l'EXPLOITATION (hydroélectrique) d'un cours d'eau et EXPLOITER le potentiel hydroélectrique d'un cours d'eau. Ex.: De nombreuses rivières importantes restent à AMÉNAGER, à EXPLOITER, au Québec.

HATCHBACK et **HAYON**
La partie articulée servant de porte arrière d'un véhicule utilitaire, ou d'une voiture sport, s'appelle HAYON. Le HAYON est la troisième ou la cinquième porte d'une voiture. Pour éviter le mot anglais hatchback, on peut dire : une VOITURE AVEC HAYON. On pourrait dire également : UNE VOITURE À TROIS PORTES ou une VOITURE À CINQ PORTES.

HAUTE PRESSION (sanguine)   Voir *Pression sanguine*

HÉBERGEMENT (terme correct)   Voir *Accommodation*

HÉBREU, HÉBRAÏQUE
L'adjectif HÉBREU n'a pas de féminin. On emploie ISRAÉLITE pour ce qui est de la religion et JUIVE pour ce qui concerne le peuple du royaume de Juda. Quant à l'adjectif HÉBRAÏQUE, il ne s'emploie qu'en parlant des choses : la langue, la grammaire HÉBRAÏQUE, l'Université HÉBRAÏQUE de Jérusalem. HÉBREU a cependant un pluriel : HÉBREUX.

HEDGE CUTTER   Voir *Clipper* et **Tondeuse**

HERNIE (h aspiré)
Le H de HERNIE est aspiré, c'est-à-dire qu'il ne permet ni les liaisons, ni l'élision. On prononce donc la/hernie, les/hernies. On dit : SA HERNIE le fait souffrir.

HEURE (indication de l')
Quand on veut indiquer l'heure d'un événement, d'un spectacle, dans une annonce, une affiche, il faut se servir de l'abréviation h (minuscule et sans point) pour le mot heure, et éviter les zéros superflus. On écrira par exemple : La réunion aura lieu le mardi 15 septembre, de 10 h 30 à midi. Voici un exemple de zéros superflus : *de 08 h 00 à 11 h 00*. Il suffit d'écrire : de 8 h à 11 h. On met un espace avant la lettre h. Aussi, il importe d'éviter les abréviations *hrs* et *hre*.

HEURE DE POINTE
L'expression HEURE DE POINTE, qui indique la période où la circulation de même que la consommation de l'eau, de l'électricité, atteignent leur maximum, s'emploie également en radio et en télévision pour indiquer les HEURES DE GRANDE ÉCOUTE. (prime-time en anglais). Ces dernières sont celles où les tarifs des messages commerciaux atteignent leur maximum. À l'opposé, les HEURES CREUSES, ou HEURES DE FAIBLE ÉCOUTE, sont celles où les tarifs sont au minimum.

HEURE JUSTE (DONNER L')
L'expression DONNER L'HEURE JUSTE, qui signifie « renseigner correctement, fournir franchement les détails pertinents » est utile et irréprochable, même si elle n'est utilisée qu'au Québec. Ex. : Le maire a promis de DONNER L'HEURE JUSTE sur la question au cours de sa conférence de presse de demain. Demandez à Mme Tremblay, elle vous DONNERA L'HEURE JUSTE à ce propos.

HEURE LIMITE, DATE LIMITE pour *DEADLINE*
Le mot anglais deadline se rend en français par DATE LIMITE, HEURE LIMITE. Le journalisme a un terme particulier : HEURE DE TOMBÉE, ou simplement TOMBÉE. Ex. : La DATE LIMITE pour la remise des compositions est le 2 décembre. La journaliste du Soleil devait respecter la TOMBÉE de 21 h.

HEURES D'AFFAIRES
L'expression *heures d'affaires* est une mauvaise traduction de business hours. On dira correctement HEURES D'OUVERTURE, ou HEURES DE BUREAU, selon le cas.

HEURES SUPPLÉMENTAIRES (terme correct)
   Voir *Temps supplémentaire*

HEURTER et **FRAPPER**   Voir **Frapper**

HINDOU et INDIEN
Les habitants de l'Inde, qu'on appelait jadis les Hindous, Hindoues, s'appellent de nos jours les INDIENS, INDIENNES. Les HINDOUS, HINDOUES, sont les adeptes de la religion hindouiste. Notons que les noms des adeptes d'une religion prennent toujours une minuscule. Les protestants, les catholiques, les hindous, etc.
N. B. : En parlant des Indiens d'Amérique, il vaut mieux dire les AMÉRINDIENS, sauf si le contexte est clair.

HISTOIRE COURTE (POUR FAIRE UNE)
« *Pour faire une histoire courte…* », entendons-nous parfois chez nous. Cette expression est traduite de l'anglais to make a long story short. Or, si l'on aime les choses courtes, il vaut bien mieux utiliser des termes français parfaitement équivalents : BREF!… ou encore, EN UN MOT!…

HIT-AND-RUN
Il faut éviter le terme anglais hit-and-run puisque nous avons un exact équivalent en français : DÉLIT DE FUITE. Ex. : Il a été arrêté pour ivresse au volant et DÉLIT DE FUITE.

HIVÉRISER
Le verbe HIVÉRISER, qui signifie « préparer pour l'hiver » est un québécisme de bon aloi. Dans un pays comme le nôtre, il est utile de pouvoir dire HIVÉRISER un chalet, ou encore faire HIVÉRISER sa voiture.

HOBBY
Ce mot anglais ne nous est pas vraiment nécessaire. Nous pouvons le remplacer par PASSE-TEMPS ou VIOLON D'INGRES. Mais, il faut reconnaître que HOBBY est d'un usage assez courant dans la francophonie. Au pluriel : des HOBBYS ou des HOBBIES.

HOLOCAUSTE (prononciation)   Voir **Astronaute**

HOMICIDE   Voir **Meurtre**

HOMOSEXUEL, GAI, LESBIENNE   Voir **Gai**

HONORABLE, TRÈS HONORABLE
Ces termes honorifiques appartiennent à la langue anglaise. On les a longtemps utilisés chez nous à cause de l'influence anglaise. De nos jours, ils sont tout à fait démodés. Au lieu de dire *l'honorable ministre*, il suffit de dire MONSIEUR LE MINISTRE.

HÔPITAL HÔTEL-DIEU
Le nom HÔTEL-DIEU signifie lui-même HÔPITAL. Il faut donc éviter de dire *hôpital Hôtel-Dieu*. On dira tout simplement : l'HÔTEL-DIEU de Québec, l'HÔTEL-DIEU de Saint-Jérôme.

HORS COUR
La locution *hors cour* est un anglicisme à éviter. Si l'on veut traduire out-of-court agreement, on dit ENTENTE ou RÈGLEMENT À L'AMIABLE, ou encore ENTENTE ou RÈGLEMENT EXTRAJUDICIAIRE. Dans le cas d'un accident mineur de la circulation, les automobilistes peuvent remplir un CONSTAT À L'AMIABLE. Un couple peut se séparer sans s'adresser aux tribunaux. Ce couple se contente d'une ENTENTE À L'AMIABLE.

HORS D'ORDRE
L'expression *hors d'ordre* est un calque de l'anglais out of order. On l'emploie surtout dans les assemblées délibérantes à propos des questions soumises. Pour remplacer cet anglicisme, on peut dire : QUESTION IRRÉGULIÈRE, ou IRRECEVABLE ; QUESTION QUI VIOLE LE RÈGLEMENT, QUI ENFREINT LA RÈGLE, etc. Quant à l'expression *être hors d'ordre*, il faut la remplacer par : VIOLER LE RÈGLEMENT, POSER UNE QUESTION IRRECEVABLE, INTERVENIR SANS AVOIR LE DROIT DE PAROLE.

HORLOGE GRAND-PÈRE
Il est bon de savoir que le terme HORLOGE GRAND-PÈRE n'est utilisé qu'au Québec, au Canada francophone. Il nous vient de grandfather clock. Il n'est pas nécessairement à rejeter, mais il importe de savoir que, dans le reste de la francophonie, on dit HORLOGE DE PARQUET et aussi HORLOGE COMTOISE, HORLOGE NORMANDE.

HÔTEL et **MOTEL** (prononciation)   Voir **Motel**

HUILE À CHAUFFAGE pour **MAZOUT**
Huile à chauffage est un calque de l'anglais heating oil. C'est le mot MAZOUT qu'il faut employer en parlant du combustible des systèmes de chauffage domestiques. Les Français disent aussi FUEL et FIOUL.   Voir **Fournaise**

HUILE et PÉTROLE
Il importe de faire la distinction entre HUILE et PÉTROLE. Par exemple, certains de nos médias ont déjà annoncé qu'une nappe *d'huile* s'était répandue sur le fleuve. Bien sûr, c'est de PÉTROLE qu'il fallait parler. L'ennui, c'est que le mot oil, en anglais, désigne aussi bien les huiles comestibles que celles des moteurs.

Dans la cuisine, on emploie des huiles végétales et des huiles animales, mais jamais d'huiles minérales, autrement dit : jamais de pétrole !

HUISSIER (h muet)
On a l'habitude chez nous de considérer le H de HUISSIER comme aspiré, ce qui est incorrect. Il s'agit d'un H muet. Dans tout le reste de la francophonie, on fait la liaison ou l'élision devant ce mot. On dit L'HUISSIER et LES-Z-HUISSIERS. J'ai reçu la visite DE L'HUISSIER. Le H de HUISSIER est muet tout comme celui de homme et de histoire.

HUIT (prononciation)   Voir **Cinq**

HULL (h aspiré)
Le H de HULL est aspiré. Il faut donc dire la VILLE DE HULL et non pas la *ville d'Hull*. Il faut dire je reviens DE HULL, et non pas je reviens *d'Hull*. Surtout, il ne faut jamais dire les GENS D'HULL : les Hullois protesteraient.

HYDRANT   Voir **Borne-fontaine**

HYDRO-QUÉBEC
Il faut éviter d'utiliser l'article devant HYDRO-QUÉBEC. On dit correctement : Il travaille pour HYDRO-QUÉBEC, et non pas pour *l'Hydro-Québec*. La règle veut que l'on utilise sans l'article les noms de sociétés qui comprennent un nom de pays ou de province. D'ailleurs, on ne dirait jamais *la Radio-Canada* ou *l'Air-France*. De plus, il faut utiliser HYDRO-QUÉBEC au **féminin**, en pensant au mot SOCIÉTÉ qui est sous-entendu.

I

ICEBERG (prononciation)
Le mot ICEBERG est devenu français; il doit donc se prononcer en français : iss-bergue. Il en va généralement de même pour les mots empruntés aux langues étrangères. Il faut prononcer CAMPING (can-pigne), CAMPUS (can-pus), COCKTAIL (cok-tèle), etc.

IDÉE *(FAIRE SON)* VOIR *Faire son idée*

IDEM et ITEM VOIR **Item**

IDENTITÉ, IDENTIFICATION, IDENTIFIER
Il faut éviter de dire *carte d'identification* et *papiers d'identification*. CARTE D'IDENTITÉ, PAPIERS D'IDENTITÉ sont les termes corrects. L'identité, c'est le fait pour une personne d'être tel individu et de pouvoir être légalement reconnu comme tel. Ex. : Nous ignorons l'IDENTITÉ de la victime. L'IDENTIFICATION, c'est l'action d'identifier : l'IDENTIFICATION d'un suspect, d'un cadavre, par la police. Quant au verbe S'IDENTIFIER, il signifie : se faire ou devenir identique, se mettre dans la peau de quelqu'un. Ex. : Un garçon qui S'IDENTIFIE à son père. Une comédienne qui S'IDENTIFIE à son personnage. Il est donc incorrect de dire « Veuillez *vous identifier* », quand on veut dire « Veuillez VOUS NOMMER, VOUS PRÉSENTER, ÉTABLIR VOTRE IDENTITÉ ».

IDOLE
Le mot IDOLE est du féminin, au sens propre et au sens figuré. On dit UNE IDOLE, qu'il s'agisse d'un homme ou d'une femme. Ce chanteur est UNE IDOLE pour les Québécois.

IMMATRICULATION VOIR **Licence, Immatriculation**

IMMEUBLE D'APPARTEMENTS VOIR ***Bloc appartements***

IMMIGRANT et IMMIGRÉ
Il faut faire la distinction entre ces deux mots. Un IMMIGRANT, une IMMIGRANTE, est une personne arrivée récemment dans un pays avec l'intention de s'y établir; c'est aussi une personne qui a immigré récemment.
Un IMMIGRÉ, une IMMIGRÉE, c'est une personne établie **définitivement** dans un nouveau pays et qui en a obtenu la citoyenneté. Il faut par conséquent éviter de parler, par exemple, des *immigrants* établis depuis 30 ans en Colombie-Britannique. Ce sont des IMMIGRÉS, ou encore des NÉO-CANADIENS.

IMPLIQUER et ENGAGER
Il faut éviter d'employer le verbe IMPLIQUER au sens de ENGAGER. Il est incorrect par exemple de dire qu'une personne est très *impliquée* en politique. On dira plutôt qu'elle est très ENGAGÉE en politique. IMPLIQUER est souvent péjoratif; il signifie mêler à une affaire fâcheuse ou, en justice, à une affaire criminelle. Ex. : Cet homme est IMPLIQUÉ dans plusieurs causes de trafic de drogue. IMPLIQUER a plusieurs autres sens dont celui de « comporter de façon implicite ». Ex. : Cela IMPLIQUE que vous refusez notre proposition.

IMPÔT et TAXE
La taxe, quand elle s'applique à la propriété, s'appelle IMPÔT FONCIER, ou TAXE FONCIÈRE. Le Larousse parle de TAXE FONCIÈRE, tandis que le Robert parle d'IMPÔT FONCIER et de TAXE FONCIÈRE. Au Québec, les villes appellent TAXE FONCIÈRE la taxe sur la propriété, tandis que le gouvernement provincial l'appelle IMPÔT FONCIER. Quand la taxe s'applique au revenu, elle a un seul nom : IMPÔT SUR LE REVENU, qui se dit en anglais : income tax. Enfin, il faut éviter l'anglicisme *taxe d'amusement* qui est un calque de amusement tax, et dire plutôt TAXE SUR LES SPECTACLES. Voir *Taxe d'amusement*

IMPRESSION (ÊTRE SOUS L'~ QUE)
Voir **Sous l'impression que (être)**

IN (adjectif)
L'anglicisme IN, au sens de À LA MODE, est répandu en France. Des boîtes de nuit IN. Une chanteuse IN. Plus rare chez nous, cet anglicisme est superflu. Au lieu du « comique le plus IN au Québec », on peut dire : le comique DE L'HEURE, le comique LE PLUS EN VOGUE.

INAPTITUDE (POINTS D'), terme correct
Voir *Démérite (points de)*

INAUGURATION OFFICIELLE

Inauguration officielle tout comme *inaugurer officiellement* sont des pléonasmes puisque INAUGURER, c'est consacrer ou livrer au public **solennellement** un édifice, un monument, un pont, etc. Il suffit donc de dire INAUGURER, INAUGURATION. Ex. : Le premier ministre a INAUGURÉ le nouveau pont en présence de nombreux dignitaires.

INCENDIE et FEU   Voir **Feu**

INCENDIE CONTRÔLÉ ou *SOUS CONTRÔLE*
   Voir **Contrôle** *(hors de~, sous~)*

INCENDIER

Le verbe INCENDIER a au moins deux sens : mettre le feu volontairement à, et aussi être détruit par le feu. Ex. : Ce récidiviste est accusé d'avoir INCENDIÉ une grande épicerie. Le village a été INCENDIÉ en 1960 (a été détruit par le feu).   Voir aussi **Feu** et **Incendie**

INCIDEMMENT

L'adverbe INCIDEMMENT, quand il est employé chez nous, l'est presque toujours à mauvais escient. On dit, par exemple : *Incidemment*, c'est jeudi qu'a lieu la fête au bureau. Il faudrait dire plutôt : À PROPOS, c'est jeudi... ou encore, SOIT DIT EN PASSANT, c'est jeudi... En réalité, l'adverbe INCIDEMMENT signifie : d'**une façon incidente**, c'est-à-dire **marginale**, **accessoire**. Exemple de son emploi correct : Traitant de nos lacs, l'expert du gouvernement a abordé INCIDEMMENT la question des pluies printanières.
N. B. : INCIDEMMENT, au sens de « à propos », de « soit dit en passant », est un calque de <u>incidentally</u>.

INCONCILIABLE et IRRÉCONCILIABLE

Ces deux adjectifs sont souvent confondus. Voyons leur différence de sens. INCONCILIABLE se dit surtout à propos des choses qui ne peuvent aller de pair. Ex. : Leurs opinions sont INCONCILIABLES. Utilisé à propos des personnes, cet adjectif est d'un emploi rare et à éviter.
IRRÉCONCILIABLE se dit des personnes (ou des personnes morales) que l'on ne peut réconcilier. Ex. : Ce couple est IRRÉCONCILIABLE. Les dirigeants de ces deux pays sont IRRÉCONCILIABLES.

INCONTOURNABLE

Cet adjectif est souvent employé de façon abusive. On lui prête parfois des sens qu'il n'a pas. INCONTOURNABLE signifie : qu'il est   ⇨

impossible de contourner, d'éviter; dont il faut absolument tenir compte. Ex. : Argument INCONTOURNABLE, les INCONTOURNABLES impôts. Il est abusif d'employer INCONTOURNABLE au sens de INÉVITABLE, IRRÉSISTIBLE, INDISPENSABLE. Par conséquent, au lieu de dire : Parmi les invités, il y avait l'*incontournable* monsieur Jérome, on dira plutôt l'INÉVITABLE monsieur Jérome. Au lieu de dire : Dans ses bagages, il emporte toujours son *incontournable* parapluie, on dira plutôt son INDISPENSABLE parapluie.

INDÉCENCE (GROSSIÈRE)
Grossière indécence, au sens que nous lui donnons chez nous, est un calque de gross indecency, que l'on peut remplacer par OUTRAGE À LA PUDEUR. Notons que OUTRAGE signifie : offense extrêmement grave de parole ou de fait (Robert). Ex. : Il a été condamné pour OUTRAGE À LA PUDEUR. Quant au mot INDÉCENCE, il importe de savoir qu'il désigne, non pas un geste, une action, mais plutôt une inconvenance. Ex. : l'INDÉCENCE dans le vêtement.

INDEMNISER et COMPENSER   Voir **Compenser**

INDEMNITÉ DE LICENCIEMENT (terme correct)
Voir *Prime de départ*

INDEX (METTRE À L')
En plus du sens catholique de l'expression (METTRE un livre À L'INDEX), on dit METTRE une personne physique ou morale À L'INDEX, ce qui signifie la condamner comme dangereuse. Ex. : « Israël se voit menacé d'être MIS À L'INDEX dans le monde arabe » (journal Le Monde). Autre exemple tiré de Balzac : « Vous seriez MISE À L'INDEX par le monde. »

INDICATEUR DE VITESSE   Voir *Speedomètre*

INDICATIF MUSICAL, JINGLE, *THÈME*   Voir *Thème*

INDICATION DE L'HEURE   Voir **Heure (indication de l')**

INDIVIDU
Le mot INDIVIDU doit être employé avec réserve en considérant qu'il a pris une couleur péjorative, sauf en psychologie et en sociologie. En justice, également, INDIVIDU a généralement un caractère péjoratif, en particulier chez les policiers. Si l'on veut parler d'un être humain de façon neutre, il vaut mieux éviter le mot INDIVIDU et employer des mots comme PERSONNE, HOMME,

FEMME, etc. Au lieu de dire par exemple « Pour pourvoir le poste vacant, nous préférons un *individu* provenant du milieu ouvrier », on dira plutôt « nous préférons une PERSONNE provenant du milieu ouvrier ».

INFECTIEUX et non *INFECTUEUX*
L'adjectif INFECTIEUX, INFECTIEUSE, signifiant « qui est caractérisé par l'infection », est souvent déformé dans notre usage. Par exemple, la locution MALADIE INFECTIEUSE est parfois déformée en *maladie infectueuse*. Il importe de dire une MALADIE INFECTIEUSE (en prononçant infec-si-euse), et non pas *infectueuse* qui est le terme déformé. On dira un germe INFECTIEUX, et non *infectueux*.

INFLIGER (S'INFLIGER UNE BLESSURE)
S'INFLIGER UNE BLESSURE signifie se la donner volontairement. Jadis, certains ascètes s'infligeaient des souffrances, des blessures, mais il est rarement question de cela dans le langage actuel. Il faut donc éviter *s'infliger une blessure* et dire tout simplement SE BLESSER, SE FAIRE UNE BLESSURE, si l'on parle d'un fait accidentel. Au lieu de dire qu'une personne *s'est infligé une fracture* en tombant, on dira qu'elle S'EST FAIT UNE FRACTURE, qu'elle S'EST FRACTURÉ un membre en tombant.

INFLUENZA pour **GRIPPE**
Le mot *influenza* est un terme vieilli en français. C'est GRIPPE qu'il faut dire. Le mot influenza, d'origine italienne, est encore employé en anglais, comme synonyme de flu qui est l'abrégé de ce mot.

INITIALER, INITIALISER pour **PARAPHER**
Les verbes *initialer* et *initialiser* sont d'emploi fautif quand on veut dire PARAPHER, qui s'écrit aussi PARAFER. Ce dernier verbe signifie marquer, signer d'un paraphe, c'est-à-dire d'une signature abrégée, souvent réduite aux initiales. Ex. : Les représentants des négociateurs ont PARAPHÉ l'entente ce matin. Le verbe INITIALER, devenu rare, s'employait au sens de « marquer de ses initiales ». On devait « INITIALER ses vêtements » avant de les envoyer au lavage.
Quant à INITIALISER, son usage est limité au langage de l'informatique. Ex. : INITIALISER une disquette. Mais on dit plutôt FORMATER, qui a le même sens.

INITIER
Initier est un anglicisme quand on l'emploie au sens d'entreprendre, d'instaurer, d'être à l'origine de. Il est incorrect par ⇨

exemple de dire qu'une certaine usine a *initié* une nouvelle méthode de production. Il faut dire plutôt qu'elle a INSTAURÉ une nouvelle méthode, ou qu'elle a PRIS L'INITIATIVE d'une nouvelle méthode. Autre usage à éviter : *initier* une bataille, des troubles, la chicane. On dira plutôt : ÊTRE À L'ORIGINE d'une bataille, FOMENTER des troubles, etc. Par contre, INITIER est correct au sens de « enseigner les rudiments d'un art, d'une discipline ». Ex. : Pourriez-vous m'INITIER au golf, ou encore à la peinture à l'huile? On dit correctement, aussi, INITIER quelqu'un dans un groupe religieux ou une société secrète. Ex. : Il voudrait être INITIÉ dans les Chevaliers de Colomb. Les mêmes usages sont valables pour le nom INITIATION.

INJURE (POUR AJOUTER L'INSULTE À L') Voir **Insulte**

INSCRIRE et **ENREGISTRER**
Le verbe INSCRIRE, ou S'INSCRIRE, s'emploie en parlant des personnes. Ex. : S'INSCRIRE en médecine à l'université, ou encore INSCRIRE un enfant à l'école.
Le verbe ENREGISTRER s'emploie en parlant des choses : ENREGISTRER ses bagages une heure avant le départ. Le médecin a ENREGISTRÉ les pulsations de son cœur. L'émission est ENREGISTRÉE.

INSTITUTEUR, ENSEIGNANT, PROFESSEUR Voir **Professeur**

INSULTE (POUR AJOUTER L'~ À L'INJURE)
L'expression *pour ajouter l'insulte à l'injure* est une traduction littérale de l'anglais et to add insult to injury. Elle n'est pas reconnue en français. Harrap's donne comme équivalent : ET COMME SI CELA NE SUFFISAIT PAS... Dans certains cas, on peut remplacer cette expression par une autre dont le sens se rapproche : ET POUR COMBLE DE MALHEUR...

INTERMISSION pour **ENTRACTE**
Le mot *intermission*, au sens de ENTRACTE, est un anglicisme à éviter. Ex. : Il y aura un ENTRACTE de 15 minutes.

INTERVENANT
Un INTERVENANT, une INTERVENANTE, est une personne qui intervient au cours d'un débat, d'une assemblée délibérante. C'est le seul sens correct du mot INTERVENANT. Or, depuis quelques années, on donne à ce mot, au Québec, un grand nombre de sens qu'il n'a pas. INTERVENANT est devenu un mot universel pour tous ceux qui se demandent quel mot employer. Ainsi, on parle d'*intervenants* dans les hôpitaux, dans les CLSC, les

maisons d'enseignement, dans la police, dans les ministères, etc. On emploie INTERVENANT pour dire : un employé d'hôpital (sans précision), un travailleur social, un représentant gouvernemental, une personne dont on ignore la fonction, bref, pour dire monsieur ou madame n'importe qui. Parfois, enfin, on emploie INTERVENANT dans son sens véritable : une personne qui intervient dans un débat.

INTERVIEW   Voir **Entrevue**

INUIT
Le mot INUIT remplace de plus en plus le mot ESQUIMAU. C'est la recommandation officielle de l'OQLF et l'usage général du gouvernement du Québec. INUIT est un nom et un adjectif, variable en genre et en nombre. On écrit : les INUITS, les INUITES, les maisons INUITES, etc. Quant au mot INUKTITUT, employé au sens de LANGUE INUITE, il est superflu. En effet, nous disons la langue crie, la langue espagnole, la langue japonaise, etc. Pourquoi faudrait-il dire en inuit le nom de la langue inuite? Les Inuits parlent la langue inuite et les Cris parlent la langue crie.

INVENTAIRE, STOCK, STOCKER
Le mot INVENTAIRE désigne l'opération qui consiste à faire le relevé de toutes les marchandises d'un magasin, d'une entreprise, ou encore la revue des biens d'une personne décédée en vue de sa succession. L'ensemble des marchandises d'un commerce s'appelle STOCK, mot francisé depuis plus de cent ans tout comme le verbe STOCKER, qui signifie accumuler des biens, des marchandises. Par conséquent, il est incorrect de dire, par exemple : Nous avons douze de ces appareils *en inventaire*. Il faut dire plutôt : Nous avons douze de ces appareils EN STOCK.

INVESTITURE (ASSEMBLÉE D')   Voir **Congrès d'investiture**

IRAK, IRAN, LIBAN, etc. (genre)   Voir **Genre des pays**

IRE
Le mot IRE est un archaïsme qui signifie COLÈRE. Il est bon de connaître quand même le mot IRE, tout comme les archaïsmes JOUXTER, NONOBSTANT, etc. Voir **Jouxter** ainsi que ***Nonobstant***.

IRRÉCONCILIABLE et INCONCILIABLE   Voir **Inconciliable**

IRRUPTION et ÉRUPTION
FAIRE IRRUPTION, c'est entrer brusquement dans une pièce, dans un territoire. FAIRE ÉRUPTION signifie : entrer en activité, ⇨

en parlant d'un volcan. En anglais, dans ces deux cas, on dit to erupt. Ce double sens du verbe anglais entraîne parfois des confusions en français. Il importe donc de faire la distinction entre FAIRE IRRUPTION et FAIRE ÉRUPTION.

ISME (finales en)
Nos amis les Français ne sont pas toujours de bons modèles en matière de langage. Ainsi, la plupart d'entre eux prononcent mal les mots se terminant en ISME. Ils prononcent pour la plupart *izme*, contrairement à ce qu'indiquent les dictionnaires français et les ouvrages de prononciation. Il faut résister à cette déformation et continuer de prononcer SOCIALISME (isme), AUTISME (isme), etc. Il en va de même pour les mots ISRAËL et ISRAÉLIEN, dans lesquels le S doit se prononcer S et non pas Z.

ISOLATION et ISOLEMENT
Il faut éviter de confondre ces deux mots. On fait l'ISOLATION d'une maison avec de la laine ISOLANTE. Mais on souffre d'ISOLEMENT si l'on vit seul dans une île ISOLÉE.

ITEM et IDEM
ITEM et IDEM signifient principalement DE MÊME, et servent à éviter les répétitions dans les listes, les comptes, etc. Il faut l'éviter dans plusieurs cas où il constitue un anglicisme. Ainsi, dans une commande, un contrat, un catalogue, il faut dire plutôt ARTICLE. Un ARTICLE (et non un *item*) a été oublié dans cette commande. Dans un ordre du jour, on peut dire également ARTICLE, mais aussi : POINT, QUESTION, SUJET. Enfin, dans un contrat on peut utiliser, pour remplacer l'anglicisme *item*, les mots RUBRIQUE, ARTICLE, ÉLÉMENT.

ITINÉRANT
ITINÉRANT, ITINÉRANTE, nom et adjectif, se disent en parlant des personnes qui voyagent pour le compte de leur employeur. Ces personnes sont généralement bien rémunérées; elles n'ont pas à mendier. Une compagnie d'aviation a des travailleurs ITINÉRANTS et des SÉDENTAIRES (ceux qui restent au sol). On peut dire : un ambassadeur ITINÉRANT, un vendeur ITINÉRANT. Mais le mot *itinérant*, *itinérante*, au sens de SANS-LOGIS, CLOCHARD, VAGABOND, MENDIANT, est une impropriété, qui se remplace par ces derniers mots.
SANS-ABRI est synonyme de sans logis, mais il s'emploie surtout pour les victimes de sinistres.

IVRESSOMÈTRE Voir **Alcootest**

J

JACUZZI Voir *Bain-tourbillon*

JADIS et NAGUÈRE Voir **Naguère**

JAQUETTE
En français général, une JAQUETTE est un vêtement masculin de cérémonie, à pans ouverts, et descendant jusqu'aux genoux. Il n'y a que chez nous que le mot JAQUETTE est utilisé au sens de CHEMISE DE NUIT. Il serait sûrement souhaitable de changer notre «jaquette» pour une CHEMISE DE NUIT. JAQUETTE s'emploie aussi pour désigner la couverture amovible, en papier, qui enveloppe un livre pour le protéger.

JASER
JASER n'est pas un simple synonyme de parler. Ce verbe signifie BAVARDER, BABILLER, PARLER À TORT ET À TRAVERS. JASER, selon Robert, peut également signifier : médire, faire des commentaires plus ou moins désobligeants ou médisants. Par conséquent, au lieu de dire : «J'ai rencontré mon vieux copain Jean-Pierre, nous avons *jasé* pendant une heure», il vaudrait mieux dire «nous avons CAUSÉ ou BAVARDÉ... »

JEAN et DENIM Voir **Denim**

JET, AVION À RÉACTION, *RÉACTÉ* Voir *Réacté*

JETÉE et QUAI
Les constructions qui s'avancent dans l'eau et servent à faire accoster les navires ou à protéger l'entrée des ports sont des JETÉES; mais dans l'usage québécois, on les appelle QUAIS. En fait, un QUAI est une construction parallèle à la rive, comme les QUAIS de Québec ou ceux de la Seine, à Paris. Dans le Bas-Saint-Laurent, presque chaque village possède sa JETÉE (son QUAI, dans la langue québécoise).

JETER L'ÉPONGE et non *JETER LA SERVIETTE*
L'expression française est JETER L'ÉPONGE, mais, sous l'influence de l'anglais, nous disons aussi chez nous *jeter la serviette* pour traduire l'expression to throw in the towel. Il est donc préférable de dire JETER L'ÉPONGE pour signifier : abandonner la partie, s'avouer vaincu, déclarer forfait.

JEUX ÉLECTRONIQUES et non *ARCADE*
Le mot ARCADE, en français, est un terme d'architecture pour désigner une ouverture en ARC. Si l'on veut parler d'une salle où sont installées de nombreuses machines de jeux électroniques, on peut dire tout simplement : SALLE DE JEUX ÉLECTRONIQUES. Au lieu de dire qu'un adolescent passe des heures dans les *arcades*, on peut dire tout simplement qu'il passe des heures aux JEUX ÉLECTRONIQUES.

JINGLE
L'emprunt à l'anglais jingle est de plus en plus courant, tant chez nous que dans le reste de la francophonie, pour désigner un court motif sonore servant à introduire une émission ou une annonce publicitaire. Le mot SONAL a été proposé en France, et par l'OQLF, au Québec, mais il demeure apparemment inconnu dans le monde des communications. Pour le moment, JINGLE semble un terme acceptable. Voir *Thème (musical)*

JOGGING, JOGGEUR, JOGGEUSE, JOGGER
Ces mots sont entrés haut la main dans la langue française et y sont implantés aussi solidement que BEST-SELLER. Ils figurent dans tous les dictionnaires français.

JOINDRE, SE JOINDRE, REJOINDRE
Ces verbes ont des sens qu'il faut éviter de confondre. Ainsi, JOINDRE est synonyme d'atteindre. On dit correctement : JOINDRE ou ATTEINDRE quelqu'un au téléphone. JOINDRE signifie aussi : mettre ensemble, assembler, unir. Ex. : JOINDRE les deux bouts; ou encore : Il nous faut JOINDRE nos efforts.
SE JOINDRE signifie se réunir, s'unir. Ex. : SE JOINDRE à la foule. JOIGNEZ-VOUS à nous! Ou encore : Ma femme SE JOINT à moi pour vous transmettre nos meilleurs vœux.
REJOINDRE signifie joindre de nouveau, aller retrouver. Ex. : Je dois aller REJOINDRE mes enfants. REJOINDRE signifie également atteindre quelqu'un qui a de l'avance. Ex. : La cycliste Diane Sauvé essaie de REJOINDRE le peloton de tête.
Il faut éviter de dire : *joindre un groupe, un parti, l'armée*. On corrige en disant : SE JOINDRE À UN GROUPE, ou REJOINDRE UN GROUPE; REJOINDRE UN PARTI, ou Y ADHÉRER. Ex. : Trois

députés du Parti vert ont décidé de REJOINDRE LES BLEUS. Au lieu de *joindre l'armée* (to join the army), on dit : S'ENRÔLER DANS UNE ARMÉE, UN PARTI, ETC.

JOINT VENTURE
Le terme anglais <u>joint venture</u> a un équivalent français qui est COENTREPRISE. Il s'agit d'une association d'entreprises créée pour réaliser un projet commun. Ainsi, dans le commerce international, il arrive que des industriels, des commerçants, concluent des accords en commun. Ce sont des COENTREPRISES. Les entrepreneurs ainsi associés peuvent s'appeler COENTREPRE-NEURS. Notons que COENTREPRISE est un terme recommandé en France comme au Québec.

JOKE
On peut très bien éviter le mot anglais <u>joke</u>. On rira autant d'une PLAISANTERIE, ou d'une BLAGUE.

JOUR (À CE), terme correct   VOIR *Date (à)*

JOUR (METTRE À JOUR et METTRE AU JOUR)
Les expressions METTRE À JOUR et METTRE AU JOUR ont des sens complètement différents.
METTRE À JOUR, c'est ajouter à un document les plus récents renseignements. On peut METTRE un dictionnaire À JOUR, et aussi faire METTRE son livret de banque À JOUR. On peut dire aussi ÊTRE À JOUR dans son travail.
Quant à l'expression METTRE AU JOUR, elle signifie faire sortir au grand jour ce qui était caché. Des archéologues METTENT AU JOUR des objets enfouis depuis des siècles. Les policiers peuvent METTRE AU JOUR un réseau de trafiquants de drogues, etc. Ces indications valent aussi pour MISE À JOUR et MISE AU JOUR.

JOURNÉE LONGUE (À LA)   VOIR *Année longue (à l')*

JOUTE, MATCH, PARTIE
Il faut dire un MATCH de hockey, de baseball, de soccer. MATCH se dit pour les sports d'équipe. Il faut éviter de dire *partie de hockey*, *partie de baseball*, etc. MATCH s'emploie aussi en parlant des affrontements entre deux opposants ; par exemple, on dit : MATCH de tennis, MATCH de boxe et MATCH d'échecs.
JOUTE s'emploie généralement à propos des épreuves opposant deux adversaires. Il y avait au Moyen Âge des JOUTES à cheval, où deux cavaliers s'affrontaient à la lance. Plus récentes, il y a les JOUTES sur l'eau où deux opposants s'affrontent avec des perches.

Quant au mot PARTIE, il s'emploie pour les PARTIES de chasse, les PARTIES d'échecs ou de cartes, les PARTIES de plaisir, etc.

JOUXTER
Le verbe JOUXTER est un archaïsme qui signifie : AVOISINER, SE TROUVER PRÈS DE. On disait par exemple : Le presbytère JOUXTE le bureau de poste. De nos jours, pour ne pas avoir l'air pédant, et être clair, on dit plutôt : Le presbytère SE TROUVE À CÔTÉ du bureau de poste, ou AVOISINE le bureau de poste.

JUIN (prononciation)
JUIN se prononce correctement ju-in. La prononciation *ju-un* est régionale et à éviter.

JUMBO, JUMBO JET
Le mot *jumbo*, emprunté à l'anglais, est à éviter en français. On peut dire : GRAND FORMAT. Ex. : Une bouteille GRAND FORMAT. Quant à *jumbo jet*, il sert à désigner les plus gros avions, que l'on appelle en français : GROS PORTEURS. Ex. : Les GROS PORTEURS peuvent transporter de 300 à 600 voyageurs.

JUNIOR pour FILS
Alors que les Américains disent par exemple : John Kennedy JUNIOR, on emploie FILS, en français. On dit Maurice Richard, FILS, tout comme on dit Alexandre Dumas, FILS. L'emploi de *junior*, en pareil cas, est à éviter.

JUNK FOOD
Le terme anglais junk food désigne la nourriture populaire de piètre valeur nutritive. Le terme est né aux États-Unis où ce genre de nourriture est dénoncé par les autorités compétentes. Les équivalents français proposés pour junk food sont : CAMELOTE ALIMENTAIRE et ALIMENT VIDE.

JURIDICTION et COMPÉTENCE
Il faut éviter de confondre les mots JURIDICTION et COMPÉTENCE. Le mot JURIDICTION a une portée strictement judiciaire, c'est-à-dire qu'il concerne les tribunaux. La JURIDICTION, c'est **le pouvoir de juger**; c'est aussi le territoire où un juge exerce son pouvoir. C'est pourquoi un maire, un ministre et aussi un gouvernement ne sauraient parler de leur *juridiction*. Ces autorités n'ont pas de *juridiction*, elles ont une COMPÉTENCE, des COMPÉTENCES. Les gouvernements, donc, ont des COMPÉTENCES, c'est-à-dire des **domaines où s'exerce leur autorité**. Ainsi, l'éducation et la santé sont, au Canada, de COMPÉTENCE PROVINCIALE. Les affaires étrangères, le Code criminel, la navigation en

mer sont de COMPÉTENCE FÉDÉRALE. En anglais, par contre, et c'est de là que vient parfois notre confusion, le mot jurisdiction équivaut au terme français COMPÉTENCE. C'est pourquoi on dit correctement, en anglais : Health and Education come within the jurisdiction of the provinces.

JURIDIQUE, JUDICIAIRE, LÉGAL
Voici les distinctions qu'il faut faire entre ces termes qui sont parfois confondus.
JURIDIQUE signifie « qui concerne le droit, la justice » : conseiller JURIDIQUE, carrière JURIDIQUE, secrétaire JURIDIQUE, aide JURIDIQUE.
JUDICIAIRE signifie « qui se fait en justice, devant les tribunaux » : poursuite JUDICIAIRE, action JUDICIAIRE. JUDICIAIRE signifie aussi « qui relève de la justice, qui concerne la justice et son administration » : l'autorité JUDICIAIRE, la police JUDICIAIRE, un casier JUDICIAIRE.
LÉGAL signifie « qui est conforme à la loi » : transaction LÉGALE, mesure LÉGALE. LÉGAL signifie aussi « qui résulte de la loi » : dispositions LÉGALES. En parlant des personnes, LÉGAL signifie « désigné par la loi » : le tuteur LÉGAL de ces orphelins.

JUSQU'À DATE, À DATE   Voir *Date (à)*

JUSTIFIÉ (ÊTRE ~ DE)
L'expression *être justifié de* faire telle chose est un calque de to be justified in. On peut la remplacer par ÊTRE EN DROIT DE, AVOIR RAISON DE, ou encore ÊTRE AUTORISÉ À. Ainsi, au lieu de dire « Je *suis justifié de* refuser ce travail », on dira correctement « Je SUIS EN DROIT DE refuser ce travail ».

KILOMÈTRES À L'HEURE
Est-il préférable de dire des KILOMÈTRES-HEURE ou bien des KILOMÈTRES À L'HEURE? Les deux sont corrects, quoique KILOMÈTRES À L'HEURE appartienne plutôt à la langue soutenue, et il est semblable à MILLES À L'HEURE, auquel nous avons été habitués. KILOMÈTRES-HEURE est cependant le terme le plus courant de nos jours. L'abréviation est **km/h**.

KILO
Le terme abrégé KILO signifie KILOGRAMME. Jamais, dans l'usage français, il ne sert à exprimer le mot « kilomètre ». Ex. : Ce jeune homme pèse 70 KILOS; il conduit souvent sa voiture à 125 kilomètres à l'heure (km/h). Alors que KILO s'emploie en parlant, l'abrégé **kg** ne sert que dans l'écrit.

KIOSQUE et STAND
Il faut faire la distinction entre ces deux mots. On dit des KIOSQUES à musique, des KIOSQUES à journaux, des KIOSQUES à fleurs, etc. Si l'on veut parler de l'espace réservé à un exposant, dans une exposition, c'est STAND qu'il faut dire. Le mot STAND, qu'il faut prononcer à la française, c'est-à-dire rimant avec bande, est utilisé en français depuis 1883, selon Robert. On dira par exemple : le STAND d'Hydro-Québec à Expo-Québec, le STAND des Éditions La Presse au Salon du livre, etc.

KIT
Il vaut mieux éviter le mot *kit*, emprunt injustifiable à l'anglais. On le remplace par ENSEMBLE, TROUSSE, NÉCESSAIRE, DOSSIER, etc. Ex. : NÉCESSAIRE de toilette, TROUSSE de premiers soins, TROUSSE de réparation, DOSSIER de presse (press kit), etc.

KNOCK-OUT et ROUND Voir **Round**

KRACH
Un KRACH (mot d'origine allemande qu'il faut prononcer krak) est l'effondrement des valeurs à la Bourse. Il faut éviter de dire krach *boursier*, puisque le mot krach ne s'emploie qu'à propos de la Bourse. C'est l'usage en français de prononcer le groupe allemand «ch» comme un K. Il suffit de penser à Bach. Voir *Crash* pour **Écrasement d'avion**

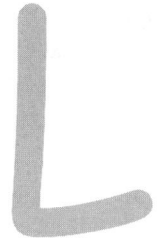

L' (superflu)
Certains ont l'habitude d'introduire un *l'* tout à fait superflu, entre deux voyelles, dans un but évident de se faciliter la prononciation en évitant un hiatus. On entend par exemple : *Ça l'a été* une belle soirée! Cet usage est fautif. Il faut dire : ÇA A ÉTÉ, ou Ç'A ÉTÉ, une belle soirée. Parfois aussi, on introduit un *t* superflu, comme dans la phrase suivante : *Ça va t'être* très amusant. Il importe donc d'éviter la lettre superflue et de dire : ÇA VA ÊTRE très amusant.

LAINE D'ACIER
L'expression *laine d'acier* est une traduction littérale de steel wool. En français général, on dit PAILLE DE FER. Mais si vous allez en acheter, dans notre pays, vous aurez plus de chance d'être compris en disant « *laine d'acier* ».

LAISSER SAVOIR pour **FAIRE SAVOIR**
La locution verbale *laisser savoir* est calquée sur l'anglais to let know. L'équivalent correct en français est FAIRE SAVOIR. Si vous y allez, FAITES-LE-MOI SAVOIR, et non pas *laissez-le-moi savoir*. Autre exemple : Le ministre A FAIT SAVOIR (ou A ANNONCÉ) QUE...

LAISSEZ-MOI VOUS DIRE...
Voilà un anglicisme qu'il est facile et recommandable d'éviter. Les Anglais disent souvent : Let me tell you... En français, plutôt que d'employer le calque *Laissez-moi vous dire...* on peut dire selon qu'il nous plaît : JE VOUS ASSURE QUE... ÉCOUTEZ... SOYEZ ASSURÉ QUE... JE DOIS VOUS DIRE QUE... etc.

LANCE, BOYAU, TUYAU Voir **Tuyau**

LANDAU et **CARROSSE** Voir **Carrosse**

LARGE (AU)
On entend couramment : « Les deux évadés sont encore *au large*. » Cela veut dire, en réalité, que ces deux évadés sont en mer, loin de la rive. En anglais, on dit correctement : The two escapees are still at large. En français correct, on a le choix de dire : Les deux évadés sont toujours EN FUITE ou EN LIBERTÉ. L'expression EN CAVALE, dans le même sens, vient de l'argot, mais elle est d'usage courant en France; on l'emploie dans les médias.

LAVEUSE pour MACHINE À LAVER
Une LAVEUSE est une femme qui fait le lavage, c'est le féminin de LAVEUR. Pour désigner la machine qui sert à laver le linge, il faut dire MACHINE À LAVER. On dit aussi LAVE-LINGE en français général. Quant au mot LESSIVEUSE, il est devenu désuet en français général, mais il est encore courant chez nous.

LECTORAT
Le LECTORAT d'une publication, c'est l'ensemble de ses lecteurs. On dit en anglais readership. Ex. : Ce quotidien tente par tous les moyens d'augmenter son LECTORAT.

LÉGAL, JURIDIQUE, JUDICIAIRE   Voir **Juridique**

LÉGENDE, LÉGENDER   Voir *Bas de vignette*

LENTEMENT et TRANQUILLEMENT   Voir **Tranquillement**

LESSIVEUSE   Voir *Laveuse* pour **Machine à laver**

LEVÉE DE FONDS
L'expression *levée de fonds* est un calque de l'anglais fund raising campaign. On peut éviter cet anglicisme en disant : CAMPAGNE DE FINANCEMENT ou CAMPAGNE DE SOUSCRIPTION. On dit qu'un parti politique ou un organisme sans but lucratif organise une CAMPAGNE DE FINANCEMENT, ou une CAMPAGNE DE SOUSCRIPTION, ou simplement une SOUSCRIPTION. On peut employer le mot COLLECTE quand il s'agit de recueillir des fonds, ou des dons pour une œuvre de charité. Dans une assemblée politique, ou autre, on peut aussi faire une COLLECTE.
Quant à l'expression *leveur de fonds*, du même acabit que *levée de fonds*, on peut la remplacer par AGENT DE FINANCEMENT ou DIRECTEUR DE CAMPAGNE DE FINANCEMENT.

LEVÉE DE LA PREMIÈRE PELLETÉE DE TERRE
Selon le Grand Dictionnaire de l'OQLF, on peut dire : LEVÉE DE LA PREMIÈRE PELLETÉE DE TERRE, CÉRÉMONIE DE LA PREMIÈRE

PELLETÉE DE TERRE, ou CÉRÉMONIE D'INAUGURATION DES TRAVAUX.

LIAISONS (nécessaires et abusives)
En français moderne, les liaisons sont moins fréquentes qu'autrefois. Certains abusent de cette tendance et décident de ne plus faire de liaisons. Ils exagèrent. La phrase suivante sans liaison ne serait pas française : LES ENFANTS DES ÎLES SONT ARRIVÉS. Si on a « l'oreille française », on peut se passer des règles compliquées des liaisons. Ainsi, dans LES ARMES À FEU, on ne fera la liaison qu'après LES. Il en va de même dans : LES INGÉNIEURS ALLEMANDS.
La liaison est obligatoire après les nombres : QUATRE-VINGTS IMMEUBLES, DEUX CENTS ÉCOLIERS. Mais attention, le nombre MILLE est invariable. Donc pas de liaison dans DEUX MILLE OUVRIERS.
Cas exceptionnels : La liaison de D se fait en T. Ex. : Un GRAND HOMME (tomme). La liaison de G se fait en K. Ex. : Le LONG HIVER (kiver), un LONG ENTRETIEN (kentretien).

LIBELLE et DIFFAMATION
On entend dire parfois qu'une personne est accusée de *libelle*. Or, un LIBELLE n'est pas un **délit** mais un **écrit** de caractère satirique, injurieux ou diffamatoire. Ce n'est que lorsqu'une personne écrit un LIBELLE DIFFAMATOIRE qu'elle se rend coupable de DIFFAMATION, c'est-à-dire d'atteinte à la réputation ou à l'honneur d'autrui. Ex. : Ce LIBELLE lui a valu une accusation de DIFFAMATION. La difficulté nous vient du fait que le mot anglais libel désigne à la fois la diffamation et l'écrit ou les paroles diffamatoires.

LIBÉRATION CONDITIONNELLE et LIBERTÉ CONDITIONNELLE
Nous confondons parfois les termes LIBÉRATION CONDITIONNELLE et LIBERTÉ CONDITIONNELLE. Ainsi, on affirme qu'un criminel était en *libération conditionnelle* au moment de commettre un nouveau crime. En fait, l'individu en question était en LIBERTÉ CONDITIONNELLE parce que la LIBÉRATION, c'est la remise en liberté, c'est le passage de la détention au monde libre. La LIBÉRATION n'est pas un état. Nous vivons en LIBERTÉ et non pas en *libération*.

LIBÉRER et LIBÉRALISER
Il importe de faire la distinction entre LIBÉRER les prix, le marché, et LIBÉRALISER les prix, le marché.
LIBÉRER les prix, le marché, c'est en supprimer tout contrôle par l'État. Ainsi, après le démantèlement de l'URSS, Moscou a libéré ⇨

les prix, le commerce. Ce fut la LIBÉRATION des prix et l'abolition du contrôle sur le commerce.
LIBÉRALISER les prix, le marché, c'est donner plus de liberté au commerce, c'est réduire l'intervention de l'État dans le commerce. La LIBÉRALISATION des prix, du commerce, c'est l'adoption d'une politique plus libérale en cette matière.

LICE (EN) et EN LISTE
Une LISTE est une suite de choses, de noms. On fait une LISTE d'articles d'épicerie. On place le nom de quelqu'un sur une LISTE D'ATTENTE. On dit METTRE EN LISTE, SUR UNE LISTE. Vous êtes le prochain EN LISTE.
Par contre, EN LICE, ENTRER EN LICE, signifie : DANS LA COMPÉTITION. On dit les candidats EN LICE pour une épreuve sportive, une compétition littéraire ou autre. Trente athlètes sont EN LICE dans cette épreuve. Elle est EN LICE dans un concours littéraire.

LICENCE, PLAQUE, IMMATRICULATION
Ni les voitures ni leurs conducteurs n'ont de *licences* pour circuler. Un automobiliste doit avoir un PERMIS DE CONDUIRE et un CERTIFICAT D'IMMATRICULATION pour le véhicule qu'il conduit. Le véhicule doit porter une PLAQUE D'IMMATRICULATION, et non une *licence*. En France, on dit aussi des PLAQUES MINÉRALOGIQUES (les véhicules en ont deux), parce qu'au début c'était le Service de la minéralogie qui délivrait les plaques.

LIFEGUARD
La personne qui assure l'ordre et la sécurité sur les plages, dans les piscines et autres lieux de baignade, peut être un SURVEILLANT, une SURVEILLANTE de plage, ou de piscine, ou de baignade. Ceux et celles qui enseignent la natation et les techniques de sauvetage et de réanimation sont des MONITEURS, MONITRICES, de piscine, de plage, etc. Le terme équivalent en France est MAÎTRE NAGEUR, MAÎTRE NAGEUSE ; mais chez nous ce terme est plutôt attribué aux experts en natation, à ceux qui s'entraînent régulièrement, et qui souvent se préparent à des compétitions.

LIFT (DONNER UN)
Le mot anglais lift, comme nous l'employons dans l'expression *donner un lift* à quelqu'un, n'a pas d'équivalent en français correct; il faut contourner la difficulté avec d'autres tournures qui varient selon le cas. Ex. : Puis-je vous conduire? Elle l'a fait monter dans sa voiture. Pourriez-vous me ramener? Puis-je vous raccompagner en ville? Puis-je vous déposer quelque part? Jean-Pierre a sa voiture, il va vous reconduire.

LIFT (équivalents français)
Le mot anglais lift que nous employons dans plusieurs sens peut être remplacé par des termes français et plus précis.
MONTE-CHARGE : appareil servant à monter les choses d'un étage à l'autre.
MONTE-PENTE (ou REMONTE-PENTE) : à l'usage des skieurs.
PONT ÉLÉVATEUR : permet d'élever les véhicules pour le travail dans les garages.
CHARIOT ÉLÉVATEUR : petit véhicule servant au déplacement des marchandises dans les entrepôts.

LIFTING
L'anglicisme LIFTING est le terme courant dans la francophonie pour désigner le traitement, généralement chirurgical, qui a pour but d'éliminer les rides du visage. C'est une adaptation du terme anglais face-lifting. Les équivalents recommandés en français pour ce traitement chirurgical, sont : RIDECTOMIE, LISSAGE, DÉRIDAGE et REMODELAGE DU VISAGE. En anglais, le mot lifting a un tout autre sens ; il désigne le levage d'un véhicule pour le réparer. Lifting ramp est le terme anglais pour PONT ÉLÉVATEUR.

LIGNE au sens de **SPÉCIALITÉ**
Ligne, au sens de SPÉCIALITÉ, DOMAINE, est un calque de line. Au lieu de dire « Nous ne travaillons pas dans la même *ligne* », on dira correctement « Nous ne travaillons pas dans le même DOMAINE » ou « Nous n'avons pas la même SPÉCIALITÉ ».

LIGNE (en téléphonie) usages fautifs
Le mot *ligne* est l'objet de plusieurs emplois incorrects dans notre langage. Voyons un peu.
Être sur la ligne (être en communication téléphonique) doit se dire plutôt ÊTRE EN LIGNE. Sur le plan technique, on peut dire cependant SUR LA LIGNE. Ex. : Il y a du bruit SUR LA LIGNE.
Gardez la ligne! : il faut dire plutôt RESTEZ EN LIGNE! ou NE QUITTEZ PAS!
Ouvrir la ligne, fermer la ligne : on dira plutôt DÉCROCHER et RACCROCHER.
On a coupé la ligne : on dira plutôt ON A COUPÉ LA COMMUNICATION.
Parmi les autres expressions correctes, on peut dire : LA LIGNE EST OCCUPÉE et LA LIGNE EST EN DÉRANGEMENT.

LIGNE DE MONTAGE pour **CHAÎNE DE MONTAGE**
En parlant de travail dans les usines, on dit correctement CHAÎNE DE MONTAGE ou CHAÎNE D'ASSEMBLAGE, mais il faut ⇨

éviter les termes *ligne de montage* et *ligne d'assemblage*, qui sont calqués sur l'anglais <u>assembly line</u>.

LIGNE DE PIQUETAGE pour **PIQUET DE GRÈVE**
Nos médias remplacent de plus en plus l'anglicisme *ligne de piquetage* par PIQUET DE GRÈVE qui est le terme correct. Il faut éviter cependant de dire : *sur les piquets de grève* et dire plutôt AUX PIQUETS DE GRÈVE. Ex. : La police a dû intervenir pour calmer les syndiqués AUX PIQUETS DE GRÈVE. Voir aussi **Piqueter**, **Piquetage**

LIGNE OUVERTE pour **TRIBUNE TÉLÉPHONIQUE**
Ce calque de l'anglais <u>open line</u> peut être remplacé par TRIBUNE TÉLÉPHONIQUE. En France, on dit plutôt TRIBUNE RADIOPHONIQUE, mais TRIBUNE TÉLÉPHONIQUE a l'avantage d'être valable en télévision aussi bien qu'en radio.

LIGNES pour **FRONTIÈRE**
Cette confusion est devenue assez rare, mais il est bon de rappeler que le mot *lignes* au sens de FRONTIÈRE est un anglicisme. Ainsi, au lieu de dire qu'un contrebandier a réussi à franchir les *lignes* en forêt, on dira qu'il a réussi à franchir la FRONTIÈRE en forêt.

LIGNES (électricité, communications)
On appelle LIGNES DE TRANSPORT, ou LIGNES À HAUTE TENSION, les lignes électriques qui transportent le courant depuis les centrales de production jusqu'aux régions de consommation. De là, ce sont des LIGNES DE DISTRIBUTION qui acheminent l'électricité jusqu'aux abonnés. Pour ce qui est des LIGNES DE TRANSMISSION, ce sont celles qui servent aux communications, téléphoniques ou autres. Par exemple, les lignes d'Hydro-Québec portées sur pylônes ne sont pas des lignes de transmission, mais des LIGNES DE TRANSPORT, ou LIGNES À HAUTE TENSION.

LINGE et **VÊTEMENT**
Le LINGE comprend les sous-vêtements et tous les objets de tissu servant dans la maison. Il faut donc éviter de dire qu'une personne a mis *son plus beau linge*. En général, on ne voit pas le linge d'une personne. Il faut surtout éviter de dire à un homme que sa femme porte *du beau linge*! Dans la maison, il y a le LINGE de lit, le LINGE de salle de bains, etc. Pour ce qui est des VÊTEMENTS, on ne s'y trompe pas, c'est tout ce que l'on porte en société, pour l'intérieur et l'extérieur.

LINOLÉUM (terme correct)   Voir ***Prélart***

LIQUEURS DOUCES pour **BOISSONS GAZEUSES**
L'expression *liqueurs douces* est un calque de <u>soft drinks</u>. Le terme français est BOISSONS GAZEUSES; on dit aussi SODAS en France. Donc, les boissons populaires : coke, pepsi, 7up, sont des BOISSONS GAZEUSES. Le mot LIQUEUR désigne les boissons alcoolisées, souvent sucrées, qui servent d'apéritifs ou de digestifs. La crème de menthe, la bénédictine, la chartreuse, sont des LIQUEURS.

LIQUIDATION   V<small>OIR</small> *Vente de trottoir*

LISTE et **LICE**   V<small>OIR</small> **Lice (en)**

LIT (hôpital)
Le mot LIT, dans le langage de l'hôpital, signifie davantage qu'un meuble pour coucher une personne. Il désigne, tant au Québec que dans la francophonie, **une place pour un malade dans un hôpital**. Ainsi, un hôpital de 500 lits en est un qui peut recevoir 500 malades. Et si l'on dit que, à cause d'un manque de personnel, un hôpital doit FERMER CENT LITS, cela signifie qu'il doit réduire de cent le nombre de malades qu'il peut accueillir en chambre.

LITTÉRATURE
Le mot français LITTÉRATURE n'a pas la même portée que l'anglais <u>literature</u>, ce qui entraîne certaines confusions. En français, LITTÉRATURE désigne l'ensemble des œuvres des écrivains, dramaturges, poètes, etc. Il s'emploie, en plus, en parlant de l'ensemble des écrits qui traitent d'un sujet donné. Ex. : Pour préparer son allocution, le spécialiste a revu toute la LITTÉRATURE sur le sida. En musique, LITTÉRATURE désigne l'ensemble des œuvres écrites pour un instrument. En anglais, le sens de <u>literature</u> s'étend, en plus, à toute la documentation, les brochures, les dépliants publicitaires, etc. Ainsi, en anglais, quelqu'un peut être accusé d'avoir diffusé de la <u>hate literature</u>, alors qu'en français, on ne dit pas de la *littérature haineuse*, mais plutôt de la PROPAGANDE HAINEUSE, ou encore des ÉCRITS HAINEUX.

LIVE (ÉMISSION)
Une émission *live* est une émission EN DIRECT, tout simplement. Même s'il figure dans Robert, l'anglicisme *live* est à éviter. Ex. : Ce reportage vous parvient EN DIRECT du parlement.

LIVING ROOM
LIVING ROOM est un terme dont nous n'avons pas vraiment besoin puisqu'il se traduit par SALLE DE SÉJOUR, qui a exactement le même sens. Le mot VIVOIR est également utilisé dans le même sens, mais il est d'un emploi régional et plutôt rare en français général.

LIVRER LA MARCHANDISE
L'expression *livrer la marchandise*, dans son sens figuré qui est celui de TENIR PAROLE, TENIR SES PROMESSES, RESPECTER SES ENGAGEMENTS, est superflu dans notre vocabulaire. Les Américains ont inventé l'expression figurée to deliver the goods, il n'y a pas de raison de la leur emprunter. Au lieu de dire « Voilà un homme qui *livre la marchandise* », il vaut mieux dire « Voilà un homme qui TIENT SES PROMESSES, ou qui RESPECTE SES ENGAGEMENTS ».

LOBBY au sens de GROUPE
Voilà un terme américain qui peut très bien se remplacer par GROUPE DE PRESSION. Si nous y tenons, nous pouvons l'employer comme synonyme. Nous pouvons aussi utiliser ses dérivés qui sont LOBBYING ou LOBBYISME. Ex. : Elle fait du LOBBYISME en faveur de la restriction de la vente des armes à feu.

LOBBY au sens de SALLE   Voir Hall

LOCAL (en téléphonie)
Le mot *local* se dit POSTE TÉLÉPHONIQUE en français. La plupart du temps le mot POSTE est suffisamment clair. Son POSTE est le 2244.

LOGER UNE PLAINTE, UN GRIEF, UNE ACCUSATION
Il faut éviter d'employer le verbe *loger* au sens de l'anglais to lodge. Ainsi, au lieu de dire *loger une plainte*, on dit DÉPOSER UNE PLAINTE ou PORTER PLAINTE. Au lieu de dire *loger un grief*, on dira plutôt DÉPOSER UN GRIEF, et au lieu de dire *loger une accusation*, on dira PORTER UNE ACCUSATION. Enfin, au téléphone, on évitera de dire *loger un appel*, qui se remplace par FAIRE UN APPEL, DEMANDER LA COMMUNICATION.

LOGO, SIGLE, ACRONYME
Un LOGO est un symbole, un dessin formé d'un ensemble de signes graphiques constituant une marque pour un organisme, une firme, un produit. Les banques, les chaînes de télévision, etc., ont leur LOGO qui les distingue en un coup d'œil. Un SIGLE est un groupe de lettres formé des initiales de plusieurs mots et qui constitue un terme unique. Ainsi, CSN, FTQ, sont les sigles

de centrales syndicales. PC, AFP, UPI, sont les sigles d'agences de presse, etc. Un ACRONYME est un nom propre ou un nom commun formé d'initiales ou de parties de mots. OTAN, NASA, radar, sida, cégep, etc.

LOI QUI A DES DENTS Voir **Dents *(avoir des)***

LONGUEUR D'ANNÉE (À) Voir ***Année longue (à l')***

LOOK
Le mot LOOK est entré dans la langue française et y semble installé pour de bon. Il ne faut cependant pas en abuser, c'est-à-dire s'en servir à tout propos. Les mots ALLURE, GENRE, ASPECT, APPARENCE et STYLE continuent d'avoir leur utilité et très souvent ils sont plus appropriés que le nouveau venu anglais. Ex. : Cette nouvelle coiffure lui donne une ALLURE plus moderne, plus jeune. Nous avons repeint notre maison pour lui donner une nouvelle APPARENCE.

LORSQUE, *QUAND* (servis à l'anglaise)   Voir ***Quand*, *Lorsque***

LOS ANGELES (prononciation)
La prononciation habituelle dans la francophonie est « LOSS-EN-JLÈSS ». La prononciation « *loss-en-jèl* », que certains emploient chez nous, est à éviter. En effet, si l'on prononce le S de LOS, il est plus logique de prononcer également celui de ANGELES.

LOUSSE et SLAQUE (LOOSE and SLACK)
Ces deux « jolis » synonymes de la langue québécoise donnent parfois du fil à retordre à ceux qui leur cherchent des équivalents français. En voici : DESSERRÉ, LÂCHE, DÉTENDU, MAL TENDU, MAL SERRÉ, MOU, MAL ATTACHÉ. Ex. : Cet écrou est DESSERRÉ. La courroie du ventilateur est LÂCHE, ou DÉTENDUE. Le ressort, ou l'élastique, est DÉTENDU. Le câble est MOU ou MAL TENDU; il A DU JEU. Tes lacets sont MAL ATTACHÉS.

LOW PROFILE
L'expression anglaise to keep a low profile se rend en français par AGIR AVEC DISCRÉTION, AVEC HUMILITÉ. Il faut éviter la traduction littérale *garder* ou *avoir un profil bas*. Il n'y a pas d'expression équivalente en français, mais on peut dire également : AGIR SANS CHERCHER LA PUBLICITÉ, SANS CHERCHER LA GLORIOLE, RESTER DANS L'OMBRE.

LUGE et TRAÎNEAU   Voir **Traîneau**

LUMIÈRE (usages fautifs)
Nous abusons sans répit du mot *lumière*. Voici des cas où nous devrions le remplacer.

Usages fautifs	Corrections
Traverser à une *lumière* rouge.	Traverser à UN FEU ROUGE. En voiture : Brûler UN FEU ROUGE.
Lumières de circulation.	FEUX DE CIRCULATION.
Laisser ses *grosses lumières* allumées.	Laisser ses PHARES ALLUMÉS.
Acheter des *lumières* de 60 W.	Acheter des AMPOULES DE 60 W.
Des *lumières* d'arbre de Noël.	Des AMPOULES d'arbre de Noël.
Les *petites lumières* du tableau de bord.	Les VOYANTS du tableau de bord.
Les *lumières* de la scène.	Les PROJECTEURS DE LA SCÈNE, ou les FEUX DE LA RAMPE.

En parlant des véhicules, le mot FEU se dit dans plusieurs cas au lieu de LUMIÈRE. Ainsi, on dit les FEUX DE POSITION, les FEUX DE RECUL ou FEUX DE MARCHE ARRIÈRE, les FEUX CLIGNOTANTS, etc. Et, à l'arrière d'une bicyclette, il y a généralement un RÉFLECTEUR ROUGE, ou un FEU ROUGE.

LUNES (IL Y A DES)
Peu employée en français général, IL Y A DES LUNES est une expression correcte. Elle signifie : il y a des lustres, il y a très longtemps, il y a une éternité. Ex. : IL Y A DES LUNES que nous nous sommes rencontrés.

LUTTE À FINIR
L'expression *lutte à finir* est un calque de fight to the finish. Les équivalents français ne manquent pas : LUTTE IMPLACABLE, LUTTE SANS MERCI, LUTTE JUSQU'AU BOUT. Au lieu de dire qu'une *lutte à finir* s'est engagée entre la police et la pègre, on dira que s'est engagée une LUTTE IMPLACABLE. Deux partis politiques se livrent parfois une LUTTE SANS MERCI dans une élection, et non pas une *lutte à finir*. Quant à l'expression plus rare *guerre à finir*, c'est un terme à rejeter pour le même motif que *lutte à finir*.

LUTTE CONTRE, GUERRE À
L'usage français veut que l'on dise UNE LUTTE CONTRE quelque chose ou quelqu'un, et non pas *une lutte à* quelque chose ou quelqu'un. Ex. : Le gouvernement a décidé de faire LA LUTTE CONTRE la prostitution. Dans la circonscription de Matane, un

socialiste fait LA LUTTE CONTRE le député sortant. L'autorité municipale s'est lancée dans LA LUTTE CONTRE les insectes piqueurs. Par contre, on dit FAIRE LA GUERRE À, ou CONTRE quelque chose ou quelqu'un.

LYNCHER, LYNCHAGE (prononciation)
Ces mots venus de l'anglais doivent se prononcer à la française. On dit LYNCHER (lin-ché) et LYNCHAGE (lin-chage). Dans les deux cas, la première syllabe se prononce lin comme la plante. Il en va de même pour d'autres mots venus de l'anglais comme CAMPING, qu'il faut prononcer can-pigne et non pas *cammpigne*.

MACARON, BADGE, INSIGNE
Dans une réunion, un congrès, les participants portent souvent un INSIGNE, à la façon d'une broche, pour s'identifier à un groupe, à une provenance, etc. Cet INSIGNE peut s'appeler MACARON, c'est le terme le plus répandu chez nous. On peut dire également un ou une BADGE. C'est un mot anglais, mais très répandu en français général. Quant au mot INSIGNE, c'est un terme d'usage plus général, mais il est également correct en ce sens.

MADELINOIS, MADELINOT
Les gens de Cap-de-la-Madeleine sont des MADELINOIS, des MADELINOISES. Quant aux habitants des Îles-de-la-Madeleine, ce sont des MADELINOTS et des MADELINIENNES. En effet, les femmes des Îles ont refusé de s'appeler *Madelinotes*. La Commission de toponymie du Québec nous indique que la forme féminine *Madelinote* est à rejeter.

MADEMOISELLE, MADAME
Pour traiter les hommes et les femmes de façon égale, il convient, et c'est l'usage de plus en plus répandu, de garder le titre MADEMOISELLE pour les toutes jeunes filles, et de dire MADAME à toutes les femmes adultes. Traditionnellement, on appelait MADAME les femmes mariées et MADEMOISELLE, les célibataires, sans égard à leur âge. Ainsi, on appelle « MADEMOISELLE » une femme de 60 ans, et tout le monde apprenait par le fait même que cette dame était célibataire; tandis que les hommes eux, se faisant appeler MONSIEUR, quel que soit leur âge, pouvaient garder la discrétion de leur vie privée.

MAGASIN À RAYONS Voir *Département* (d'un magasin)

MAGASINER, MAGASINAGE
Ces termes sont reconnus officiellement au Québec. D'ailleurs, ce sont des québécismes commodes qui permettent d'exprimer ⇨

en un seul mot des idées qui, autrement, en demandent deux ou trois, c'est-à-dire : FAIRE DES EMPLETTES, FAIRE DES COURSES. Quant au mot MAGASINAGE, il est évidemment préférable à shopping, populaire en France.

MAGNAT, STAGNER, AGNOSTIQUE (prononciation)
   Voir **Agnostique**

MAGNÉTOSCOPE
Bien des gens ont un MAGNÉTOSCOPE à la maison et croient avoir un *vidéo*. L'appareil qui sert à enregistrer des émissions de télévision ou à visionner des cassettes s'appelle en effet MAGNÉTOSCOPE et non *vidéo*. La VIDÉO est le système qui permet de diffuser des images de télévision. Le mot VIDÉO s'emploie aussi comme préfixe, pour nommer tout ce qui concerne l'image de télévision. On dit VIDÉOCASSETTE, VIDÉODISQUE, etc. Voir aussi **Vidéo**

MAILLOT DE BAIN   Voir **Costume de bain**

MAIN (DE SECONDE)   Voir **Usagé**

MAIN (ENVOYER LA)
L'expression *envoyer la main* est un régionalisme qu'il vaut mieux remplacer par SALUER DE LA MAIN. En fait, si nous *envoyons* notre main, qui nous dit qu'elle reviendra? Ex. : J'ai aperçu François de l'autre côté de la rue, je l'ai SALUÉ DE LA MAIN.

MAIN D'APPLAUDISSEMENTS (UNE BONNE)
Les anglophones invitent le public à applaudir en disant : A good hand for (the singer...)! En français, on peut dire : APPLAUDISSONS untel ou unetelle! Quant à l'expression *une bonne main d'applaudissements*, elle est à rejeter du revers de la main. APPLAUDISSONS BIEN FORT une correction de notre langage!

MAIRESSE
Autrefois, on donnait le titre de MAIRESSE à l'épouse du maire d'une ville, d'un village. Désormais, le mot MAIRESSE est le féminin de MAIRE. Donc, une MAIRESSE est une femme qui a été élue à la tête de l'administration d'une ville ou d'un village.
Voir **Féminin des noms de métiers**

MAIRE SUPPLÉANT
La personne qui remplace le maire absent s'appelle MAIRE SUPPLÉANT, ou MAIRESSE SUPPLÉANTE, et non pas *pro-maire* qui est un calque de pro-mayor.

MAÏS ÉCLATÉ
Même si le mot popcorn est presque aussi répandu en français que hamburger, certains préfèrent les équivalents français. Ils ont le choix entre MAÏS ÉCLATÉ et MAÏS SOUFFLÉ. Quant à l'appareil qui sert à fabriquer cette friandise des cinéphiles, on l'appelle ÉCLATEUR DE MAÏS ou GRILLE-MAÏS.

MAISON DE REDRESSEMENT   Voir *École de réforme*

MAISON DÉTACHÉE   Voir *Détachée (maison)*

MAISON MÈRE   Voir *Bureau-chef*

MAISON MODÈLE pour **MAISON TÉMOIN**
Le terme MAISON TÉMOIN commence à se répandre chez nous, et il est préférable à *maison modèle*, calqué sur model home. MODÈLE, en effet, est plutôt synonyme d'EXEMPLAIRE. On dit par exemple : une élève MODÈLE. En français général, on dit plutôt MAISON TÉMOIN, sauf qu'en France, on dit parfois *maison modèle*, sans doute sous l'influence de l'anglais. Il en va de même pour APPARTEMENT TÉMOIN.

MAÎTRESSE (CLÉ ~, COPIE ~)   Voir **Clé**

MAJORS (cinéma)
Les grandes maisons productrices de cinéma s'appellent en anglais les majors. Il n'y a pas de raison d'employer le terme anglais dans notre langue. On peut très bien dire les GRANDS PRODUCTEURS (de cinéma).

MAJUSCULES (quelques cas)
Les règles qui régissent l'emploi des majuscules en français sont fort complexes. Ne parlons ici que de quelques cas très utiles. Le mot **État** prend une majuscule quand il désigne l'autorité sur l'ensemble d'un pays, d'un territoire. Les affaires de l'État, le chef de l'État, la séparation de l'Église et de l'État. Le mot État prend également une majuscule quand il désigne un territoire. Ex. : les États du Vermont et du Maine.
Le mot **Parlement** prend la majuscule quand il désigne l'ensemble des élus qui dirigent un pays. Les membres du Parlement; les débats du Parlement, le Parlement décidera.
Hôtel de Ville prend deux majuscules quand il désigne l'administration municipale. On écrit le terme en minuscules quand il désigne l'immeuble.
Le mot **ministère** s'écrit en minuscules et son domaine de compétence prend la ou les majuscules. On écrit : le ministère ⇨

des Finances, le ministère de l'Éducation, le ministère des Affaires municipales, le ministère de la Santé et des Services sociaux, etc.

MAKING OF
En cinéma, ce qu'on appelle en anglais the making of peut se traduire en français par LE TOURNAGE DE. Ainsi, un film tourné sur la production du film Carmen, et qui s'appelle en anglais The making of Carmen, peut s'appeler en français : LE TOURNAGE DE CARMEN.

MALADIE *INFECTUEUSE* Voir **Infectieux**

MALLE
L'usage du mot MALLE, dans le sens de COURRIER, ou POSTE, est un archaïsme ou un anglicisme (mail). Autrefois, en France, on appelait MALLE la voiture du courrier. On pouvait dire : La MALLE passe à deux heures; ou encore : J'ai reçu votre cadeau par la MALLE. En français moderne, une MALLE est une très grande valise. De nos jours, on dit : Le COURRIER arrive vers deux heures. J'ai reçu votre cadeau par la POSTE.

MANDAT et TERME
La durée d'une fonction accordée à une personne se dit MANDAT. Le mot *terme*, en ce sens, est un anglicisme. Ex. : Il a été élu pour un deuxième MANDAT de cinq ans (et non pas un deuxième *terme*). Le mot TERME a cependant un bon nombre de sens corrects en français.

MANIAQUE SEXUEL Voir ***Prédateur sexuel***

MANQUER QUELQU'UN
On fait un anglicisme en disant *manquer quelqu'un* ou *quelque chose*, dans le sens de « s'en ennuyer ». Ainsi, il est incorrect de dire : Michel nous quitte, *nous allons le manquer* (we will miss him). Il faut dire plutôt : IL VA NOUS MANQUER. Et au lieu de dire : Ici au Brésil, *je manque la cuisine québécoise*, on dira correctement LA CUISINE QUÉBÉCOISE ME MANQUE.

MANUFACTURE et USINE
Voir **Constructeur, Manufacturier, Manufacture, Usine**

MARCHANDISE (LIVRER LA) Voir ***Livrer la marchandise***

MARCHE (PRENDRE UNE)
L'expression française est FAIRE UNE MARCHE. *Prendre une marche* est un calque de l'anglais : to take a walk. Pour être en

forme, il faut FAIRE UNE MARCHE QUOTIDIENNE. Certains disent aussi FAIRE UNE PROMENADE, mais une PROMENADE peut aussi se faire à cheval, en auto, en bateau, etc. S'il est déjà question de marcher, le problème ne se pose pas.

MARCHE ARRIÈRE (terme correct)   Voir *Recul*, *Reculons*

MARÉE NOIRE
Le déversement d'une grande quantité de pétrole en mer, par suite du naufrage d'un pétrolier ou d'un autre accident du genre, s'appelle MARÉE NOIRE, ou NAPPE DE PÉTROLE. On dit en anglais oil slick. Ex. : La NAPPE DE PÉTROLE a atteint les côtes françaises. Mais il faut éviter de dire *nappe d'huile*, puisque le mot HUILE n'a pas le sens de PÉTROLE.   Voir **Huile**

MARIER et ÉPOUSER   Voir **Épouser**

MARIJUANA (prononciation)
Ce mot d'origine espagnole peut très bien se prononcer à la française, ce qui permet d'éviter les efforts plus ou moins fructueux pour prononcer le J espagnol. Disons : MARI-HUANA.

MARIN (féminin)   Voir **Commis**

MARINA et PORT DE PLAISANCE
Ces deux termes ne sont pas exactement synonymes. Un PORT DE PLAISANCE est un aménagement portuaire pour recevoir les embarcations de plaisance, voiliers, yachts, etc. Si ce port comprend en plus un village pour les plaisanciers, alors on peut parler d'une MARINA.

MARINE (couleur)
On peut dire MARINE ou BLEU MARINE pour désigner la couleur bleu foncé, semblable à celle des uniformes portés dans la marine. Ces adjectifs sont invariables. Des complets MARINE ou BLEU MARINE, des robes MARINE ou BLEU MARINE.   Voir **Couleur (adjectifs de)**

MARQUE DE COMMERCE, MARQUE DÉPOSÉE
MARQUE DE COMMERCE et MARQUE DÉPOSÉE sont deux termes français qui peuvent traduire l'anglais trademark. Dans l'emploi au figuré, seul MARQUE DE COMMERCE peut cependant s'employer. On dit par exemple : Sa grosse moustache est devenue sa MARQUE DE COMMERCE.

MARQUE et **SCORE** (au lieu de *POINTAGE*),
  MARQUER, MARQUEUR
Dans les jeux, les sports, la MARQUE est, en général, le décompte, le total des points des joueurs ou des équipes au cours d'une partie, d'un match. On peut aussi dire le RÉSULTAT ou le SCORE d'une partie, d'un match. Mais il faut éviter de dire le *pointage*. Le mot SCORE s'est étendu à la politique et cet usage, devenu courant en France, est rare chez nous. Quant aux mots *scorer* et *scoreur*, on les ignore en français général, et ils sont à éviter chez nous. On dira plutôt MARQUER un but, la MARQUE est de 5 à 3, les MARQUEURS ont été...
COMPTER des buts, c'est plutôt faire leur décompte, et pour être un bon COMPTEUR, il suffit de savoir COMPTER : 1-2-3-4-5. Mais pour être un bon MARQUEUR, il faut être vif sur ses patins.

MARRER (SE)   Voir **Bidonner (se)**

MASTER CLASS
Comment traduire master class? Ce n'est pas le choix qui manque. On peut dire : LEÇON DE MAÎTRE, COURS DE MAÎTRE, ATELIER DE MAÎTRE et aussi COURS (public) d'interprétation. Avec ces équivalents français, il est inutile d'emprunter le terme anglais.

MATCH, PARTIE, JOUTE   Voir **Joute**

MAUVAISE TEMPÉRATURE   Voir **Température** et **Temps**

MAZOUT (terme correct)   Voir *Huile à chauffage*

MÉDIA et **MÉDIUM**
Le mot MÉDIA s'applique aux moyens de diffusion, de distribution et de transmission de l'information écrite, parlée. Les MÉDIAS, c'est l'ensemble de ces moyens de diffusion. Comme les médias diffusent de l'information, il est superflu de dire les *médias d'information*.
Quant au mot MÉDIUM, il a un sens tout à fait différent. Il désigne la personne qui a la réputation de communiquer avec les esprits. Ex. : Cette femme est un excellent MÉDIUM.

MÉDIUM (dans les tailles et les degrés de cuisson)
Le mot *médium* est un anglicisme quand nous parlons de la taille des vêtements ou des degrés de cuisson des aliments. Il faut dire un chandail PETIT, MOYEN ou GRAND, alors qu'en anglais on dit small, medium and large. Il faut dire un steak SAIGNANT, À POINT ou BIEN CUIT alors qu'en anglais, on dit rare, medium or well done.

MEDLEY pour **POT-POURRI**
Medley est l'équivalent anglais de POT-POURRI. Un POT-POURRI est une pièce de musique faite de thèmes variés. Ce peut être aussi un mélange de plusieurs chansons. Comme cet emprunt à l'anglais est inutile, disons plutôt POT-POURRI.

MEETING
Le mot *meeting* est superflu dans notre langage. Nous pouvons dire, selon le cas : RÉUNION, RENCONTRE, ASSEMBLÉE. Voir **Assemblée**

MÉGAPOLE, MÉGALOPOLE
Ces termes sont synonymes et d'usage correct pour désigner les très grandes agglomérations urbaines. Il faut cependant éviter d'utiliser les mots *mégaville* et *mégacité*, qui ne sont pas des termes reconnus. New York et Paris sont des MÉGAPOLES, ou des MÉGALOPOLES.

MEILLEUR (AVOIR LE ~ SUR)
L'expression *avoir* ou *prendre le meilleur sur* s'emploie dans le sport et provient de l'anglais. En général, on dira plutôt : L'EMPORTER SUR, PRENDRE LE DESSUS SUR. Ex. : Son courage et sa détermination L'ONT EMPORTÉ SUR l'audace de ses adversaires.

MEILLEUR (ÊTRE À SON)
Comme celle de la rubrique précédente, l'expression *être à son meilleur* est utilisée surtout dans le monde du sport et provient de l'anglais (to be at one's best). L'équivalent dans la langue générale est : ÊTRE AU MIEUX DE SA FORME, ÊTRE DANS SA MEILLEURE FORME.

MEILLEUR (LE DEUXIÈME ~, LE TROISIÈME ~, etc.)
Voir **Deuxième plus grand (le)**

MÊLANT, MÉLANGEANT
L'adjectif *mêlant*, populaire chez nous, est un régionalisme qu'il vaut mieux remplacer par des termes du français général : AMBIGU, CONFUS, ÉQUIVOQUE, EMBROUILLÉ. On dit aussi parfois *mélangeant*, dans le même sens, mais MÊLANT et MÉLANGEANT ne sont en fait que des participes présents. En MÊLANT les cartes ou en MÉLANGEANT les ingrédients d'un gâteau : voilà des emplois corrects de ces deux mots. Pour remplacer les adjectifs *mêlant* et *mélangeant*, on dira donc par exemple : Cette affaire est AMBIGÜE, CONFUSE, ÉQUIVOQUE, EMBROUILLÉE.

MÊLÉE plutôt que *SCRUM*

En journalisme, une MÊLÉE est une interview collective accordée à l'improviste à une meute de reporters. Les Anglais disent scrum, dans le même sens. Ils ont emprunté le terme au football où scrum désigne l'entassement de plusieurs joueurs sur le porteur du ballon. Ex. : Le premier ministre a fait cette déclaration dans une MÊLÉE en sortant de l'assemblée. Quant au sens général de MÊLÉE, c'est celui de confusion de combattants au corps à corps, cohue, échauffourée.

MEMBERSHIP et EFFECTIF   Voir **Effectif**

MÊME À ÇA

La locution *même à ça* est un régionalisme que l'on peut remplacer tout simplement par MÊME DANS CE CAS, MÊME LÀ, MALGRÉ CELA. Ex. : Elle a engagé une bonne; MALGRÉ CELA, sa maison est en désordre. Il doit pleuvoir demain, MÊME DANS CE CAS, je crois qu'il faut terminer le travail.

MENÉ, MÉNÉ pour **VAIRON**

Le mot MENÉ, MÉNÉ, est une déformation populaire de l'anglais minnow, qui désigne les tout petits poissons que l'on utilise comme appâts pour la pêche. L'équivalent français est VAIRON. Le mot MENÉ, si populaire, demeure acceptable, mais strictement régional. Il est bon de connaître VAIRON, le terme du français général.

MENTERIE et MENSONGE

MENTERIE et MENSONGE sont synonymes, mais le premier est un mot vieilli et s'emploie plutôt de nos jours dans le langage des enfants. On considère généralement qu'une MENTERIE est moins grave qu'un MENSONGE. Bref, dans le langage sérieux, moderne, il vaut mieux employer MENSONGE.

MÉPRIS DE COUR

Voilà un anglicisme qu'il faut rejeter sans hésiter. Ce calque de contempt of court a pour équivalents français OUTRAGE AU TRIBUNAL, ou encore OUTRAGE À MAGISTRAT. On emploiera l'un ou l'autre des deux termes selon que l'insulte, l'outrage, a touché soit le tribunal, soit le juge lui-même.

MÉRITE D'UNE CAUSE, JUGER *AU MÉRITE*

Ces emplois du mot *mérite* sont des calques de l'anglais. Ainsi, au lieu de dire qu'une cause, qu'une chose, sera examinée ou jugée *au mérite*, il convient de dire que cette cause, cette chose, sera examinée EN TOUTE OBJECTIVITÉ, ou SELON SA VALEUR, SES

QUALITÉS PROPRES. (On dit en anglais : <u>will be judged on its merits</u>.) Au lieu de parler du *mérite* d'une chose, il faut dire : SON BIEN-FONDÉ, SA VALEUR, SES QUALITÉS PROPRES. Au lieu de dire que les électeurs jugeront un parti *à son mérite*, on dira correctement qu'ils le jugeront EN TOUTE OBJECTIVITÉ, À SA JUSTE VALEUR.

MÉRITER et *SE MÉRITER*
D'abord, le verbe *se mériter*, c'est-à-dire le verbe MÉRITER à la forme pronominale, n'existe pas en français correct. Le verbe MÉRITER est bien français, mais il importe de lui donner son sens véritable. MÉRITER quelque chose, c'est être en droit de le recevoir, que cette chose soit bonne ou mauvaise. On peut MÉRITER un prix, on peut MÉRITER un châtiment. Mais MÉRITER, ce n'est pas RECEVOIR. Si l'on dit qu'un athlète a MÉRITÉ la médaille d'or, cela veut dire qu'on aurait dû la lui décerner. Par contre, si un athlète REMPORTE ou REÇOIT la médaille d'or, c'est qu'on la lui a décernée. Ex. : Hélène B. A REMPORTÉ le prix Goncourt, cela veut dire qu'elle l'a reçu. Mais si l'on dit qu'Hélène B. a MÉRITÉ le prix, c'est qu'elle était en droit de le recevoir, qu'on aurait dû le lui attribuer.

MESSAGE PUBLICITAIRE (terme correct)   Voir *Commercial*

METTEURE EN...   Voir **Féminin des noms de métiers**

METTRE À JOUR et METTRE AU JOUR   Voir **Jour (mettre à)**

METTRE DE L'AVANT pour METTRE EN AVANT
L'expression *mettre de l'avant* est une déformation de METTRE EN AVANT. Ainsi, au lieu de dire qu'un organisme entend *mettre de l'avant* un programme, des idées plus avant-gardistes, on dira qu'il entend METTRE EN AVANT de telles idées. Ex. : Le projet MIS EN AVANT par le gouvernement a dû être abandonné.

METTRE EN NOMINATION   Voir **Nomination (mise en)**

METTRE L'EMPHASE SUR   Voir **Emphase**

METTRE LE FOCUS SUR   Voir *Focus*, **Focaliser**

METTRE L'ÉPAULE À LA ROUE
Cette expression a été déformée sous l'influence de l'anglais. (L'expression anglaise est : <u>to put one's shoulder to the wheel</u>.) En français général, on dit POUSSER À LA ROUE. Cette expression signifie : CONTRIBUER, FOURNIR SON AIDE. Ex. : Le chef ⇨

syndical a invité tous les travailleurs à POUSSER À LA ROUE, ou encore à APPORTER LEUR CONTRIBUTION, À APPUYER LE PROGRAMME.

METTRE SOUS ARRÊT Voir **Arrêt (être sous)**

MEURTRE, ASSASSINAT, HOMICIDE
Faisons le point sur ces gestes à éviter.
MEURTRE et HOMICIDE sont les termes génériques pour désigner le crime par lequel on cause la mort d'une personne. Le MEURTRE PRÉMÉDITÉ, que le Code criminel canadien nomme MEURTRE AU PREMIER DEGRÉ, est celui qui a été préparé, planifié. On le nomme aussi ASSASSINAT. S'il n'y a pas eu préméditation, il s'agit d'un MEURTRE simple, que notre Code criminel appelle MEURTRE AU DEUXIÈME DEGRÉ. L'HOMICIDE INVOLONTAIRE est un meurtre commis par négligence criminelle. C'est le cas, par exemple, d'un automobiliste ivre, qui tue une personne avec sa voiture. Dans ce cas, on peut dire aussi : HOMICIDE INVOLONTAIRE, COUPABLE, ou encore emprunter le terme anglais manslaughter, ce que fait le Code criminel; mais les termes français sont préférables.

MICRO-TROTTOIR, VOX POP
Un MICRO-TROTTOIR (néologisme), on dit aussi VOX POP, abrégé de VOX POPULI, est un minisondage, sans prétention scientifique, fait par un reporter auprès des passants, pour diffusion à la télévision ou à la radio. MICRO-TROTTOIR est utilisé en France depuis 1985, selon Robert. MICRO-TROTTOIR semble préférable à cause de sa clarté. Quant à VOX POPULI, il est tiré de l'expression latine « Vox populi, vox Dei », c'est-à-dire : « La voix du peuple est la voix de Dieu ». Au pluriel : des MICRO-TROTTOIRS.

MIEUX (FAIRE ~ DE), expression correcte   Voir ***Être mieux de***

MILLE (nombre)
MILLE, adjectif numéral, est **invariable**. Par conséquent, il faut éviter la liaison en Z après MILLE, employé au pluriel. Ex. : Dans TROIS MILLE ÉCOLIERS, on ferait une fausse liaison en disant *trois mille-z-écoliers*. Ce n'est que dans le sens de mesure de longueur que le mot MILLE est variable. Parcourir 20 MILLES à pied.

MILLIARD et BILLION
MILLIARD équivaut à mille millions et s'écrit avec neuf zéros. Il importe de savoir qu'en anglais milliard se dit billion. En français, le mot BILLION existe, mais son sens a varié avec les époques et il est devenu ambigu. Dans son sens moderne, BILLION

signifie un million de millions, et s'écrit par conséquent avec douze zéros. Pour éviter la confusion, il vaut mieux ne pas utiliser le mot billion en français et dire plutôt MILLE MILLIARDS (douze zéros), ou un MILLION DE MILLIONS (douze zéros également).

MINÉRALOGIQUE (PLAQUE)
Voir **Licence, Plaque et Immatriculation**

MINEUR
Il faut éviter de dire *des blessures mineures, une opération (chirurgicale) mineure*. Ces termes sont des calques de minor injuries et de minor surgery. On dira plutôt DES BLESSURES LÉGÈRES ou BÉNIGNES; et une OPÉRATION BÉNIGNE, une PETITE OPÉRATION, ou encore une OPÉRATION SANS GRAVITÉ.

MINORITÉS VISIBLES
Il y a les minorités ethniques et parmi elles figurent les MINORITÉS VISIBLES, terme repris de l'anglais visible minorities, et qui désigne les groupes sociaux identifiables par leurs traits physiques (Asiatiques, Noirs, Indiens de l'Inde, etc.) ou à cause de leur rôle politique (Amérindiens notamment). L'OQLF a reconnu ce terme de MINORITÉS VISIBLES et indique notamment dans son Grand Dictionnaire terminologique (Internet) que les Amérindiens constituent chez nous une telle minorité perceptible, qui s'affirme.

MINUIT
MINUIT peut être un terme ambigu. Si l'on dit par exemple : La grève débutera à MINUIT, le 15 septembre, il faut préciser s'il s'agit du soir du 15 septembre ou bien du matin du 15 septembre. En effet, minuit est la limite entre deux jours. Minuit, c'est la fin d'une journée, et c'est aussi le début du jour suivant. On peut aussi éviter la confusion en disant par exemple : À MINUIT ET UNE MINUTE, le 15 septembre. Dans ce cas, c'est le début de la journée; ce ne peut être la fin de la journée.

MINUTES (d'une assemblée, d'une réunion, etc.)
Il faut dire le PROCÈS-VERBAL d'une assemblée, d'une réunion, et non pas les *minutes*, terme calqué sur the minutes of a meeting. Au lieu de dire le *livre des minutes*, on dira le REGISTRE DES PROCÈS-VERBAUX. Cependant, il est correct de dire les MINUTES des actes notariés, la MINUTE d'un contrat.

MISE À JOUR et MISE AU JOUR   Voir **Jour (mettre à)**

MISÈRE et DIFFICULTÉ
Il faut éviter de confondre MISÈRE et DIFFICULTÉ. Ainsi, on peut avoir de la DIFFICULTÉ ou du MAL à faire démarrer sa voiture, pas de la *misère*. On vit dans la MISÈRE si l'on est privé des choses essentielles à la vie. MISÈRE est synonyme de malheur, d'adversité, et parler de « misère » à enfiler une aiguille, paraît fortement exagéré. Au lieu de dire qu'on a *de la misère* à comprendre quelqu'un, on dira qu'on a DU MAL, DE LA DIFFICULTÉ à comprendre cette personne.

MISTRIAL Voir **Avortement de procès**

MOBILIER (de chambre, de cuisine, etc.) Voir *Set*

MODÉRATEUR, MODÉRATRICE
La personne qui agit comme arbitre au cours d'un débat, d'une table ronde, à la télévision, à la radio, est appelée MODÉRATEUR, MODÉRATRICE. Ainsi, dans un débat politique entre chefs de partis au cours d'une élection, c'est un MODÉRATEUR ou une MODÉRATRICE qui dirige le débat, pour qu'il soit juste, que le temps de parole soit bien réparti, etc. Ce terme, qui vient du latin moderator, a d'abord été repris par les Américains, et il est maintenant reconnu dans l'ensemble de la francophonie. À la rigueur, le mot ANIMATEUR, ANIMATRICE, pourrait aussi être employé, au moins comme synonyme.

MOELLE (prononciation et sens)
Le mot MOELLE se prononce « mwàl ». Ce mot désigne la substance qui se trouve à l'intérieur des os. Ex. : Une greffe de MOELLE osseuse. La MOELLE épinière ne peut pas être greffée.

MŒURS (prononciation)
Le mot MŒURS, toujours du féminin pluriel, se prononce « meurss ». L'ancienne prononciation « meur » fait pédante. Elle est à éviter. On dit : La police des MŒURS (meurss).

MOI POUR UN
L'expression *moi pour un*, calquée sur l'anglais I, for one, est à rejeter. Elle ne manque pas d'équivalents en français correct. On peut dire : POUR MA PART, QUANT À MOI, ou encore EN CE QUI ME CONCERNE. Ex. : POUR MA PART, je préfère la démocratie.

MOINS PIRE
La locution *moins pire* de même que ses petites sœurs *plus pire*, *aussi pire* et *pas pire* sont à rejeter. Il faut avoir à l'esprit que PIRE signifie « plus mal, plus mauvais, plus grave » et que, par

conséquent, il ne peut logiquement être précédé de « moins », de « plus », ni de « aussi ». On évitera de dire, par exemple : La crise actuelle est *moins pire* que la précédente. On dira plutôt : La crise actuelle est MOINS GRAVE que la précédente. Un illogisme semblable se retrouve dans *plus pire* et dans *aussi pire*. Notons que l'on ne peut pas remplacer *moins pire* par « meilleur », parce que le sens en est différent. Ainsi, à propos de deux choses mauvaises, on ne peut pas dire que l'une est *meilleure* que l'autre. Il faut dire que l'une est MOINS MAUVAISE que l'autre.

MOMENTUM
Utilisé en anglais, le mot momentum, emprunté au latin, n'est pas reconnu en français. Il faut dire plutôt ÉLAN, VITESSE ACQUISE. On dira, par exemple, qu'il faut savoir profiter de son ÉLAN plutôt que de son *momentum*. On peut dire aussi qu'une action entreprise, une campagne (électorale ou autre) BAT SON PLEIN, ATTEINT SON RYTHME DE CROISIÈRE, et non pas son *momentum*. Un athlète, une voiture, peut profiter de sa VITESSE ACQUISE, de son ÉLAN, pour réaliser une performance. Pour traduire l'expression anglaise to lose momentum, on peut dire ÊTRE EN PERTE DE VITESSE.

MON NOM EST UNTEL
Quand on se présente, il faut éviter de calquer l'anglais en disant : *Mon nom est Untel*. (My name is John Smith.) Pour se présenter correctement, que ce soit en personne, au téléphone, ou au micro, on peut dire : JE SUIS UNTEL, C'EST UNTEL QUI PARLE, ICI UNTEL, JE M'APPELLE UNTEL, etc.

MONDE (suivi d'un pluriel)
La faute est courante chez nous. On fait accorder au pluriel le mot MONDE. On entend souvent des phrases comme : Le monde *sont* inquiets. De plus en plus de monde *sont* de cet avis, etc. Le MONDE étant un sujet collectif singulier, il faut le faire accorder au singulier. On dit correctement : Tout le monde EST satisfait. Qu'est-ce que le monde VA en penser? Le monde S'APERÇOIT des mauvais accords grammaticaux.

MONDIALISATION, MONDIAL (termes corrects)
Voir **Globalisation, Global**

MONÉTAIRE, PÉCUNIAIRE, FINANCIER
On parle souvent chez nous des clauses *monétaires* d'un contrat, alors qu'il s'agit des clauses FINANCIÈRES ou PÉCUNIAIRES. MONÉTAIRE signifie : qui concerne la monnaie; or notre monnaie, ⇨

c'est le dollar. Nos problèmes MONÉTAIRES sont ceux qui touchent notre dollar, notamment sa valeur par rapport au dollar américain. Par contre, l'adjectif PÉCUNIAIRE est synonyme de FINANCIER; et si l'on manque d'argent, on est en difficultés PÉCUNIAIRES ou FINANCIÈRES. Un contrat contient généralement des aspects PÉCUNIAIRES ou FINANCIERS. Notons que PÉCUNIAIRE se dit et s'écrit de la même façon, au masculin et au féminin, et que la forme *pécunier* n'existe pas.

MONITEUR
Un MONITEUR, une MONITRICE, ce peut être une personne qui enseigne une discipline, ou qui s'occupe du divertissement des jeunes. Mais le mot MONITEUR, celui qui n'a pas de féminin, désigne l'ÉCRAN, ou l'ÉCRAN-TÉMOIN, dont sont équipés les ordinateurs et aussi certains systèmes médicaux ou industriels. En ce sens, MONITEUR vient de l'anglais monitor, mais il est accepté en français comme synonyme d'ÉCRAN ou d'ÉCRAN-TÉMOIN.

MONNAIE et DEVISE   Voir Devise

MONOPARENTAL
L'adjectif MONOPARENTAL peut qualifier des familles, des foyers, des enfants. Il ne peut logiquement s'appliquer aux femmes, aux mères. On peut dire : des mères de familles MONOPARENTALES; mais dans ce cas, ce sont les familles qui sont MONOPARENTALES, et non les mères.

MONTAGE (CHAÎNE DE), terme correct   Voir Ligne de montage

MONTANT (AU ~ DE)
On dit couramment chez nous : Un chèque *au montant de*, une dette au montant de, etc. Il s'agit là d'un calque de l'anglais to the amount of. On corrige en disant tout simplement : Un chèque de 50 $; une dette de 50 $, etc.

MONTER SUR LE BANC   Voir Banc (terme juridique)

MONTGOLFIÈRE et DIRIGEABLE   Voir Dirigeable

MONTRE (SALLE DE)   Voir Salle de montre

MONTRÉAL (prononciation)
Le nom de Montréal est parmi les mots les plus mal prononcés au Québec, y compris chez les gens de la radio et de la télévision. La prononciation correcte de Montréal est en trois syllabes : MON-RÉ-AL. Or, on entend régulièrement des gens qui prononcent

mon-rial. Une bonne façon de prononcer correctement ce nom est de le décomposer mentalement en deux mots : Mont et Réal; alors on obtient trois syllabes, puisque Réal en a forcément deux.

MONTRER DU DOIGT Voir **Pointer du doigt**

MOP, MOPPE
Comment remplacer le mot anglais mop, si courant dans le langage québécois? Pour désigner l'instrument fait de cordes, que l'on trempe dans un seau pour laver les planchers, on peut dire VADROUILLE, même si, en français général, VADROUILLE est un terme de marine, désignant un instrument plus gros, plus robuste que la « moppe » bien connue de la Sagouine. L'équivalent en France de la « moppe à planchers » est la SERPILLIÈRE, mais elle n'a pas de manche; c'est une grosse toile, tout simplement.
La « moppe » que l'on emploie à sec, pour ramasser la poussière, doit s'appeler BALAI À FRANGES.
L'instrument formé d'une éponge appuyée sur une pièce de métal, et muni d'un bâton, est un BALAI-ÉPONGE.
Enfin, l'instrument plus petit qui sert à laver la vaisselle est une LAVETTE.

MORNING MAN
Le terme morning man, morning woman, venu des États-Unis, a été longtemps employé dans le jargon de la radiotélévision pour désigner tout simplement les ANIMATEURS et ANIMATRICES DU MATIN. Un néologisme a été proposé, que certains utilisent dans le milieu, c'est MATINIER, MATINIÈRE; mais ce terme se limite au langage du métier.

MOTARDS CRIMINALISÉS Voir **Criminaliser**

MOTEL et **HÔTEL** (prononciation)
MOTEL doit se prononcer avec le O ouvert comme dans modèle. Dans le cas de HÔTEL, on peut prononcer le O comme dans MOTEL, en dépit de l'accent circonflexe; mais on peut aussi tenir compte de l'accent circonflexe et prononcer le O fermé (comme dans mot).

MOTONEIGE, MOTOMARINE
MOTONEIGE et MOTOMARINE sont des termes reconnus et d'usage courant au Québec. Il faut éviter *Ski-doo* et *Seadoo*, qui sont des marques de commerce, et laisser à certains Français les locutions *scooter des neiges* et *scooter des mers* puisque, même en France, ce sont les termes MOTONEIGE et MOTOMARINE qui sont recommandés.

MOULÉE pour **FARINE ANIMALE**
On parle en agriculture au Québec des *moulées* pour les animaux. C'est un terme strictement régional. Le grain moulu pour la consommation des bêtes s'appelle, en français général, de la FARINE pour les animaux. Ex. : On veut ajouter des médicaments dans les FARINES destinées aux porcs. MOULÉE figure dans les dictionnaires français, mais comme adjectif seulement. On dit une statue MOULÉE, et aussi des lettres MOULÉES.

MOULIN (emplois incorrects)
Le MOULIN désigne en français les appareils servant à moudre le grain, et aussi les établissements où l'on moud le grain. Parmi les petits appareils, il y a les MOULINS à café, les MOULINS à poivre, etc. C'est à tort cependant que nous parlons chez nous de *moulins à papier*, alors que nous devrions dire : PAPETERIE, USINE DE PAPIER, ou FABRIQUE DE PAPIER. Nos aînés parlaient même de *moulin à coudre*, au sens de MACHINE À COUDRE. De nos jours, on se rend compte qu'un tissu qui passerait dans un « *moulin à coudre* » en sortirait amoché.

MOULT
MOULT est un terme vieilli signifiant « beaucoup ». Ce n'est qu'avec ironie que MOULT s'emploie en français moderne. Ex. : Raconter une histoire avec MOULT détails (Robert).

MOURIR, MORT et **DÉCÉDER, DÉCÈS** Voir **Décéder**

MOURIR DES SUITES DE...
On dit souvent chez nous qu'une personne est *morte des suites d'une maladie*, même si cette personne est MORTE tout simplement DE CETTE MALADIE. Cet usage bizarre est courant dans certains médias. Ainsi, à la mort de René Lévesque, des médias ont dit qu'il était **mort des suites d'une crise cardiaque**, alors que l'ancien premier ministre a été foudroyé par une crise cardiaque. Si quelqu'un MEURT D'UN CANCER, certains médias nous apprennent que cette personne est *morte des suites d'un cancer*. SUITES, en parlant d'une maladie, est en réalité synonyme de SÉQUELLES, c'est-à-dire les complications qui surviennent après cette maladie. Il ne faut donc pas hésiter à dire qu'une personne est MORTE D'UN CANCER, D'UNE CRISE CARDIAQUE. Ex. : L'ancien premier ministre Trudeau est MORT D'UN CANCER de la prostate (et non pas *des suites d'un cancer*).

MOUSSE DE POLYSTYRÈNE Voir **Styrofoam**

MOUSSER
MOUSSER, au sens propre, signifie « faire de la mousse ». Ex. : Une bière qui MOUSSE beaucoup. Au figuré, FAIRE MOUSSER signifie vanter, mettre exagérément en valeur en parlant de choses ou de personnes. Ex. : FAIRE MOUSSER les qualités d'un candidat. Il faut éviter de dire *mousser quelque chose ou quelqu'un*, alors que l'on veut dire : PROMOUVOIR, FAIRE VALOIR, FAVORISER une chose, une personne, ou une candidature. On dira correctement : Ils font tout pour PROMOUVOIR leur cause. Elles parlent de la sorte pour FAIRE VALOIR leurs produits. Cet incident va FAVORISER le projet du maire.

MOYENÂGEUX et MÉDIÉVAL
Les deux termes ont des sens différents. MOYENÂGEUX signifie : qui a les caractères du Moyen Âge, qui rappelle le Moyen Âge. Ex. : Un quartier MOYENÂGEUX, des méthodes MOYENÂGEUSES. MÉDIÉVAL signifie : qui se rapporte au Moyen Âge, qui remonte au Moyen Âge. Des châteaux MÉDIÉVAUX, une cité MÉDIÉVALE.

MUNICIPALITÉ
Le mot MUNICIPALITÉ désigne principalement l'administration municipale, c'est-à-dire le maire entouré des autres dirigeants municipaux; il désigne aussi le territoire administré par les dirigeants municipaux. Il faut éviter d'employer MUNICIPALITÉ comme simple synonyme de ville et dire par exemple qu'une personne habite une jolie *municipalité* de la Rive-Sud. Disons plutôt que cette personne habite une jolie VILLE ou une jolie LOCALITÉ. Il est par contre tout à fait correct de dire que les MUNICIPALITÉS s'opposent à un projet régional, puisque ce sont, en fait, les dirigeants municipaux qui luttent contre le projet en question.

MUR À MUR
L'expression *mur à mur*, utilisée en parlant généralement des tapis, semble en voie de disparition. Ce régionalisme a un parfait équivalent en français général : MOQUETTE. Ex. : Faire recouvrir de MOQUETTE le parquet d'un salon ou d'un escalier.

MUSIQUE *(FAIRE FACE À LA)*
L'expression *faire face à la musique* est un calque de to face the music. On l'évite en disant AFFRONTER LA SITUATION, AFFRONTER UN ADVERSAIRE, ou encore EMPLOYER LES GRANDS MOYENS, PRENDRE LE TAUREAU PAR LES CORNES. Ex. : Les mères des écoliers ont décidé d'EMPLOYER LES GRANDS MOYENS pour protéger leurs enfants.

MUST (UN)
Cet anglicisme que nous employons à propos des spectacles qu'il faut voir à tout prix, ou des choses qu'il faut faire absolument, peut facilement être évité. On peut dire par exemple : Ce spectacle est À voir À TOUT PRIX. C'est un INCONTOURNABLE. C'est À voir ABSOLUMENT. Et en parlant de choses à faire, on peut dire par exemple : Les réparations à ma cuisine sont ABSOLUMENT NÉCESSAIRES, ou SONT D'UN BESOIN CRIANT.

NAGUÈRE et JADIS
On confond parfois NAGUÈRE et JADIS. Il suffit, pour éviter cette confusion, de penser que NAGUÈRE signifie « il n'y a guère » longtemps, et que JADIS, au contraire, est synonyme d'autrefois. Notons que les synonymes JADIS et AUTREFOIS se terminent tous les deux par IS.

NAISSANCES (RÉGULATION DES ~, CONTRÔLE DES ~, etc.)
En français actuel, on peut dire RÉGULATION DES NAISSANCES, LIMITATION DES NAISSANCES, PLANIFICATION DES NAISSANCES, ou encore CONTRÔLE DES NAISSANCES. Ce dernier terme est reconnu en français, même s'il vient de l'anglais birth control.

NAPPE D'HUILE   Voir **Marée noire**

NASA
Le sigle bien connu de la National Aeronautics and Space Administration, NASA, est devenu un acronyme, c'est-à-dire un nom fait avec des initiales. On le prononce comme un mot français, c'est-à-dire na-za, puisque le S se trouve entre deux voyelles.

NATAL et PRÉNATAL (pluriel)
Au masculin pluriel, NATAL et PRÉNATAL font NATALS et PRÉNATALS. Leurs pays NATALS. Des exercices PRÉNATALS. Au féminin pluriel : NATALES et PRÉNATALES. (Notons que Larousse reconnaît aussi le pluriel PRÉNATAUX.)

NAUTIQUE et AQUATIQUE   Voir **Aquatique**

NEAR MISS
Quand deux avions en vol viennent tout près d'entrer en collision, cela s'appelle en anglais near miss. En français, on dit une QUASI-COLLISION.

NEIGE (CHASSE-)   Voir **Chasse-neige** et **Souffleuse**

NEUF (liaison après ce chiffre)
Dans trois cas seulement, la liaison après F se fait en V : NEUF ANS (ne-van), NEUF HEURES (ne-veur) et NEUF HOMMES (ne-vom). Dans tous les autres cas, la liaison se fait en F : NEUF ENFANTS, NEUF INSTRUMENTS, NEUF HISTOIRES.

NEUTRE, AU (automobile)
Dans la conduite automobile, on dit en anglais to be in the neutral. Cela se traduit en français par ÊTRE AU POINT MORT. Pour tirer une voiture en panne, on place son bras de vitesse AU POINT MORT.

NÉVASSE, GADOUE, SLOCHE Voir **Gadoue**

NEZ À NEZ et **COUDE À COUDE**
NEZ À NEZ signifie face à face et par hasard. Ex. : Les deux chefs de partis se sont retrouvés NEZ À NEZ en sortant de l'hôtel. C'est le seul sens de NEZ À NEZ. Si l'on veut dire « à égalité dans une course, dans une lutte », il faut dire COUDE À COUDE. Ex. : Dans cette élection, les deux principaux partis se trouvent COUDE À COUDE. À bien y penser, COUDE À COUDE donne une image plus exacte puisque, par exemple, deux coureurs à pied, quand ils se trouvent à égalité, ont les coudes vis-à-vis. Et quand deux personnes sont assises l'une en face de l'autre, leurs nez se font face; elles sont NEZ À NEZ. L'expression COUDE À COUDE a aussi un autre sens : elle signifie côte à côte, dans l'harmonie. Ex. : Ces deux personnes ont toujours travaillé COUDE À COUDE.

NIAISEUX, NIAISEUSE, NIAISER, NIAISAGE
Nos régionalismes *niaiseux, niaiseuse,* sont à éviter puisqu'ils ont exactement le même sens que NIAIS, NIAISE, du français général. Pour ce qui est de *niaiser* et *niaisage,* qui sont également à éviter, ils ont de parfaits équivalents que nous connaissons. *Niaiser,* c'est, selon le cas : LAMBINER, TRAÎNASSER, FLÂNER, BAYER AUX CORNEILLES. Quant à *niaisage,* on peut le remplacer, selon le cas, par NIAISERIE, ou FLÂNERIE (et non *flânage,* qui est un autre terme déformé.)

NICHE et **CRÉNEAU** (dans le marché)
Pour désigner un secteur du marché qu'une entreprise peut ou veut occuper, on emploie le mot CRÉNEAU. Ex. : La maison Bionaire occupe une bonne partie du CRÉNEAU des petits humidificateurs. Les anglophones, eux, ont choisi le mot niche, emprunté au français, et qu'ils prononcent tout simplement « nish ». Par conséquent, il est préférable de laisser aux Anglais, dans ce sens-là, le mot NICHE, et de s'en tenir au mot CRÉNEAU,

qui est dans l'usage général du français. En français général, NICHE désigne soit une cabane à chien, soit un enfoncement dans le mur d'un immeuble pour porter une statue.

NIVEAU (AU ~ DE)
L'expression AU NIVEAU DE est mal utilisée quand nous lui donnons le sens de POUR CE QUI EST DE, EN CE QUI CONCERNE, EN MATIÈRE DE, SUR LE PLAN DE. Ainsi, au lieu de dire : *Au niveau du travail*, la situation semble s'aggraver, on dira plutôt POUR CE QUI EST DU travail. Au lieu de dire : *Au niveau financier, les taux d'intérêt sont à la hausse*, on dira plutôt SUR LE PLAN financier, les taux d'intérêt... Et, au lieu de dire : *Au niveau de l'hygiène, il y a un risque*, on dira correctement EN MATIÈRE D'hygiène...

NOËL (prononciation)
Il faut éviter de prononcer « nwell ». La prononciation correcte est no-el, avec le O ouvert comme dans pomme.

NŒUD (FRAPPER UN)   Voir *Frapper un nœud*

NŒUDS À L'HEURE
Il y a redondance dans l'expression *nœuds à l'heure*. En effet, un NŒUD, c'est un mille marin à l'heure. Un NŒUD est une **vitesse** et non une distance. Par conséquent, on dit correctement qu'un navire fait 30 NŒUDS, ou 40 NŒUDS, en évitant de dire *à l'heure*.

NOIRCEUR et OBSCURITÉ
Il faut faire la distinction entre NOIRCEUR et OBSCURITÉ.
La NOIRCEUR, c'est l'état de ce qui est noir, au sens propre ou au figuré. Ainsi, on dit correctement : la NOIRCEUR de son vêtement contrastait avec la pâleur de sa peau. Ou encore : la NOIRCEUR d'un forfait, d'une trahison.
Quant au mot OBSCURITÉ, il désigne l'absence de lumière. On dit : être plongé dans l'OBSCURITÉ, ou dans le NOIR, par une panne d'électricité; ou encore : C'est dans l'OBSCURITÉ, ou dans le NOIR, qu'on développe les films.

NOLISÉ (VOL)   Voir *Charter*

NOM (MON ~ EST UNTEL)   Voir *Mon nom est Untel*

NOMBRES et FRACTIONS
   Voir **Énonciation des nombres et des fractions**

NOMINATION (MISE EN), *NOMINER*
Le verbe *nominer* et le substantif *nominé* ont été empruntés à l'américain to nominate et nominee, et ne disent rien de plus que les mots français NOMMER et NOMMÉ, qui sont peu appropriés. Pour désigner les personnes ou les œuvres choisies dans le cadre d'un concours, on peut employer le verbe SÉLECTIONNER et l'adjectif SÉLECTIONNÉ, SÉLECTIONNÉE. Au lieu de dire qu'une personne ou une œuvre a été *nominée*, on dira correctement qu'elle a été SÉLECTIONNÉE, ou encore que cette personne, cette œuvre, a reçu une NOMINATION, qu'elle a été mise en NOMINATION. On annonce la liste des NOMINATIONS, ou des œuvres SÉLECTIONNÉES, et non pas la liste des *nominés*.

NONOBSTANT
Nonobstant, préposition ou adverbe, est un archaïsme à éviter. La préposition *nonobstant* peut se remplacer par EN DÉPIT DE, ou MALGRÉ. Ainsi, au lieu de dire « *Nonobstant* son jeune âge, il fait preuve d'une force de caractère impressionnante », on dira plus simplement « MALGRÉ son jeune âge, ou EN DÉPIT DE son jeune âge, il fait preuve... ». L'adverbe *nonobstant* se remplace par CEPENDANT ou NÉANMOINS. Ainsi, au lieu de dire « *Nonobstant*, il a roulé si vite qu'il est arrivé à temps », on dira simplement « CEPENDANT, ou NÉANMOINS, il a roulé si vite qu'il est arrivé à temps ». Quant à la *clause* dite *nonobstant*, qui permet à une province de déroger à la Charte canadienne des droits, on peut l'appeler plus simplement CLAUSE DÉROGATOIRE, ou DISPOSITION DE DÉROGATION.

NORD (AU NORD DE et DANS LE NORD DE)
Les États du Maine et du Vermont ne sont pas *au nord des* États-Unis ; ils sont DANS LE NORD DES États-Unis. Le Québec, lui, est AU NORD DES États-Unis. Or, on confond souvent ces deux locutions. Si l'on prévoit qu'il va pleuvoir AU SUD DU Québec, cela veut dire qu'il va pleuvoir aux États-Unis, pas chez nous ! Il faut dire qu'il va pleuvoir DANS LE SUD DU Québec si l'on veut parler de la région de Montréal. Il en va de même pour les quatre points cardinaux, bien sûr.

NORD-EST, NORD-OUEST (prononciation)
Le D doit rester muet dans NORD-EST et dans NORD-OUEST, tout comme il est muet dans NORD. On prononce donc : « nor-est » et « nor-ouest ».

NOTABLE et NOTOIRE
On confond parfois ces deux adjectifs.
NOTABLE signifie : qu'il vaut la peine de noter. Par exemple, des augmentations NOTABLES dans les prix, des variations NOTABLES de la température. Les personnes NOTABLES sont celles qui occupent des situations importantes dans la société. On peut aussi dire des NOTABLES, en employant ce mot comme substantif.
NOTOIRE signifie : qui est connu d'une façon certaine par un grand nombre de gens, en parlant des choses ou des personnes. Ex. : Le fait est NOTOIRE. Il est NOTOIRE que... À propos des personnes, NOTOIRE signifie reconnu comme tel : un bandit NOTOIRE; ou encore célèbre, très connu : des politiciens NOTOIRES, des médecins NOTOIRES.

NOUVEAU (À), après un verbe de répétition
On est sûr de faire un pléonasme si l'on dit À NOUVEAU après un verbe comme RÉPÉTER, RÉCIDIVER, RECOMMENCER, etc. Ces verbes contiennent déjà l'idée de « à nouveau ». Notons que, dans la langue actuelle, DE NOUVEAU et À NOUVEAU sont tous les deux corrects et qu'ils comportent des nuances de sens en voie de disparition.

NOUVEAU-NÉ (UN), DES NOUVEAU-NÉS
Dans cette locution, NOUVEAU est employé comme adverbe et est invariable. C'est pourquoi, on dit et on écrit : une petite fille NOUVEAU-NÉE, des enfants NOUVEAU-NÉS.

NUMÉRAL ORDINAL (devant un comparatif)
Il est incorrect de dire par exemple : « *la deuxième plus grande* ville du Canada ».   Voir ***Deuxième plus grand (le)***

NUMÉRISEUR   Voir **Scanner**

O (prononciation de la lettre)
Il y a en français deux prononciations de la lettre O. Le O fermé, celui de ROSE, se prononce comme s'il portait un accent circonflexe. Le O ouvert, celui de NOTE et de ROBE, se trouve toujours dans les premières syllabes de mots, comme COLLATION, MOTEUR. Dans la syllabe finale, le O est toujours fermé, comme dans PHOTO, MOTO. Dans ces deux derniers mots, le O final est fermé, mais le premier est ouvert. Dans les mots POTEAU, POTIN et POTÉE, le O est ouvert puisqu'il est de la première syllabe (il faut éviter de prononcer *pôteau*). Le son O peut aussi s'écrire AU ou EAU. Dans ces cas, il se prononce presque toujours comme un O fermé. Ex. : ASTRONAUTE (nôte), HOLOCAUSTE (côste).

OASIS (genre)
OASIS est un nom féminin. Ex. : C'est UNE OASIS du Sahara qui leur a sauvé la vie.

OBJECTER (S')
Il n'y a pas de verbe *s'objecter*. Autrement dit, le verbe OBJECTER n'a pas de forme pronominale. Par conséquent, on ne peut pas *s'objecter* à une décision. On peut cependant S'Y OPPOSER, ou Y FAIRE OPPOSITION. On dit correctement OBJECTER QUE et OBJECTER QUELQUE CHOSE. On peut dire par exemple : Elle OBJECTA QUE ces conditions étaient inacceptables. On peut aussi OBJECTER la maladie pour ne pas aller travailler. Devant un tribunal, au lieu de dire : « *Je m'objecte*, monsieur le juge! », on dira correctement « OBJECTION, monsieur le juge! »

OBSÈQUES et **FUNÉRAILLES**   Voir **Funérailles**

OBSTRUCTION SYSTÉMATIQUE (Parlement)   Voir **Filibuster**

OFFENSE, DÉLIT, CRIME   Voir **Crime**

OFFSHORE
L'emprunt à l'anglais offshore est superflu. Ainsi, au lieu de parler de plates-formes de forage off shore, on peut dire des plates-formes de forage EN MER, ou encore AU LARGE.

O.K.!
L'interjection américaine O.K.! est très populaire dans le monde, dans bon nombre de langues. Il vaut mieux cependant la garder pour le langage familier. Dans le langage relevé, pourquoi ne pas dire D'ACCORD?

ON (accords avec ce pronom)
Le pronom indéfini ON est toujours sujet du verbe, et ce verbe s'accorde à la troisième personne du singulier. Ex. : ON SAIT ce qu'ON DOIT faire. Quant à l'adjectif et au participe passé qui doivent s'accorder avec ON, ils peuvent varier en genre et en nombre selon la ou les personnes dont il s'agit. Exemples : ON EST REVENUES ENCHANTÉES de notre voyage. ON A ÉTÉ AVANTAGÉS par le nouveau système. ON s'emploie aussi dans le sens de «quelqu'un, des gens». En ce sens, le pronom ON exclut la personne qui parle. Ex. : ON a volé ma voiture. ON se moque de nous ici!

ONE-MAN SHOW
Un spectacle donné par une personne seule s'appelle un SPECTACLE SOLO, ou simplement un SOLO, en contexte. Le terme anglais one-man show, ou one-woman show, est un emprunt inutile. Ex. : Anthony Kavanagh est un as du SPECTACLE SOLO.

ONÉREUX, CHER, COÛTEUX, DISPENDIEUX   Voir **Cher**

ONTARIO (nom masculin)
   Voir **Genre des provinces canadiennes**

OPÉRATEUR, OPÉRER (pour un commerce, un véhicule)
Il faut éviter les anglicismes faits avec les mots OPÉRATEUR et OPÉRER. Ainsi, *opérer* un commerce est un anglicisme que l'on remplace par EXPLOITER ou TENIR un commerce. Au lieu de dire *opérer* une grue, une machine d'une certaine complexité, un engin de guerre, on dira correctement FAIRE FONCTIONNER ou MANŒUVRER cette grue, ces engins. En parlant d'appareils qui demandent des opérations techniques déterminées (en communications par exemple), le mot OPÉRATEUR, OPÉRATRICE, s'applique bien, y compris pour désigner la personne qui dirige la technique du tournage d'un film. On dit un OPÉRATEUR de prises de vues. Mais pour la plupart des grosses machines

courantes, c'est le mot CONDUCTEUR qui sied le mieux. Ex. : CONDUCTEUR (rarement CONDUCTRICE) de pelle mécanique, de grue, de chasse-neige, de niveleuse, etc.

OPÉRATION pour **EXPLOITATION**
L'anglicisme *opérer* un commerce, mentionné à la rubrique précédente, se retrouve dans le nom *opération*. Au lieu de dire l'*opération* d'un commerce, d'une entreprise, d'une usine, il convient de dire l'EXPLOITATION d'un commerce, d'une entreprise, d'une usine. On évitera aussi les expressions *dépenses d'opération, profits d'opération*, etc., qu'il faut remplacer par DÉPENSES D'EXPLOITATION, PROFITS D'EXPLOITATION, etc. Voir aussi **Budget d'opération**

OPÉRATION (EN)
La locution *en opération* est un anglicisme à éviter. Au lieu de dire, par exemple, que tel type d'avion est *en opération* depuis 25 ans, on dira qu'il est EN SERVICE depuis 25 ans. Au lieu de dire qu'une usine est *en opération*, on dira qu'elle est EN FONCTIONNEMENT, EN SERVICE, EN ACTIVITÉ.

OPPORTUNITÉ
Dans son sens le plus courant, le mot OPPORTUNITÉ désigne le caractère de ce qui est opportun, de ce qui est à propos. On dit par exemple l'OPPORTUNITÉ d'une décision, d'un geste, etc. OPPORTUNITÉ, au sens d'occasion, de circonstance opportune, a été longtemps critiqué comme anglicisme, mais il a finalement été approuvé par l'Académie française. On peut donc dire correctement, par exemple : Il a profité de l'OPPORTUNITÉ pour faire connaissance avec ses nouveaux voisins.
Souvent, cependant, les mots CIRCONSTANCE, OCCASION, POSSIBILITÉ, seront tout aussi clairs et appropriés. Ex. : Il a profité de l'OCCASION pour... Au sens de CHANCE, AVANTAGE, POSSIBILITÉS, PERSPECTIVES D'AVENIR, le mot OPPORTUNITÉ est encore contesté. C'est pourquoi, au lieu de dire, par exemple, que l'équipe canadienne a raté de belles *opportunités* de marquer des buts, on dira qu'elle a raté de belles OCCASIONS, de belles CHANCES de marquer des buts. Et, au lieu de dire que le monde du travail offre de belles *opportunités* dans tel secteur, on aura raison de dire plutôt : de belles PERSPECTIVES, de belles POSSIBILITÉS, de beaux DÉBOUCHÉS.

ORAGE ÉLECTRIQUE
Il suffit de dire un ORAGE. Le mot *électrique* est tout à fait superflu puisque, par définition, un ORAGE est une tempête de pluie accompagnée de la FOUDRE, phénomène électrique.

ORDINAIRE et non *RÉGULIER*   Voir *Régulier*

ORDONNANCE et **PRESCRIPTION**
   Voir **Prescription** et **Ordonnance**

ORDRE (EN BON ~, EN MAUVAIS ~)
On dit en anglais in good order, in bad order, out of order. Pour éviter des anglicismes courants, il faut dire : EN BON ÉTAT, et non pas *en bon ordre*, EN MAUVAIS ÉTAT, et non *en mauvais ordre*, et EN DÉRANGEMENT, ou DÉFECTUEUX, au lieu de *hors d'ordre*. L'anglicisme *être hors d'ordre*, qui s'emploie parfois dans les assemblées, se corrige par VIOLER LE RÈGLEMENT. Voir **Hors d'ordre**

ORDRE DU JOUR et **AGENDA**   Voir **Agenda**

ORDURES, DÉCHETS, VIDANGES   Voir **Vidanges**

ORIGINER pour **PROVENIR**
Il n'y a pas de verbe *originer* en français, si ce n'est l'anglicisme que l'on fait en traduisant mal to originate. L'équivalent le plus courant est PROVENIR. Ex. : La fuite de gaz PROVENAIT (et non *originait*) d'un tuyau défectueux. Ou encore : Ce vin nouveau PROVIENT de Californie (et non *origine* de Californie).

ORPHELIN (CLAUSE)
Il faut éviter le calque de l'anglais orphan clause. L'OQLF recommande CLAUSE DE DISPARITÉ DE TRAITEMENT qui semble le meilleur équivalent. On a aussi proposé CLAUSE DÉROGATOIRE ou DISCRIMINATOIRE. Dans la plupart des cas, ce que l'on appelle *clause orphelin* est en fait une échelle salariale inférieure, s'ajoutant parfois à d'autres clauses pécuniaires moins avantageuses, que l'on propose aux nouveaux travailleurs. On pourrait parler de DOUBLE ÉCHELLE SALARIALE. Ex. : Les nouveaux travailleurs étaient forcés d'accepter la CLAUSE DE DISPARITÉ DE TRAITEMENT, ou la DOUBLE ÉCHELLE SALARIALE, ou DES CONDITIONS PÉCUNIAIRES INFÉRIEURES, s'ils voulaient obtenir du travail dans l'entreprise.

OUATE (prononciation)
On peut dire DE LA OUATE, ou encore DE L'OUATE. En tout cas, on dit un TAMPON D'OUATE. Vivre DANS LA OUATE, c'est vivre dans un milieu très protégé. Ces enfants ont été élevés DANS LA OUATE.

OUCH!
Quand nous nous faisons mal, nous crions *ouch!* C'est exactement ce que crient les anglophones. Les Français, eux, crient AÏE! (prononciation : ail), ou encore OUÏE! (se prononce ouille).

OUEST (À L'OUEST DE et DANS L'OUEST DE) Voir **Nord**

OUEST-DE-L'ÎLE Voir **West Island**

OURS (prononciation)
En français actuel, on prononce « ourss », au singulier comme au pluriel. Autrefois, on prononçait « our » au pluriel, et on a aussi prononcé « our » au singulier. Oublions les temps passés; il n'y a plus que des OURSS.

OUTRAGE À LA PUDEUR Voir *Indécence (grossière)*

OUTRAGE AU TRIBUNAL Voir *Mépris de cour*

OUVERTURE pour **DÉBOUCHÉ**
En parlant d'emploi, on fait un anglicisme en disant qu'il y a une *ouverture* dans un milieu de travail. On dira plutôt un DÉBOUCHÉ, ou un POSTE VACANT, un POSTE LIBRE.

OVATION DEBOUT
Ce que l'on appelle en anglais standing ovation devrait se dire en français OVATION, tout simplement. Pour préciser que le public s'est levé pour ovationner un spectacle, on dira tout simplement que les spectateurs SE SONT LEVÉS POUR OVATIONNER.

OVERDOSE
Overdose est un anglicisme superflu puisqu'il a exactement le même sens que SURDOSE. Ex. : Mourir d'une SURDOSE de morphine.

OVERTIME
Overtime est un anglicisme superflu. On dira plutôt : HEURES SUPPLÉMENTAIRES. *Surtemps* et *temps supplémentaire* sont également à éviter, étant des calques de overtime. Ex. : Travailler en HEURES SUPPLÉMENTAIRES. Faire des HEURES SUPPLÉMENTAIRES. Voir aussi ***Temps supplémentaire***

OXYGÈNE (prononciation)
La prononciation correcte est OK-SI-GÈNE. Il faut éviter de prononcer *og-zi-gène*. Voir **X** (prononciation de cette lettre)

OZONE (prononciation)
La prononciation recommandée est Ô-ZÔNE.

PACEMAKER pour **STIMULATEUR CARDIAQUE**
Le terme français est STIMULATEUR CARDIAQUE. Quant au mot RÉGULATEUR, il est français, mais est utilisé dans différentes techniques, pas en médecine. Ex. : Cette personne se porte à merveille depuis qu'on lui a implanté un STIMULATEUR CARDIAQUE. En cardiologie, on se contente de dire STIMULATEUR.

PAGE COUVERTURE (d'un journal)
Le mot COUVERTURE s'emploie pour les livres. On dit une COUVERTURE cartonnée, toilée, etc. Pour un journal, on dit LA PREMIÈRE PAGE, ou encore LA UNE. LA UNE s'emploie surtout dans le milieu journalistique. Il faut surtout éviter de dire *la page frontispice*. En effet, le mot FRONTISPICE désigne le grand titre d'un ouvrage, ou encore l'illustration placée dans un livre en face de la page du titre.   Voir **Couvert, Couverture**

PAGETTE, *BELLBOY*, **TÉLÉAVERTISSEUR**   Voir *Bellboy*

PAIEMAÎTRE pour **PAYEUR**
Heureusement en voie de disparition, l'anglicisme *paiemaître* qui désigne la personne chargée de la paye des salariés est à remplacer par PAYEUR, PAYEUSE, dont la définition dans Robert est : personne chargée de payer dans une administration.

PAIRE DE PANTALONS, *PAIRE DE JEANS*, etc.
Les termes *paire de pantalons*, *paire de jeans*, etc., sont à éviter. Il est tellement plus simple de dire UN PANTALON, UN JEAN, UN COLLANT, etc. Autrefois, on employait le mot PAIRE en parlant de deux choses identiques utilisées ensemble, y compris les pantalons, les salopettes, etc. On disait aussi une *paire de jumelles*, une *paire de ciseaux*. En français moderne, on oublie ces paires et on dit simplement : UN PANTALON, UN JEAN, UNE SALOPETTE, et, au pluriel : DES JUMELLES, DES CISEAUX, etc.

PALLIER et non PALLIER À
Le verbe PALLIER étant transitif direct, il s'emploie sans la préposition À. Ex. : Il faut savoir PALLIER une panne de courant. Certains écrivains ont employé *pallier à*, mais cet usage est tout de même considéré comme incorrect.

PAMPHLET
Un PAMPHLET est un court écrit satirique qui attaque une personne connue, l'autorité, ou encore la religion. C'est le seul sens correct de PAMPHLET. Sous l'influence de l'anglais, nous utilisons parfois *pamphlet* au sens de brochure, de dépliant publicitaire. Au lieu de dire : Ma boîte à lettres est toujours remplie de *pamphlets*, on dira qu'elle est remplie de DÉPLIANTS, de BROCHURES PUBLICITAIRES, de PROSPECTUS. Voir **Libelle**

PANACÉE
Une PANACÉE est un remède universel, par définition. Il faut donc se garder de dire une *panacée universelle*, si l'on veut éviter un pléonasme courant, et même si Balzac a fait la faute.

PAPETERIE Voir *Moulin* (emplois incorrects)

PAPIERS D'IDENTITÉ et non *D'IDENTIFICATION* Voir **Identité**

***PAR* au lieu de *SUR* (dans les dimensions)**
Il faut dire un tapis de trois mètres SUR quatre, et non pas un tapis de trois mètres *par* quatre. La préposition *par*, en exprimant des dimensions, est un anglicisme (three feet by four).

PAR LE TEMPS QUI COURT
Faut-il dire PAR LE TEMPS QUI COURT ou PAR LES TEMPS QUI COURENT? On trouve les deux formules dans les dictionnaires. Le Robert reconnaît le singulier et le pluriel.

PARADE, PROCESSION, DÉFILÉ Voir **Défilé**

PARAPHER (terme correct) Voir *Initialer*

PARC et FLOTTE (de véhicules) Voir **Flotte**

PARC D'AMUSEMENT Voir *Amusement (parc d')*

PARCMÈTRE, PARCOMÈTRE
On peut dire PARCMÈTRE et PARCOMÈTRE. Il faut éviter cependant de remplacer le C par un K.

PARE-CHOCS CONTRE PARE-CHOCS, DE PARE-CHOCS À PARE-CHOCS

L'expression est répandue dans la francophonie : on dit que les voitures roulent PARE-CHOCS CONTRE PARE-CHOCS, lorsqu'il y a une longue file de véhicules qui avancent à pas de tortue sur une route. Quant à l'expression DE PARE-CHOCS À PARE-CHOCS, elle est courante chez nous et paraît tout à fait acceptable, en parlant de la garantie applicable sur un véhicule. On dit, par exemple : Pendant un an, cette voiture est garantie DE PARE-CHOCS À PARE-CHOCS.

PAREIL au sens de **QUAND MÊME**

La chasse à l'ours est interdite; ils en tuent *pareil!* Cet emploi de *pareil* est un régionalisme à éviter. On le remplace par QUAND MÊME. La chasse à l'ours est interdite; ils en tuent QUAND MÊME.

PAREIL COMME

L'expression correcte est PAREIL À, et non pas *pareil comme*, que l'on entend souvent chez nous. Au lieu de dire « Ta montre est *pareille comme* celle de ma sœur », on dira correctement « Ta montre est PAREILLE À celle de ma sœur ».

PARIER, PARI   Voir **Gager, Gageure**

PARLER À TRAVERS SON CHAPEAU

L'expression *parler à travers son chapeau* est calquée sur l'anglais to talk through one's hat. L'équivalent en français correct est PARLER À TORT ET À TRAVERS.

PART (FAIRE SA)   Voir *Faire sa part*

PART (PRENDRE LA ~ DE)

Prendre la part de quelqu'un est une locution calquée sur to take somebody's part. On dira plutôt PRENDRE LA DÉFENSE DE quelqu'un, PRENDRE LE PARTI DE quelqu'un, ou PRENDRE PARTI POUR quelqu'un.

PART EN PART (DE), expression correcte
   Voir *Bord en bord (de)*

PART et ACTION

Le mot *part*, au sens de ACTION dans une entreprise, est un anglicisme. On dit share en anglais. Nous achetons des ACTIONS dans une entreprise commerciale ou industrielle, et l'ensemble des actions que nous possédons constitue cependant notre PART dans

⇨

cette entreprise. La PART de chaque actionnaire, c'est le nombre d'ACTIONS qu'il détient.

PARTIE, JOUTE, MATCH   Voir **Joute**

PARTIR (usages fautifs)
Le verbe PARTIR étant toujours intransitif, il ne peut être suivi d'un complément direct. On ne peut pas dire *partir quelque chose*. Voici quelques cas où l'on abuse du verbe *partir*.

Usages fautifs	Corrections
Partir un commerce, une mode.	LANCER un commerce, une mode.
Partir une rumeur, une campagne.	LANCER une rumeur, une campagne.
Partir un moteur, une tondeuse.	FAIRE DÉMARRER un moteur, une tondeuse.
Partir une chicane, une révolution.	DÉCLENCHER une chicane, une révolution.

On n'a rien à craindre lorsqu'on emploie PARTIR sans complément direct, ou sans complément du tout. Ex. : Nous PARTONS demain pour l'Europe. PARTIR, c'est mourir un peu. Le patron vient de PARTIR. PARTONS, la mer est belle !

PARTIR DE (À)   Voir **Compter de (à)**

PARTOUT (EN TOUT ET PARTOUT)
La locution *en tout et partout*, que nous employons couramment, est une déformation de EN TOUT ET POUR TOUT. On dira correctement : Vous nous devez, EN TOUT ET POUR TOUT, la somme de 200 $.

PAS ÉVIDENT (C'EST)   Voir ***Évident (c'est pas)***

PASSE pour CARTE, LAISSEZ-PASSER, etc.
Le mot *passe*, au sens de carte qui permet de passer, est un anglicisme venu de pass. Il convient de le remplacer, selon le cas, par CARTE, LAISSEZ-PASSER, COUPE-FILE, etc. On dit la CARTE AUTOBUS-MÉTRO ; un LAISSEZ-PASSER pour un spectacle, ou pour circuler librement dans divers endroits ; un COUPE-FILE porté par les journalistes lors de certains événements ; un SAUF-CONDUIT accordé à certaines personnes pour passer une frontière sans passeport, etc.

PASSÉ DATE
On doit dire d'un produit dont la date de consommation est dépassée qu'il est PÉRIMÉ, que SA DATE DE FRAÎCHEUR EST

DÉPASSÉE, et non pas qu'il est *passé date*. Ex. : Ce yogourt est daté du 15 octobre, il est PÉRIMÉ.

PASSÉ DÛ, ÉCHU pour **EN SOUFFRANCE**
La locution *passé dû* est un calque à éviter. Elle nous vient de past due. Pour qualifier des comptes dont le paiement est en retard, c'est l'expression EN SOUFFRANCE qu'il faut employer. Quant au mot ÉCHU, il signifie : arrivé à échéance. On dira donc par exemple : Je dois absolument payer ces comptes EN SOUFFRANCE. Les autres ne sont ÉCHUS que la semaine prochaine.

PASSER (SE ~ AVEC)
Qu'est-ce qui se passe avec telle chose ou telle personne? Cette tournure constitue un anglicisme. What's happening with this? What's happening with him? dit-on en anglais. Pour corriger, on demandera par exemple : QU'EST-CE QU'IL ADVIENT DE ce travail? QU'EST-CE QU'IL ADVIENT DE votre frère? ou encore, QUE DEVIENT votre frère?

PASSER AU FEU   Voir *Feu (passer au)*

PASSER UNE LOI
Il faut dire qu'un gouvernement ADOPTE ou VOTE UNE LOI. *Passer une loi* est un calque de l'anglais to pass a law. Au niveau municipal, on dit correctement ADOPTER UN RÈGLEMENT.

PASSER UNE REMARQUE
L'expression *passer une remarque, des remarques*, est un anglicisme. Il suffit de changer le verbe. FAIRE UNE ou DES REMARQUES est la locution correcte en français. Ex. : Cessez de FAIRE DES REMARQUES déplacées.

PATATE CHAUDE
La locution *patate chaude* est un emprunt à l'américain hot potato. On dit par exemple qu'une personne se retrouve avec une *patate chaude* dans les mains, quand on veut dire qu'elle se retrouve avec un ÉPINEUX PROBLÈME, qu'elle s'est placée dans une SITUATION EMBARRASSANTE. On dit aussi avoir une ÉPINE AU PIED et ôter à quelqu'un une ÉPINE AU PIED.

PATAUGEOIRE, *BARBOTEUSE*, **PATAUGEUSE**   Voir **Barboteuse**

PATCHS **ANTITABAC**   Voir **Antitabac (disques** ou **timbres)**

PÂTE À PAPIER et non *PULPE*
À propos de l'exploitation de la forêt, il faut éviter le mot *pulpe*, calqué sur pulp. Le *bois de pulpe*, c'est du BOIS DE PÂTE, en français correct. La pâte préparée avec le bois, en vue de fabriquer du papier, ou du carton fin, est de la PÂTE À PAPIER. On dit une usine de PÂTE À PAPIER, ou une PAPETERIE. Le mot *pulperie* est également un anglicisme. Notons que le mot PULPE a, par contre, des emplois corrects en français. La PULPE de nos doigts, c'est la partie charnue, celle avec laquelle on touche; et la PULPE d'un fruit est sa partie tendre, celle que l'on mange.

PATÈRE et **PORTEMANTEAU**
La différence entre une PATÈRE et un PORTEMANTEAU est qu'une PATÈRE est toujours fixée à un mur, tandis qu'un PORTEMANTEAU peut être soit fixé à un mur, soit monté sur un pied. La PATÈRE et le PORTEMANTEAU sont tous deux munis de crochets pour suspendre des vêtements.

PATINS À ROULETTES Voir *Roller blades*

PATRONAGE et **FAVORITISME**
La pratique selon laquelle un gouvernement, un ministre, accorde des contrats, des avantages à des amis, des membres du parti au pouvoir, s'appelle FAVORITISME, FAVORITISME POLITIQUE, et non pas *patronage*. Si ce favoritisme est fait en faveur de membres des familles de personnages puissants, on l'appelle NÉPOTISME, ou FAVORITISME familial.
Quant au mot PATRONAGE, il s'emploie en français dans d'autres sens, mais n'est jamais péjoratif. PATRONAGE peut être synonyme de protection, de parrainage. Ex. : Gala de bienfaisance sous le PATRONAGE du premier ministre, d'un évêque, etc. PATRONAGE (PATRO en abrégé) désigne également une œuvre de bienfaisance qui organise les loisirs des enfants, des adolescents en congé.

PAUSE COMMERCIALE
En télévision, en radio, on fait des pauses pour diffuser des messages publicitaires. On dit correctement une PAUSE PUBLICITAIRE, mais il faut éviter *pause commerciale*, vu que cette pause sert à la publicité et non au commerce. Ex. : Nous vous revenons après la PAUSE, ou la PAUSE PUBLICITAIRE. S'il s'agit seulement d'un message publicitaire, on peut dire une PUBLICITÉ, et familièrement une PUB. Voir *Commercial*

PAVAGE et ASPHALTAGE
Le mot PAVAGE désigne le travail qui consiste à recouvrir une rue, une chaussée avec des PAVÉS, c'est-à-dire des blocs de béton ou de pierre. PAVAGE désigne également le revêtement d'une chaussée, d'une entrée de garage, en blocs de béton ou de pierre. Par conséquent, on ne peut jamais parler du *pavage* d'une autoroute, mais bien de sa CHAUSSÉE, de son ASPHALTE, de son BÉTON. On fait l'ASPHALTAGE, le BÉTONNAGE, le REVÊTEMENT d'une route, d'une autoroute; et sûrement pas le *pavage* de ces voies de circulation. Imaginons une voiture roulant sur une autoroute recouverte de pavés!

PAVER LA VOIE À
L'expression *paver la voie à* est un anglicisme. Nous l'avons calquée sur to pave the way for. Le français général nous offre le choix entre PRÉPARER LA VOIE À, OUVRIR LA VOIE À, ou encore FRAYER LE CHEMIN, LA VOIE À. Ex. : Cette rencontre devrait PRÉPARER LA VOIE À des négociations sérieuses entre Israël et la Palestine.

PAYABLE SUR LIVRAISON
L'expression *payable sur livraison* est une traduction incorrecte de cash on delivery (COD). Il suffit de changer la préposition et de dire plutôt PAYABLE À LA LIVRAISON.

PAYAGE pour PÉAGE
Le mot *payage* n'est pas français. C'est PÉAGE qu'il faut dire. Une autoroute à PÉAGE. Un pont à PÉAGE. Le PÉAGE a été aboli sur les autoroutes.

PAYE DE SÉPARATION   Voir **Prime de départ**

PAYER UNE VISITE, PAYER UN HOMMAGE
Dans ces locutions, le verbe *payer* est un anglicisme. On dit en anglais : to pay a visit, to pay homage. Il faut dire plutôt : RENDRE VISITE et RENDRE HOMMAGE. Ex. : RENDRE VISITE à des amis. RENDRE UN DERNIER HOMMAGE à un défunt.

PAYEUR (terme correct)   Voir **Paiemaître**

PAYEUR DE TAXES
Voilà un parfait calque de taxpayer. Le mot français est CONTRIBUABLE. Ex. : L'Association des CONTRIBUABLES de Loretteville s'est opposée à la nouvelle taxe.

PÉAGE (terme correct)   Voir **Payage**

PEAU DES DENTS (PAR LA)
On dit en anglais to escape by the skin of one's teeth. Cette locution se rend en français par L'ÉCHAPPER BELLE, S'EN TIRER D'EXTRÊME JUSTESSE. Au lieu de dire qu'une équipe l'a emporté *par la peau des dents*, on dira qu'elle l'a emporté D'EXTRÊME JUSTESSE.

PÊCHE et PÊCHERIES
Le mot PÊCHERIE est français, mais il n'a qu'un sens. Il désigne un lieu aménagé par une entreprise de pêche pour l'exploitation des produits de la mer. Il n'est pas synonyme de PÊCHE; tandis qu'en anglais fishery s'emploie au sens de pêche. C'est pourquoi on a corrigé le nom du ministère fédéral des *Pêcheries*, qui s'appelle maintenant PÊCHES et OCÉANS Canada. Par conséquent, deux pays peuvent avoir un différend concernant les droits de PÊCHE, mais pour ce qui est des PÊCHERIES, elles ne sont pas en cause dans les droits internationaux.

PÉCUNIAIRE, jamais *PÉCUNIER*
L'adjectif PÉCUNIAIRE signifie : qui concerne l'argent, financier. Il est le même au féminin et au masculin. Quant à l'adjectif *pécunier, pécunière*, il n'est pas français. Ex. : Ils ont enfin réglé leurs problèmes PÉCUNIAIRES. Voir **Monétaire**

PEINE et SENTENCE
La confusion est fréquente chez nous entre les mots PEINE et SENTENCE. Il importe donc de se souvenir que SENTENCE désigne une condamnation par un juge, par un tribunal. Ex. : Le juge a prononcé la SENTENCE ce matin. Le condamné devra donc purger sa PEINE au pénitencier. Il faut éviter de dire qu'un condamné a purgé une *sentence* de trois ans de prison. C'est une PEINE de trois ans qu'il faut dire, puisque le mot SENTENCE désigne la **condamnation** par le tribunal et non le châtiment imposé. Notons qu'en anglais le mot sentence signifie à la fois peine, condamnation, sentence. Voir aussi *Sentence suspendue, Sentences concurrentes, Sentencer*

PEINTURER et PEINDRE
PEINTURER signifie barbouiller avec de la peinture, peindre d'une façon grossière et maladroite. Par conséquent, il faut dire PEINDRE ou REPEINDRE sa cuisine, et non la *peinturer* ou la *repeinturer*. De plus, il faut savoir que le verbe PEINDRE s'applique aussi bien au travail d'un artiste qui fait des tableaux qu'à un peintre en bâtiment. Ex. : J'ai décidé de faire REPEINDRE ma voiture. Il a fabriqué un meuble, sa femme va le PEINDRE.

PÉKIN Voir **Beijing**

PÈLERINAGE
Nous faisons souvent la faute de prononcer *pélérinage*. En fait, il n'y a qu'un accent grave sur PÈLERINAGE, et aucun accent aigu. Il faut donc prononcer « pèl-ri-nage », le deuxième E étant muet. On dit : faire un PÈLERINAGE (pèl-ri-nage).

PENDANT, PENDANTE
Dans le domaine juridique, on peut dire qu'une cause est PENDANTE, qu'un procès est PENDANT, pour signifier que cette cause, ce procès, sont en attente. Il n'est pas dans l'usage cependant d'employer le verbe *pendre* en ce sens. On ne peut pas dire, par exemple, que deux autres causes *pendent* contre lui. Il faut dire plutôt que deux autres causes SONT PENDANTES contre lui.

PENSER (SE PENSER **INTELLIGENT, SUPÉRIEUR, etc.)**
Il faut dire plutôt SE CROIRE intelligent, ou supérieur, etc. Le verbe PENSER n'a pas de forme pronominale, c'est-à-dire qu'on ne peut pas dire *se penser*. Ex. : Ils SE CROYAIENT compétents sans avoir la moindre expérience en la matière.

PENSION et RETRAITE
On confond parfois PENSION et RETRAITE. Il importe de savoir que la RETRAITE est l'état d'une personne retraitée, tandis que la PENSION est l'allocation périodique que reçoit une personne retraitée. Il faut donc éviter de dire « Mon frère est à sa *pension* », et dire plutôt « Mon frère est à sa RETRAITE ». Il reçoit chaque mois un chèque de PENSION. Voir **Fonds de pension**

PENSUM, PENTAGONE (prononciation)
Voir **Agenda, Consensus, etc.** (prononciation)

PÉPINE, RÉTROCAVEUSE, EXCAVATRICE
La petite EXCAVATRICE qui creuse en ramenant les matériaux vers la machine et est capable de charger ces matériaux dans un camion s'appelle PÉPINE dans notre langage populaire. En français soutenu ou technique, l'Office québécois de la langue française a normalisé le terme CHARGEUSE-PELLETEUSE. Le mot RÉTROCAVEUSE est également un bon équivalent.

PER CAPITA
Per capita est une locution latine reprise par la langue anglaise, et c'est sous l'influence de l'anglais que nous l'utilisons. Il convient de dire plutôt PAR PERSONNE, ou PAR TÊTE. Ainsi, on dira : La dette PAR PERSONNE, ou PAR TÊTE, est de 200 $.

PER DIEM pour **INDEMNITÉ QUOTIDIENNE**
Comme *per capita* de la rubrique précédente, *per diem* (signifiant « par jour ») est une locution latine adoptée par la langue anglaise, mais pas par le français général. C'est pourquoi on ne trouve pas ces locutions dans les dictionnaires français. Il vaut donc mieux dire INDEMNITÉ QUOTIDIENNE ou JOURNALIÈRE. Ex. : Vous aurez droit à une INDEMNITÉ de 80 $ par jour. C'est l'INDEMNITÉ JOURNALIÈRE prévue à notre contrat.

PERSONNES ÂGÉES et AÎNÉS   Voir **Aînés**

PESER SUR LE BOUTON
Pour faire venir l'ascenseur ou sonner à une porte, il vaut mieux APPUYER SUR LE BOUTON, ou PRESSER LE BOUTON. Le verbe « peser », en pareil cas, est exagéré, puisqu'il signifie plutôt « exercer une pression importante » sur quelque chose. Ex. : PESER dans la balance.

PETITE (devant un diminutif)
On fait un pléonasme en plaçant l'adjectif *petite* devant un mot qui se termine par la finale ETTE, quand elle est diminutive. Il faut éviter, par exemple, de dire : des *petites fillettes*, *des petites maisonnettes*, *des petites briquettes*; ce sont des pléonasmes. Notons cependant que la finale « ette » n'est pas toujours diminutive et que l'on peut très bien dire : une petite trompette, une petite bicyclette, une petite épinglette.

PÉTONCLE (genre)
Le mot PÉTONCLE est du masculin. Il y avait au menu de BONS PETITS PÉTONCLES.

PET SHOP
Le terme anglais <u>pet shop</u> que nous avons longtemps utilisé chez nous est en voie de disparition. Nous le remplaçons de plus en plus par ANIMALERIE. Les boutiques, surtout (la loi les y oblige), affichent plutôt ANIMALERIE, mais BOUTIQUE D'ANIMAUX est aussi un terme reconnu.

PHONÉTIQUE et DICTION   Voir **Diction**

PIED LEVÉ (AU)
Remplacer quelqu'un à l'improviste, sans préparation, se dit AU PIED LEVÉ, et non pas *à pied levé*. Ex. : La comédienne principale étant tombée malade, Monique Miller l'a remplacée AU PIED LEVÉ.

PIÉTINER SUR PLACE
On fait un pléonasme en disant *piétiner sur place*, puisque PIÉTINER signifie « remuer les pieds sans avancer ». Ainsi, lors d'un conflit, on s'exprime clairement en disant que les négociations PIÉTINENT. Il faut se garder d'ajouter « sur place ».

PIGER
Le verbe PIGER n'a qu'un seul sens en français moderne, il signifie COMPRENDRE, SAISIR. Alors, tu PIGES? Il est donc incorrect de dire, par exemple : *piger* dans sa caisse de retraite, ou *piger* dans son REER. Il faut dire plutôt PUISER dans sa caisse de retraite, dans son REER. Et au lieu de dire *piger* une lettre, un numéro au hasard, il faut dire TIRER une lettre, un numéro au hasard.

PILE et BATTERIE   Voir **Batterie**

PILER SUR QUELQUE CHOSE
Au lieu de dire *piler sur quelque chose*, qui est un régionalisme, il faut dire MARCHER SUR QUELQUE CHOSE, ÉCRASER QUELQUE CHOSE. Ex. : SE MARCHER SUR les pieds; Cessez de me MARCHER SUR les orteils! Les manifestants ont MARCHÉ SUR le drapeau. Au figuré, au lieu de dire *piler sur son orgueil*, on dira METTRE SON ORGUEIL DE CÔTÉ. Sans la préposition SUR, PILER s'emploie au sens d'ÉCRASER, BROYER. On dit PILER des pommes de terre (pour en faire de la purée), PILER de l'ail, etc.

PINCES DE DÉCARCÉRATION   Voir **Décarcérer**

PIQUET DE GRÈVE (terme correct)   Voir *Ligne de piquetage*

PIQUETER, PIQUETAGE
Les mots PIQUETER et PIQUETAGE sont des termes techniques en français général, mais au Québec on leur donne, en plus, des sens touchant les manifestations de protestation. Ex. : Les grévistes ont PIQUETÉ toute la semaine devant les bureaux de leurs employeurs. Leur PIQUETAGE est approuvé par leur centrale syndicale. Ces usages sont reconnus par l'OQLF. Voir *Ligne de piquetage*

PIRATERIE et PIRATAGE
Ces deux mots sont français, mais ils ont des sens différents. Très ancienne, la PIRATERIE a d'abord été le cauchemar des mers avant de terroriser l'aviation commerciale, puis de devenir de plus en plus rare. Le mot PIRATAGE, lui, touche les droits d'auteurs. PIRATER une œuvre, sur disque, sur vidéo, c'est la reproduire illégalement en privant les auteurs de leurs droits.

PIRE (AUSSI PIRE, MOINS PIRE, PLUS PIRE) Voir **Moins pire**

PIRE-ALLER au lieu de **PIS-ALLER**
Un PIS-ALLER (nom masc. inv.) est un moyen auquel on a recours faute de mieux. Il faut éviter de dire un *pire-aller*, qui est une déformation régionale. Ex. : Comme PIS-ALLER, elles ont fait de l'auto-stop. Voir rubrique suivante

PIRE ALLER (AU) au lieu de **AU PIS ALLER**
La locution qui signifie « en supposant que les choses aillent au plus mal » se dit correctement AU PIS ALLER. Il faut éviter de dire *au pire aller*, qui est une déformation régionale. Ex. : AU PIS ALLER, nous mangerons de la viande aux hormones.

PISCINE CREUSÉE, PISCINE HORS TERRE
Les termes PISCINE CREUSÉE, ou PISCINE ENCASTRÉE, ou PISCINE ENCASTRÉE DANS LE SOL, sont acceptés chez nous. On dit correctement aussi PISCINE HORS TERRE, ou PISCINE HORS SOL (OQLF).

PISTE ET PELOUSE pour **ÉPREUVES D'ATHLÉTISME**
Dans le domaine des sports, des jeux athlétiques, une catégorie d'épreuves se nomme en anglais track and field. L'équivalent français de cette expression est ÉPREUVES D'ATHLÉTISME. Ces disciplines comprennent les courses à pied, les lancers, les sauts, etc. Il faut se garder de traduire track and field par *piste et pelouse*. Ex. : C'est la journée des ÉPREUVES D'ATHLÉTISME, ou de l'ATHLÉTISME, aux Jeux nord-américains.

PITONNER, PITONNAGE Voir **Zapper**

PITOUNE Voir **Billot, Bille, Pitoune**

PLACE (PRENDRE) Voir **Prendre place**

PLACENTA (prononciation) Voir **Agenda, Consensus**, etc.
(prononciation)

PLAISIR (C'EST MON ~ DE)
Sous l'influence de l'anglais, certains Québécois, en particulier des présentateurs de spectacles, emploient parfois l'expression *C'est mon plaisir de...* calquée sur l'expression It's my pleasure to... L'équivalent correct en français est J'AI LE PLAISIR DE... ou encore JE SUIS HEUREUX DE... Ex. : Mesdames et messieurs, J'AI LE PLAISIR DE vous présenter... ou encore JE SUIS HEUREUX DE vous présenter...

PLANCHE DE BOIS
Une PLANCHE est par définition : une pièce de bois plane, allongée et généralement peu épaisse. Il faut donc éviter de dire *planche de bois*, et dire simplement PLANCHE. Ex. : Un camion a renversé sur la route son chargement de PLANCHES.

PLANCHER et ÉTAGE, REZ-DE-CHAUSSÉE
Ces termes sont parfois confondus dans notre langage. Ainsi, on entend : Nous travaillons *sur le même plancher*, alors qu'il faut dire AU MÊME ÉTAGE. D'autre part, il est bon de savoir que ce que nous appelons en québécois le *premier plancher* (au niveau du sol) s'appelle REZ-DE-CHAUSSÉE en français général. Le PREMIER ÉTAGE est celui qui se trouve au-dessus du rez-de-chaussée. Quant au mot PLANCHER, il se dit en parlant de la surface sur laquelle on pose les pieds dans une voiture. C'est pourquoi on dit correctement avoir le pied au PLANCHER, dans le sens d'appuyer au fond la pédale d'accélérateur.

PLANCHER (emplois au figuré)
Le mot PLANCHER s'emploie correctement au sens de niveau minimal, de seuil inférieur. Ainsi, on peut dire le PRIX PLANCHER, opposé au PRIX PLAFOND (Robert). C'est en ce sens qu'on dit au Québec : PLANCHER D'EMPLOIS, c'est-à-dire le nombre minimum d'emplois qu'un employeur s'est engagé à maintenir dans son entreprise.

PLAQUE MINÉRALOGIQUE
Voir **Licence, Plaque, Immatriculation**

PLASTIC WOOD
Le terme anglais plastic wood, que certains fabricants, au Canada, ont traduit par *bois plastique*, se dit FUTÉE en français général. La FUTÉE est un mastic composé de sciure de bois et de colle forte, servant à boucher les trous.

PLEIN À CAPACITÉ Voir *Capacité (à)*

PLÉONASMES
On entend parfois dans les informations radio ou télé, ou on lit dans nos journaux, des locutions comme *tunnel souterrain, inauguration officielle, apanage exclusif*, etc. Ces pléonasmes sont évidemment à éviter. De même, on évitera de placer le mot *petite* devant un nom se terminant par la finale diminutive « ette ». Voir **Petite** (devant un diminutif)

PLONGE
Il faut éviter d'utiliser le mot *plonge* dans le sens de PLONGEON, de DÉGRINGOLADE. En Bourse, par exemple, on peut dire que les actions d'une société ont fait un PLONGEON ou une DÉGRINGOLADE, et non une *plonge*. En fait, le mot PLONGE n'a qu'un sens en français général : il désigne l'action de laver la vaisselle, surtout dans les restaurants.

PLUG, PLUGGER
On emploie souvent, en radio et télévision, les mots *plug* et *plugger*. Faire une *plug*, ou *plugger*, c'est passer en douce une publicité gratuite. Pour éviter ces termes américains, on peut parler de PUB GRATUITE, on peut dire PROMOUVOIR EN DOUCE un produit, une entreprise, etc.

PLURIEL DES MOTS ÉTRANGERS
En français moderne, les mots étrangers font généralement leur pluriel à la française. On disait jadis : un concerto, des concerti; une soprano, des soprani; un cameraman, des cameramen. La règle moderne veut que l'on dise plutôt des CONCERTOS, des SOPRANOS, des CAMERAMANS et aussi des BARMANS, etc. On écrit cependant des MATCHS ou des MATCHES, des SANDWICHS ou des SANDWICHES. Mais les pluriels à la française sont de plus en plus la règle. Par exemple, on écrit des MAXIMUMS et des MINIMUMS, et on évite les *maxima* et les *minima*. Certains mots italiens ont été empruntés dans leur forme plurielle et nous ignorons souvent leur singulier. Nous disons des CONFETTIS, des PAPARAZZIS, des GRAFFITIS, des SPAGHETTIS, etc. En fait, si l'on dit UN PAPARAZZI, le mot est encore dans sa forme plurielle (le singulier en italien est paparazzo), mais la langue française ne connaît que PAPARAZZI. Il en va de même pour GRAFFITI, SPAGHETTI, etc.

PLUS CHAUD et MOINS FROID
PLUS CHAUD et MOINS FROID ne sont pas des termes interchangeables. Il importe d'en tenir compte, surtout en météo. En hiver, comme nous n'avons pas de chaleur, on peut annoncer MOINS FROID pour le lendemain, mais pas *plus chaud*. En été, par contre, nous pouvons parler de temps plus ou moins chaud, et si nous parlons de FROID, nous voulons plutôt dire FRAIS, à moins d'un cas vraiment exceptionnel.

PLUSIEURS
PLUSIEURS signifie **quelques-uns, un certain nombre**. On dirait correctement : PLUSIEURS accidents, attribuables à l'ivresse au volant, sont survenus en fin de semaine. Il est courant chez nous, mais incorrect, de donner au mot PLUSIEURS le sens de

« un grand nombre ». Ainsi, on a déjà lu ou entendu des reportages disant que *plusieurs* personnes manifestaient devant le parlement, alors que les photos, ou images de télévision, nous en montraient des centaines. Il aurait fallu dire que DES CENTAINES, ou DES MILLIERS, ou UN GRAND NOMBRE de personnes manifestaient. On dit correctement par exemple : J'ai PLUSIEURS téléphones à la maison; un dans la cuisine, un dans le corridor et un dans le salon.

PLYWOOD
Par bonheur, le mot anglais plywood est de plus en plus remplacé dans notre langage par son équivalent français CONTRE-PLAQUÉ. Ex. : Des panneaux de CONTREPLAQUÉ.

POÊLE et CUISINIÈRE
Un POÊLE est un appareil de chauffage. UNE CUISINIÈRE est un appareil électrique ou à gaz pour faire la cuisine. En cas de panne d'électricité, il est fort utile d'avoir à la maison un POÊLE À BOIS. Autrefois, le POÊLE À BOIS de la maison servait également de CUISINIÈRE.

POÊLE et POIL (prononciation)
Les mots POÊLE et POIL ont la même prononciation : « pwàl ».

POIGNET (TIRER DU)   Voir *Tir au poignet*

POINÇONNER, POINÇONNEUSE (au bureau, à l'usine)
Il faut dire POINTER sa fiche de présence et non pas la *poinçonner*. Les travailleurs, en arrivant et en partant de l'usine, du bureau, vont à la MACHINE À POINTER, qu'on peut appeler aussi la POINTEUSE, et ils POINTENT leur FICHE DE PRÉSENCE (et non pas leur *carte de temps*). Le mot POINÇONNEUSE est français, mais il désigne une machine-outil, munie d'un poinçon, qui sert à perforer ou à découper les matériaux.

POINT (pour marquer la décimale)
C'est la virgule et non le point qui doit séparer le nombre de sa décimale. Ex. : 25,3 % et non pas 25.3 %. Le point, dans ce cas, appartient à l'usage anglais. Par conséquent, on écrit 2,5 MILLIONS, mais, en parlant, on dit DEUX MILLIONS ET DEMI. On écrit que l'essence coûte 82,5 cents le litre; et en parlant, on dit 82 cents VIRGULE 5, ou 82 cents ET DEMI le litre. Notons que le S de cents est muet, comme l'est d'ailleurs toujours le S du pluriel.

POINT (GAGNER SON)
L'expression *gagner son point* est une traduction incorrecte de l'anglais to win one's point. Il faut dire plutôt AVOIR GAIN DE CAUSE. Ex. : Après d'interminables discussions avec son rival, elle a finalement EU GAIN DE CAUSE. Le jugement de l'arbitre lui a donné GAIN DE CAUSE.

POINT DE PRESSE
Un POINT DE PRESSE est une brève CONFÉRENCE DE PRESSE. Le POINT DE PRESSE sert à « faire le point » sur une situation, à fournir un élément nouveau dans un événement en cours. Voir **Conférence de presse**

POINT MORT (AU), expression correcte   Voir *Neutre (au)*

POINT TOURNANT
La locution *point tournant* est un calque de turning point. Le terme français correct est TOURNANT, tout simplement. Ex. : Ce grand débat sera sûrement le TOURNANT dans la campagne électorale en cours. Ou encore : Cette rencontre a été un TOURNANT dans sa vie.

POINTAGE   Voir **Marque** et **Score**

POINTER DU DOIGT, MONTRER DU DOIGT
On dit plutôt MONTRER DU DOIGT, ou DÉSIGNER DU DOIGT, dans le sens de viser une chose que l'on croit en cause, une personne que l'on croit responsable. Mais il est correct de dire POINTER SON INDEX VERS QUELQU'UN, et aussi POINTER UN DOIGT ACCUSATEUR SUR QQN ou QQCH. Par conséquent, l'expression POINTER DU DOIGT, même si elle nous vient probablement de l'anglais, n'est pas nécessairement incorrecte. On dit en anglais : to point one's finger at somebody, at something.

POINTER SA FICHE DE PRÉSENCE   Voir *Poinçonner*

POINTS D'INAPTITUDE (terme correct)
   Voir *Démérite (points de)*

PÔLE À RIDEAUX, PÔLE DE SKI, PÔLE POSITION
Le mot *pôle* est un anglicisme quand on l'emploie au sens de TRINGLE À RIDEAUX, ou simplement TRINGLE. *Pôle* est aussi un anglicisme au sens de BÂTON DE SKI. Dans les autres cas, le mot PÔLE est bien français, comme dans PÔLE Nord, PÔLE Sud, les PÔLES d'un aimant, les PÔLES d'une ligne électrique (positif et négatif), PÔLE d'attraction, PÔLE de croissance, PÔLE de dévelop-

pement, etc. Mais, en course automobile, *détenir la pôle position* est un anglicisme (pole position), qu'il vaut mieux remplacer par POSITION DE TÊTE, ou PREMIÈRE POSITION.

POLI À ONGLES, POLI À CHAUSSURES
Ces deux termes sont des calques de l'anglais fingernail polish et shoe polish. Il faut dire plutôt : VERNIS À ONGLES et CIRAGE (il est superflu d'ajouter « à chaussures »).

POLICIER et **CONSTABLE**   Voir **Constable**

POLITICALLY CORRECT
Différentes traductions ont été proposées et utilisées pour exprimer en français politically correct, d'origine américaine, et c'est finalement POLITIQUEMENT ORTHODOXE et POLITIQUEMENT CONFORME qui semblent devoir s'imposer. Et pour rendre la forme substantive political correctness, c'est RECTITUDE POLITIQUE qui est la traduction la plus courante, suivie de NOUVELLE ORTHODOXIE. En fait, le terme political correctness désigne le principe qui consiste à ne rien dire ou faire qui soit susceptible de nuire aux droits et libertés des groupes minoritaires. Mais, bien avant que ces néologismes n'émanent des milieux universitaires américains, la langue française pouvait exprimer ces réalités. On dit depuis fort longtemps en français LANGUE DE BOIS dont Robert donne la définition suivante : langage figé de la propagande et, par extension, façon de s'exprimer qui abonde en formules figées et en stéréotypes non compromettants. D'autre part, DÉLICATESSE DE LANGUE pourrait remplacer avantageusement political correctness.

POLITOLOGUE plutôt que **POLITICOLOGUE**
Les spécialistes des sciences politiques se nomment POLITOLOGUES; ce dernier terme l'ayant emporté sur « politicologue » qui lui faisait concurrence. Il en va de même pour POLITOLOGIE qui a écarté « politicologie ».

POLYSTYRÈNE (terme correct)   Voir **Styrofoam**

POLYVALENT et **VERSATILE**   Voir **Versatile**

POMPIER et **SAPEUR**
Un SAPEUR est un soldat du génie dont la tâche est de creuser des tranchées pour arrêter l'avance d'un incendie. Nous n'avons pas ce genre de spécialiste en Amérique. C'est pourquoi l'expression « sapeur-pompier », courante en France, est inutile chez nous. Il nous suffit de dire POMPIER.

POPCORN Voir **Maïs éclaté**

PORT DE PLAISANCE et **MARINA** Voir **Marina**

PORTABLE et **PORTATIF**
Ces deux adjectifs n'ont pas exactement le même sens. PORTABLE signifie : qui peut être porté ou transporté, sans être fait spécialement pour être porté avec soi. PORTATIF signifie : fait pour être porté avec soi. On disait une « machine à écrire portative », et, pour les ordinateurs, le terme correct est PORTATIF, mais les Français ont choisi de dire « portable », sous l'influence américaine. Ils disent aussi « téléphone portable », mais PORTATIF serait le qualificatif approprié. En fait, PORTABLE devrait plutôt s'employer en parlant de certains téléviseurs et de certains photocopieurs. En pratique, nous avons le choix, en parlant des appareils que l'on porte avec soi, de dire PORTATIF, au sens strict, ou bien PORTABLE, utilisé par la majorité des francophones.

PORTE-À-PORTE et **DE PORTE EN PORTE**
Il y a le nom composé PORTE-À-PORTE (avec traits d'union). Faire du PORTE-À-PORTE, c'est aller de maison en maison, de logis en logis, pour vendre ou solliciter. Ex. : Nous faisons du PORTE-À-PORTE en faveur du Parti vert. Il y a aussi la locution DE PORTE EN PORTE (sans trait d'union); dans ce cas, il s'agit d'une locution qui signifie : de maison en maison, de logis en logis, etc. Ex. : Ils vont DE PORTE EN PORTE à la recherche d'un enfant disparu.

PORTE-FENÊTRE et non *PORTE-PATIO*
Il faut appeler PORTE-FENÊTRE, et non pas *porte-patio*, la grande fenêtre qui va jusqu'au plancher et qui sert aussi de porte donnant accès à un balcon, à un jardin, à une terrasse. En anglais, on dit patio-door. Au pluriel : des PORTES-FENÊTRES.

PORTEMANTEAU et **PATÈRE** Voir **Patère**

PORTE-MONNAIE mais **PORTEFEUILLE**
On écrit PORTE-MONNAIE en deux mots avec trait d'union, alors qu'il faut écrire PORTEFEUILLE en un seul mot. La plupart des autres mots commençant par PORTE s'écrivent avec le trait d'union : PORTE-SAVON, PORTE-OUTIL, PORTE-PAROLE, PORTE-PLUME, etc.

PORTE-POUSSIÈRE, *PORTE-ORDURES*
Il faut dire PELLE À POUSSIÈRE ou PELLE À ORDURES, plutôt que *porte-poussière* ou *porte-ordures*. Notons d'ailleurs que tous les noms composés commençant par PORTE servent à porter des

choses d'une certaine valeur et non des déchets. Ex. : PORTE-DRAPEAU, PORTE-DOCUMENTS, PORTE-AVIONS, etc.

PORTER FRUITS
Nous disons au Québec que quelque chose a *porté fruits*. En français général, on dit PORTER DES FRUITS, PORTER SES FRUITS. Ex. : Nos efforts ont enfin PORTÉ DES FRUITS. Avec de la patience, notre travail finira par PORTER SES FRUITS.

PORTIQUE pour **VESTIBULE** et **ENTRÉE**
Voir **Entrée, Portique, Vestibule**

POSER UN GESTE
En français général, on dit FAIRE UN GESTE, UNE ACTION. Au Québec et en Belgique, on dit aussi POSER UN GESTE, et cela n'est généralement pas perçu comme incorrect par les linguistes. FAIRE ou POSER un geste, un acte, c'est l'accomplir, le commettre.

POSITIF pour **PERSUADÉ**
L'adjectif *positif*, au sens de PERSUADÉ, CONVAINCU, CERTAIN, est un anglicisme à éviter. On évitera de dire par exemple : Je suis *positif* que c'est lui le voleur. On dira plutôt : Je suis CERTAIN, PERSUADÉ, CONVAINCU que c'est lui.

POSSIBLE (FAIRE TOUT EN SON)
Voir **Faire tout en son possible**

POSSIBLEMENT
Cet adverbe est d'un usage rare en France. Assez fréquent au Québec, il signifie PEUT-ÊTRE, et, justement, on le remplace avantageusement par PEUT-ÊTRE. Ex. : Nous irons en France et en Belgique, PEUT-ÊTRE en Suisse.

POSTE (POURVOIR UN)
Il faut dire POURVOIR un poste, et non pas *combler* un poste. POURVOIR un poste, c'est y affecter une personne. Ex. : Il reste encore quelques postes à POURVOIR.

POST MORTEM
C'est surtout dans le domaine du journalisme que l'on dit faire le *post mortem* d'un événement, mais il s'agit d'un terme emprunté au latin par le truchement de l'anglais. En français général, on dit plutôt : l'AUTOPSIE, l'EXAMEN RÉTROSPECTIF, la REVUE, le BILAN. Ex. : Après une campagne électorale, les directeurs du journal demandent que l'on fasse l'AUTOPSIE, le BILAN, L'EXAMEN RÉTROSPECTIF de l'événement.

POSTSYNCHRONISATION et DOUBLAGE
Il y a souvent confusion, dans le public, entre les termes POST-SYNCHRONISATION et DOUBLAGE, qui ont des sens bien différents pour les travailleurs du cinéma et de la télévision. Le DOUBLAGE, c'est l'action de traduire dans une autre langue les dialogues, la narration, d'un film, d'un reportage. Ex. : Ce film a été DOUBLÉ en cinq langues.

La POSTSYNCHRONISATION, c'est le procédé par lequel on ajoute les dialogues à un film, à des scènes de films, qui ont été produits dans des endroits ou des circonstances où il aurait été difficile sinon impossible de tourner en sonore. Par exemple, pour une conversation entre deux personnages dans une rue bruyante, il faut généralement faire la POSTSYNCHRONISATION de la scène.

POT-POURRI (traduction de *MEDLEY*) Voir *Medley*

POTEAU (prononciation)
Le O de POTEAU se prononce comme celui de POTIN, de POTÉE, ou de POLICE. Il faut éviter de prononcer POTEAU comme si le O portait un accent circonflexe.

POUCE (SUR LE) Voir **Stop, Stopper, Auto-stop**

POUDRERIE et **BLIZZARD** Voir **Blizzard**

POUR **TANT DE DOLLARS DE MARCHANDISES**
La préposition *pour* est superflue dans l'expression : acheter *pour* tant de dollars de marchandises. Il suffit de dire par exemple : acheter 300 $ de marchandises. Par contre, on dirait correctement : Il a acheté POUR 300 $ cet ordinateur usagé.

POUR AUSSI PEU QUE
La locution *pour aussi peu que*, courante dans le commerce chez nous, est un calque de l'anglais for as little as. On dit, par exemple : vous pouvez obtenir ce service *pour aussi peu que* 20 $. Il suffit de dire à la place POUR SEULEMENT 20 $, ou POUR LA MODIQUE SOMME DE 20 $.

POUR FAIRE UNE HISTOIRE COURTE
   Voir **Histoire courte** *(pour faire une)*

POUR LE BÉNÉFICE DE Voir *Bénéfice (pour le ~ de)*

POUR UN (MOI) Voir *Moi pour un*

POURCENTAGE : *UN DEMI DE UN POUR CENT*
Il suffit de dire UN DEMI POUR CENT. Si l'on ajoute *de un*, et que l'on dit *un demi de un pour cent*, on fait un anglicisme. En anglais, en effet, on dit <u>half of one percent, three quarters of one per cent</u>, etc. En français, il faut dire TROIS QUARTS POUR CENT, TROIS HUITIÈMES POUR CENT, etc., en évitant *de un*.

POURVOIR et non *COMBLER* **UN POSTE**
   Voir **Poste (pourvoir un)**

POUSSER À LA ROUE (expression correcte)
   Voir ***Mettre l'épaule à la roue***

POUSSETTE   Voir **Carrosse** et **Landau**

PRATIQUER (SE)
Il n'y a pas de verbe pronominal *se pratiquer*. On peut dire correctement, selon le cas : S'ENTRAÎNER, S'EXERCER, ou RÉPÉTER. Ex. : Notre équipe S'ENTRAÎNE en vue du match de samedi. Une pianiste de concert doit S'EXERCER quotidiennement. La troupe du Nouveau Monde RÉPÈTE sa prochaine pièce.

PRÉALABLE et non ***PRÉREQUIS***
Prérequis n'est pas français, ni comme nom, ni comme adjectif. PRÉALABLE, par contre, s'emploie comme nom et comme adjectif. On dit, par exemple : Poser des conditions PRÉALABLES à une négociation. On dit aussi des cours PRÉALABLES en parlant de ceux qui sont nécessaires pour être admis à une formation, généralement universitaire. Autre exemple : Vos PRÉALABLES sont inacceptables.

PRÉDATEUR SEXUEL
Le terme anglais <u>sex predator</u> se rend en français par AGRESSEUR SEXUEL EN SÉRIE, ou encore AGRESSEUR SEXUEL RÉCIDIVISTE (selon le cas). Ces équivalents français sont proposés par l'Office québécois de la langue française. Le premier a été conçu sur le modèle de TUEUR EN SÉRIE, terme proposé pour traduire <u>serial killer</u>. Quant au mot PRÉDATEUR, on ne l'emploie qu'en parlant des animaux. Enfin, l'expression MANIAQUE SEXUEL équivaut simplement à OBSÉDÉ SEXUEL, et l'obsession n'est pas un crime.

PRÉJUDICE et **PRÉJUGÉ**
Il faut éviter de confondre ces deux mots. Un PRÉJUDICE est le tort matériel ou moral causé à une personne. Porter PRÉJUDICE à quelqu'un, c'est le priver d'un avantage, d'un bien; c'est lui causer du tort. Un PRÉJUGÉ est une idée préconçue, un parti ⇨

pris, ou encore une opinion fausse reçue de son milieu. Ex. : Des PRÉJUGÉS raciaux.
La locution *être préjugé* est un calque de to be prejudiced. Il faut dire plutôt AVOIR UN ou DES PRÉJUGÉS, ou encore AVOIR UN PARTI PRIS. Ex. : Ce juge A UN PARTI PRIS, il devrait se récuser.

***PRÉLART* pour LINOLÉUM**
Il faut éviter le mot *prélart* quand il est question de revêtement de sol. C'est LINOLÉUM qui est le terme approprié. Ex. : Ils ont fait recouvrir leur plancher de cuisine d'un magnifique LINOLÉUM. En français général, le mot PRÉLART désigne plutôt une grosse toile imperméable qui sert à protéger les marchandises.

PREMIÈRES 24 HEURES (LES), LES PREMIÈRES 48 HEURES
Il est correct de dire LES PREMIÈRES 24 HEURES et LES PREMIÈRES 48 HEURES. Mais, avec les autres nombres, il faut placer PREMIÈRES après le nombre. Ainsi, on dira LES TROIS PREMIÈRES HEURES et non *les premières trois heures*. On fait exception pour 24 et 48 heures parce que ces périodes équivalent à un ou deux jours. Il en va de même pour les périodes qui viennent de s'écouler. On dit correctement LES DERNIÈRES 24 HEURES et LES DERNIÈRES 48 HEURES, mais il faut dire LES HUIT DERNIÈRES HEURES, LES DOUZE DERNIÈRES HEURES, etc.

***PRENDRE* (usages fautifs)**

Emplois fautifs	Emplois corrects
Prendre le vote.	VOTER, PASSER ou PROCÉDER AU VOTE.
Prendre pour acquis.	TENIR POUR ACQUIS.
Prendre un cours.	SUIVRE UN COURS.
Prendre force.	ENTRER EN VIGUEUR.
Prendre une marche.	FAIRE UNE MARCHE.
Prendre les bouchées doubles.	METTRE LES BOUCHÉES DOUBLES.
Prendre place.	AVOIR LIEU, SE PRODUIRE.
Prendre une action contre quelqu'un.	INTENTER UNE ACTION CONTRE QUELQU'UN.

PRENDRE FORCE, ÊTRE EN FORCE
Voir **Force** (prendre ~, être en ~)

PRENDRE PLACE (dans un véhicule, etc.)
Nos journalistes emploient souvent l'expression *prendre place* dans un véhicule, dans le sens d'OCCUPER UNE PLACE. Nous entendons, ou nous lisons par exemple : Les trois blessés *prenaient place* sur la banquette arrière de la voiture. Ce qu'ils

veulent dire, c'est plutôt : Les trois blessés OCCUPAIENT la banquette arrière, ou SE TROUVAIENT sur la banquette arrière. PRENDRE PLACE est correct au sens de « aller s'asseoir à sa place ». Avant le départ, les voyageurs vont PRENDRE PLACE dans une voiture ou un véhicule de transport en commun. Aussi, quand le repas est prêt, on dit à ses invités : Vous pouvez PRENDRE PLACE. Dans une salle de spectacle, on peut également inviter les spectateurs à PRENDRE PLACE, parce que le spectacle va commencer.

PRENDRE POUR ACQUIS Voir ***Acquis (prendre pour)***

PRENDRE UNE CHANCE, DES CHANCES Voir **Chance** et **Risque**

PRÉREQUIS Voir **Préalable**

PRESCRIPTION et ORDONNANCE
Quand un médecin, un professionnel de la santé, prescrit quelque chose à un client, que ce soit un médicament ou une façon de se nourrir, de faire de l'exercice, etc., il fait une PRESCRIPTION. Si le médecin prescrit un médicament, alors il rédige une ORDONNANCE et, avec ce document, le patient pourra se procurer le remède en pharmacie. Donc, une PRESCRIPTION, c'est une recommandation, un conseil; une ORDONNANCE, c'est le document qui permet à un malade d'obtenir à la pharmacie un médicament en vente contrôlée. En anglais, le mot prescription est utilisé dans les deux cas.

PRÉSENTEMENT
L'adverbe PRÉSENTEMENT est vieilli, ou régional. Il est d'emploi rare en français général, mais d'usage courant au Québec. Il est préférable de dire ACTUELLEMENT, EN CE MOMENT, MAINTENANT.

PRÉSERVATIF et AGENT DE CONSERVATION
Voir **Agent de conservation**

***PRESSER, PRESSAGE* (vêtements)**
Presser et *pressage* sont des anglicismes quand il est question de vêtements. On dit en anglais to press et pressing. Les équivalents en français correct sont REPASSER et REPASSAGE. Ex. : REPASSER un pantalon, une jupe, une chemise.

PRESSION (METTRE DE LA)
L'expression *mettre de la pression* sur quelqu'un est calquée sur to put pressure on someone. En français correct, on dit FAIRE PRESSION sur quelqu'un, EXERCER UNE PRESSION sur quelqu'un. ⇨

Ex. : Nous allons FAIRE PRESSION sur le ministre pour qu'il revienne sur ces décisions. Ou encore : Cet employeur EXERCE UNE PRESSION insupportable sur son personnel.

PRESSION SANGUINE pour TENSION ARTÉRIELLE
Le terme *pression sanguine* est un calque de blood pressure. Il faut dire plutôt TENSION ou PRESSION ARTÉRIELLE. Le médecin, l'infirmière, vérifie la TENSION ARTÉRIELLE d'un patient. Quand cette tension est trop élevée, il y a HYPERTENSION; si elle est trop basse, il y a HYPOTENSION. Il faut éviter les termes *haute pression* et *basse pression* qui sont des calques de high blood pressure et low blood pressure.

PRIME ABORD (DE)
Il faut dire DE PRIME ABORD et non pas *à prime abord*. On peut dire aussi AU PREMIER ABORD, dans le même sens. Ces locutions sont synonymes de « dès la première rencontre », ou de « à première vue ». Ex. : DE PRIME ABORD, cette personne m'était apparue charmante.

PRIME, BONI, BONUS   Voir Bonus

PRIME DE DÉPART, PRIME DE SÉPARATION, PAYE DE SÉPARATION
Les expressions *prime de départ, prime de séparation, paye de séparation*, sont des anglicismes à éviter. INDEMNITÉ DE LICENCIEMENT, INDEMNITÉ DE DÉPART, sont les termes à retenir. On dit en anglais : severance pay ou separation pay. Une INDEMNITÉ DE LICENCIEMENT est une compensation en argent versée à un travailleur qu'une entreprise doit remercier pour des raisons administratives.

PRIME TIME   Voir Heure de pointe

PRIORISER
Bien qu'il ne soit pas reconnu officiellement, le verbe PRIORISER devient d'usage courant et s'impose tant en France qu'au Québec au sens DONNER LA PRIORITÉ À. Ex. : L'aide sociale doit PRIORISER les veuves et les orphelins.

PRISE D'OTAGE et DÉTENTION D'OTAGE
Il importe de faire la distinction entre PRISE D'OTAGE et DÉTENTION D'OTAGE. En effet, une PRISE D'OTAGE, c'est l'action de s'emparer d'un ou de plusieurs otages. Cela prend quelques minutes tout au plus. La DÉTENTION D'OTAGE(S), c'est le fait de DÉTENIR un ou des otages, ce qui peut durer un temps indéfini.

Par conséquent, il est incorrect de dire qu'une *prise d'otage(s)* a duré cinq jours; c'est plutôt la DÉTENTION D'OTAGE(S) qui a duré cinq jours.

PRIVILÉGIER
Le sens original du verbe PRIVILÉGIER est : doter d'un privilège, avantager, favoriser. Ex. : PRIVILÉGIER un candidat. Ce verbe a aussi un sens plus nouveau : attribuer une valeur, une importance particulière à quelque chose. Ex. : PRIVILÉGIER un argument dans une discussion. On donne aussi, parfois, à PRIVILÉGIER le sens de considérer comme plausible, vrai. Mais dans ce sens, le verbe ACCRÉDITER est plus approprié. Ex. : La police ACCRÉDITE (de préférence à privilégie) la thèse du double meurtre.

PRIX D'ADMISSION   Voir **Admission**

PRIX DE GROS, COMMERCE DE GROS, MAGASIN DE GROS
Il faut éviter de dire *prix du gros* et *commerce du gros*. Les termes du français général sont : PRIX DE GROS, COMMERCE DE GROS, et aussi MAGASIN DE GROS.

PRIX DE LISTE
Prix de liste est un calque de list price. Il faut dire plutôt PRIX COURANT, ou PRIX DE CATALOGUE. Ex. : Le PRIX COURANT de cette lampe est de 90 $.

PROBLÉMATIQUE (le nom)
PROBLÉMATIQUE n'est pas synonyme de PROBLÈME. Il faut éviter de parler, par exemple, de « la *problématique* du logement à Montréal », au lieu de dire simplement « le PROBLÈME du logement à Montréal ». La PROBLÉMATIQUE, c'est plutôt un **ensemble de problèmes** qui ont des rapports entre eux. On dirait correctement : la PROBLÉMATIQUE de l'intégration des immigrants à Montréal.

PROCÈS AVORTÉ   Voir **Avortement de procès**

PROCESSION, PARADE, DÉFILÉ   Voir **Défilé**

PROCHAIN (accord dans les dates)
Si l'on parle d'une ou de plusieurs dates à venir, l'adjectif PROCHAIN peut s'accorder avec les jours ou avec le ou les mois, selon le cas. Ainsi, si nous sommes en janvier, on écrira : Les 15 et 16 janvier PROCHAINS (accord avec les jours). Mais, si nous sommes toujours en janvier, on écrira : les 15 et 16 février PROCHAIN (accord avec le mois). Par contre, si les dates à venir ⇨

s'étendent sur plus d'un mois, on écrit PROCHAINS au pluriel.
Ex. : Les 20 et 21 février et 3 mars PROCHAINS.
N. B. : Les mêmes règles s'appliquent pour les jours et les mois DERNIERS.

PROFESSEUR, ENSEIGNANT, INSTITUTEUR
Le mot PROFESSEUR, PROFESSEURE, désignant la fonction, s'emploie au secondaire, au collégial et à l'université. Cependant, seuls les professeurs d'université peuvent porter le **titre** de PROFESSEUR, et par conséquent se faire appeler PROFESSEUR UNTEL. Le terme ENSEIGNANT est un générique. Toute personne qui enseigne est un ENSEIGNANT, une ENSEIGNANTE. Enfin, le mot INSTITUTEUR, INSTITUTRICE, s'applique aux enseignants du primaire et de la maternelle.

PROFESSEURE   Voir **Féminin des noms de métiers**

PROFESSIONNEL
Un PROFESSIONNEL est un spécialiste, une personne de métier, une personne qui pratique à plein temps une activité, un art, un sport, par opposition à un AMATEUR. C'est abusivement que nous employons PROFESSIONNEL pour désigner LES MEMBRES DES PROFESSIONS LIBÉRALES, c'est-à-dire les avocats, médecins, ingénieurs, architectes, etc.

PROFIL BAS (GARDER UN)
L'expression *garder un bas profil* ou *un profil bas* est calquée sur l'anglais to keep a low profile. Pour traduire correctement, on peut dire : ÊTRE TRÈS MODESTE, AVOIR UNE ATTITUDE DISCRÈTE, ÊTRE SANS AUCUNE PRÉTENTION.

PROJECTEUR et **RÉFLECTEUR**   Voir **Projecteur**

PRO-MAIRE (anglicisme)   Voir **Maire suppléant**

PROMOTEUR IMMOBILIER (terme correct)
  Voir *Développeur immobilier*

PROMOTION (en commerce)
D'emploi critiqué mais de plus en plus courant tant en France qu'au Canada, le mot PROMOTION s'emploie dans la vente, le commerce. La PROMOTION des ventes, c'est le développement des ventes par la publicité, les réductions de prix, etc. Un article EN PROMOTION est vendu moins cher pour inciter les clients à l'acheter. Des commerces affichent : PROMOTION du mois, au sens de « notre article en promotion ».

PROMOUVOIR (en commerce)
PROMOUVOIR un article, un produit, c'est tenter de stimuler sa vente par divers moyens comme la publicité, la réduction de prix. D'abord contesté en ce sens, PROMOUVOIR est désormais « incontestable ».

PROTÈGE-CALANDRE
La housse dont on recouvre le devant d'une voiture pour le protéger de l'impact des graviers, des insectes, etc., s'appelle PROTÈGE-CALANDRE. On dit aussi HOUSSE DE CALANDRE.

PROVINCES (genre) Voir **Genre des provinces canadiennes**

PROVINCES ATLANTIQUES et **PROVINCES MARITIMES**
Selon l'usage reconnu depuis longtemps au Canada, on appelle PROVINCES MARITIMES celles du Nouveau-Brunswick, de la Nouvelle-Écosse et de l'Île-du-Prince-Édouard. Le terme PROVINCES ATLANTIQUES englobe en plus celle de TERRE-NEUVE.

PROVISION D'UN CONTRAT, D'UNE LOI
Le mot *provision* est un anglicisme quand on l'emploie au sens d'ARTICLE, de CLAUSE, de DISPOSITION, ou de STIPULATION d'un contrat, d'une loi, d'un traité, d'un acte. Le mot PROVISION est français, mais il est synonyme d'approvisionnements, de réserves à la banque, etc. On fait ses PROVISIONS pour la semaine; mais on évite de payer avec un chèque sans PROVISION. Pour ce qui est des **lois**, elles ont des ARTICLES, des CLAUSES, des DISPOSITIONS, ou des PRESCRIPTIONS. Quant aux **contrats**, ils ont des CLAUSES, des STIPULATIONS, des DISPOSITIONS.

PUBLICISER
Le verbe PUBLICISER est calqué sur to publicize. Longtemps combattu par les linguistes français, il devient assez répandu dans la francophonie pour qu'on le considère acceptable. Il a l'avantage de dire en un seul mot les locutions verbales qu'il entend remplacer : FAIRE DE LA PUBLICITÉ À, FAIRE LA PUBLICITÉ DE, RENDRE PUBLIC. Ex. : Le nouveau produit est excellent, il faudrait cependant le PUBLICISER. La nouvelle se répand; mais elle n'a pas encore été PUBLICISÉE par les autorités.

PUITS DE RAVITAILLEMENT (Course automobile)
Voir *Stand de taxis*, *Stand de ravitaillement*

PULL, SWEATER Voir **Gilet**

PULPE, PÂTE, PULPERIE Voir **Pâte à papier**

PUPITRE
Le mot PUPITRE désigne un meuble de travail à surface inclinée. Les écoliers ont des PUPITRES, de même que les dessinateurs, les architectes. PUPITRE s'emploie aussi comme synonyme de LUTRIN pour les musiciens, les chefs d'orchestre. CHEF DE PUPITRE est un terme de l'argot des journalistes, qu'on fait bien de remplacer par SECRÉTAIRE DE RÉDACTION, c'est-à-dire le responsable d'une édition d'un journal, d'un radiojournal ou d'un téléjournal. L'argot journalistique va encore plus loin. Si vous visitez une salle de rédaction, ne vous étonnez pas d'entendre : « Le pupitre est parti dîner ! »

PUTSCH et **COUP D'ÉTAT**   Voir **Coup d'État**

PYRALÈNES   Voir **BPC**

QUAI et JETÉE Voir **Jetée**

QUALIFICATIONS
On fait un anglicisme en parlant des *qualifications* d'une personne. Il faut dire plutôt la COMPÉTENCE d'une personne, ou encore ses APTITUDES. Ex. : Cette candidate a été refusée parce qu'elle n'avait pas la COMPÉTENCE nécessaire.
Cependant, QUALIFICATION, **au singulier**, peut s'employer comme synonyme de compétence. C'est un sens nouveau du terme, reconnu par Robert et l'OQLF.

QUAND, LORSQUE (usage à l'anglaise)
L'usage incorrect des conjonctions QUAND et LORSQUE est une habitude de nos journalistes, en particulier dans les faits divers. On dit ou on écrit, par exemple, que : « Deux personnes ont été blessées *lorsque* (ou *quand*) leur voiture est entrée en collision avec un camion à Lachine ». Ce tour de phrase axé sur la conjonction *lorsque* (ou *quand*) est anglais. On peut corriger en disant : Deux personnes ont été blessées DANS LA COLLISION DE LEUR VOITURE AVEC UN CAMION. Voyons un autre exemple de la faute : Trois enfants sont morts *quand* (ou *lorsque*) un incendie a détruit la maison de leurs parents à Saint-Pamphile. Correction : Trois enfants SONT MORTS DANS L'INCENDIE de la maison de leurs parents... On pourrait corriger d'autres façons, bien sûr, pourvu que l'on évite d'utiliser *quand* ou *lorsque* d'une manière anglaise. D'ailleurs, les Québécois, dans le langage courant, ne font jamais cette faute.

QUANT À et TANT QU'À
Ces deux locutions sont souvent confondues, tant au Québec que dans le reste de la francophonie. Il faut donc se rappeler que QUANT À signifie « pour ce qui est de », « en ce qui concerne ». Ex. : QUANT À MOI, je préfère l'avion. QUANT AU TRAVAIL DE NUIT, je ne peux le supporter.
Pour sa part, la locution TANT QU'À est toujours suivie d'un ⇨

infinitif, et elle signifie « puisqu'il faut ». Ex. : TANT QU'À mourir, autant mourir pour la patrie.

QUARTIERS GÉNÉRAUX
C'est sous l'influence de l'anglais (headquarters) que nous employons *quartiers généraux* au pluriel, alors qu'en français on doit dire QUARTIER GÉNÉRAL. Ex. : Le suspect a été conduit au QUARTIER GÉNÉRAL de la police de Québec (et non pas aux *quartiers généraux*). Ce n'est que lorsqu'il s'agit de plusieurs postes principaux que l'on emploiera correctement le pluriel.

QUASI (devant un nom)
QUASI, placé devant un nom, doit être suivi d'un trait d'union. Ex. : La QUASI-TOTALITÉ des voitures usagées sont vendues trop cher. Une QUASI-COLLISION est le rapprochement périlleux de deux avions en vol. (near miss, en anglais). Notons cependant que, devant un adjectif, QUASI n'est pas suivi d'un trait d'union. Ex. : Ces fruits sont QUASI mûrs.

QUÉBÉCISME
On appelle QUÉBÉCISME un usage linguistique propre au Québec. On prononce « qué-bé-sisme ». Il y a de bons québécismes, comme FRASIL (voir ce mot) et des québécismes à rejeter, comme *contracteur* (voir ce mot).

QUELQUE PART
QUELQUE PART signifie « en un certain lieu, en un lieu indéterminé ». Ex. : Les débris du satellite sont retombés QUELQUE PART en Sibérie. C'est le seul sens correct de QUELQUE PART. Utiliser *quelque part* au sens de « d'une certaine façon, en quelque sorte, d'un certain point de vue », c'est tomber dans le barbarisme. Exemple de la faute : *Quelque part*, je préfère manger de la poutine. De plus, dans tous les cas, il faut éviter de faire précéder QUELQUE PART des prépositions À ou EN. On dit correctement : Il vit QUELQUE PART avec ses enfants. Il faut bien passer ses vacances QUELQUE PART. Notons que l'usage incorrect de QUELQUE PART est courant en France.

QUESTION (DEMANDER UNE) Voir **Demander une question**

QUESTIONNER QUELQUE CHOSE
On peut QUESTIONNER UNE ou DES PERSONNES; mais *questionner quelque chose* est un anglicisme. Il est incorrect de dire par exemple : Nous *questionnons* la rentabilité de ce projet. On dira plutôt : Nous METTONS EN DOUTE la rentabilité de ce projet. Et au lieu de dire « Les savants *questionnent* l'exactitude de ces

données », on dira correctement « Les savants DOUTENT DE, ou METTENT EN DOUTE, l'exactitude de ces données ».

QUÉTAINE, QUÉTAINERIE
Si l'on veut remplacer ces québécismes, on peut dire : DE MAUVAIS GOÛT; OBJET, CHOSE DE MAUVAIS GOÛT, LAIDEUR, HORREUR. Ex. : Pourquoi acheter ces bibelots DE MAUVAIS GOÛT? plutôt que ces bibelots *quétaines*. Débarrassez-moi de ces HORREURS! plutôt que de ces *quétaineries*.

QUITTER
Le verbe QUITTER étant transitif, il doit obligatoirement s'utiliser avec un complément direct. On dit correctement : Il a QUITTÉ le bureau à cinq heures. Elle a QUITTÉ son mari l'an dernier. Nous QUITTERONS Washington lundi. Dans ces trois cas, QUITTER a un complément direct; il est bien employé. Mais si nous disons : Il est trop tard, madame vient de *quitter*. Quitter quoi? La phrase ne le dit pas; donc QUITTER est mal employé. Autre emploi incorrect : M. Dupont a annoncé qu'il *quittait*. La phrase serait correcte si l'on ajoutait un complément d'objet au verbe quitter, en disant par exemple : M. Dupont a annoncé qu'il QUITTAIT la compagnie. Il y a une exception à la règle; on dit correctement au téléphone : NE QUITTEZ PAS!

QUIZ
Pour remplacer *quiz* qui n'est pas reçu en français, on peut utiliser : JEU TÉLÉVISÉ, JEU QUESTIONNAIRE, ou encore ÉMISSION QUESTIONNAIRE.

RABAIS et ESCOMPTE Voir **Escompte**

RACIAL et RACISTE
RACIAL signifie : qui concerne la race, qui se rapporte à la race. Ex. : La question RACIALE, la ségrégation RACIALE.
RACISTE signifie : inspiré par ce préjugé qu'on appelle le RACISME. Ex. : Le propriétaire du logis a soutenu qu'il n'y avait rien de RACISTE dans son refus. On dénonce le comportement RACISTE d'un policier blanc qui a maltraité un jeune Noir.

RACK
Le mot rack qui s'emploie en anglais à beaucoup de sauces est, bien sûr, à éviter. Le français nous fournit des bons équivalents. Dans les magasins, certaines marchandises sont exposées sur des PRÉSENTOIRS, ou des ÉTAGÈRES. Sur le toit d'une voiture, on installe un PORTE-BAGAGES (roof rack). Dans un atelier, ou une boutique, les bicyclettes sont suspendues à un RATELIER (à vélos), ou simplement un SUPPORT à vélos (bicycle rack). Enfin, bottle rack se rend par PORTE-BOUTEILLES. Pour les autres cas, nous devons compter sur notre imagination et notre connaissance de la langue.

RACKET
Le mot racket est un anglicisme utilisé chez nous et en France, mais il a des équivalents plus précis, plus explicites en français. On peut dire : ESCROQUERIE, COMBINE, TRAFIC, EXTORSION, etc., selon le cas.

RACLER LA GORGE (SE) Voir **Dérhumer (se)**

RADIOGRAPHIE et **RAYONS X** Voir **Rayons X**

RAFALES DE VENT Voir *Bourrasques de vent*

247

RAISON POURQUOI (C'EST LA)
Cette expression est un calque de l'anglais It is the reason why.
Il faut éviter de dire, par exemple : *C'est la raison pourquoi* je suis en retard. On dira plutôt : C'EST LA RAISON POUR LAQUELLE je suis en retard. Ou : C'EST CE QUI EXPLIQUE mon retard.

RAMASSAGE DES ORDURES
Voir **Collecte, Enlèvement des ordures**

RANGER SES AFFAIRES, SA GARDE-ROBE, etc.
Le verbe RANGER s'emploie à propos des choses qui traînent et que l'on remet à leur place, en bon ordre. Il s'emploie aussi à propos des pièces, des placards qui sont en désordre. Ex. : L'enfant a bien RANGÉ tous ses jouets. Il est temps que je RANGE ma garde-robe.

RAPPELER (SE)
La tournure *se rappeler de* est à éviter, même si des grands auteurs l'ont utilisée. Ainsi, il faut dire : JE ME RAPPELLE ma jeunesse à Québec, plutôt que *Je me rappelle de* ma jeunesse. Un cas fait exception : SE RAPPELER DE s'emploie correctement, suivi d'un pronom personnel. Ex. : TU TE RAPPELES DE MOI? (On ne pourrait pas dire : *Tu te rappelles moi?*)
Quant à SE RAPPELER QUE, c'est une locution qui ne pose pas de problème. Ex. : Elle S'EST RAPPELÉE QU'elle avait rendez-vous. RAPPELEZ-VOUS QUE vous m'avez promis...

RAPPORT AVEC (EN), emplois corrects et incorrects
La locution *en rapport avec* est à éviter lorsqu'on peut la remplacer par DANS L'AFFAIRE DE, ou RELATIVEMENT À. Ainsi, au lieu de dire qu'une personne est détenue *en rapport avec* une affaire de fraude, on dira qu'elle est détenue DANS une affaire de fraude, ou RELATIVEMENT À une affaire de fraude. Par contre, la locution EN RAPPORT AVEC est correctement utilisée dans les exemples suivants : Vos dépenses ne sont pas EN RAPPORT AVEC vos revenus. Quand vous irez à Ottawa, mettez-vous EN RAPPORT AVEC Untel, il vous aidera.

RAPPORT D'IMPÔT (impropriété)   Voir **Déclaration de revenus**

RAPPORTER (SE)
Correcte dans plusieurs sens, l'expression *se rapporter* est un anglicisme dans le sens de SE PRÉSENTER, SIGNALER SA PRÉSENCE. Au lieu de dire « Elle *ne s'est pas rapportée* au travail depuis deux jours », on dira correctement « Elle NE S'EST PAS PRÉSENTÉE au travail depuis deux jours ». Et au lieu de dire

qu'un suspect *s'est* finalement *rapporté à* la police, on dira qu'il S'EST PRÉSENTÉ À ou S'EST LIVRÉ À la police.

RAYON (d'un magasin), terme correct
Voir ***Département*** (d'un magasin)

RAYON DE BICYCLETTE (terme correct)
Voir ***Broche de bicyclette***

RAYONS X et RADIOGRAPHIE
Ces deux termes ont des sens tout à fait différents. Les RAYONS X sont les rayons qui peuvent traverser le corps pour l'examiner. Au moyen des RAYONS X, on peut faire subir une RADIOGRAPHIE, c'est-à-dire examiner l'intérieur du corps. Ex. : La RADIOGRAPHIE a indiqué une double fracture. RADIOGRAPHIE désigne aussi l'image obtenue. Ex. : Veuillez apporter vos RADIOGRAPHIES (et non pas vos *rayons X*).

***RÉACTÉ*, AVION À RÉACTION, JET**
Le mot *réacté* est une impropriété (de moins en moins usitée) au sens d'AVION À RÉACTION qui est le terme correct. Quant au mot anglais jet, il est courant en français général au sens d'AVION À RÉACTION. Cet homme d'affaires a son JET personnel (on prononce « djett »).
Pour ce qui est des moteurs particuliers des avions à réaction, on les appelle RÉACTEURS. Ex. : Le Boeing 747 est équipé de quatre RÉACTEURS.

RÉADAPTATION, RÉÉDUCATION, RÉHABILITATION
Voir **Réhabilitation**

READERSHIP   Voir **Lectorat**

RÉALISER, SE RENDRE COMPTE
Le verbe RÉALISER, au sens de **constater**, de **se rendre compte**, nous vient de l'anglais to realize. Il est utilisé en français depuis 1895, selon Robert. Critiqué au début, comme tout emprunt, cet usage est entré de plain-pied dans notre langue. On dit donc correctement : Ils ont RÉALISÉ trop tard qu'ils s'étaient trompés; ou encore : Tu as mis du temps à le RÉALISER !

RECENSEUR, RECENSEMENT (élections)
Voir ***Énumération, Énumérateur***

RECEVEUR et **DONNEUR** (médecine)
En parlant de transplantation, RECEVEUR et DONNEUR sont les termes en usage. Il faut éviter RÉCIPIENDAIRE dont le sens est bien différent. Voir **Récipiendaire**

RÉCIDIVER
RÉCIDIVER, c'est retomber dans le même crime, dans la même faute. *Récidiver de nouveau* est un pléonasme à éviter. RÉCIDIVER s'emploie ironiquement, au moins chez nous, en parlant de boire et de manger, et signifie EN REPRENDRE. Ex. : Ce digestif vous a plu ? Alors, vous voulez RÉCIDIVER ?

RÉCIPIENDAIRE, LAURÉAT, GAGNANT
Une personne qui reçoit un prix littéraire, scientifique ou autre, est un LAURÉAT, une LAURÉATE. On peut dire aussi un GAGNANT, tout simplement, mais il faut éviter RÉCIPIENDAIRE en ce sens. En effet, un ou une RÉCIPIENDAIRE est une personne qui EST REÇUE dans une société savante, ou dans un sens plus récent, une personne qui reçoit un diplôme, une décoration ou qui est l'objet d'une nomination. Voir **Receveur** et **Donneur**

***RECOMPTAGE* pour DÉPOUILLEMENT JUDICIAIRE**
En parlant d'élections, il n'y a ni *comptage* ni *recomptage*. On procède d'abord au DÉPOUILLEMENT du scrutin, fait par le scrutateur ou la scrutatrice, immédiatement après la fermeture des bureaux de vote. Au lendemain de l'élection, le directeur du scrutin (pour la circonscription) procède au RECENSEMENT des votes et annonce le résultat officiel. Lorsque le résultat est contesté, il peut y avoir DÉPOUILLEMENT JUDICIAIRE, c'est-à-dire en présence d'un juge. Voir **Décompte**

RECONDITIONNER
Ce verbe est inconnu dans le reste de la francophonie. C'est un anglicisme de chez nous, venu de to recondition. En français général, il faut dire REMETTRE À NEUF, ou REFAIRE À NEUF. Ex. : Cette voiture roule très bien avec son moteur REMIS À NEUF.

***RECUL, RECULONS, RENVERSE* pour MARCHE ARRIÈRE**
Dans le vocabulaire de la conduite automobile, il faut éviter les mots *recul*, *reculons* et *renverse* qui sont des régionalismes à remplacer par MARCHE ARRIÈRE. Ex. : Se mettre en MARCHE ARRIÈRE, METTRE LA VOITURE EN MARCHE ARRIÈRE.

***REDONNER* pour RENDRE**
On emploie souvent le verbe *redonner* alors que c'est RENDRE que l'on veut dire. REDONNER, c'est donner de nouveau. Si quelqu'un

nous a prêté un livre, il faut après usage le lui RENDRE. Au lieu de dire « *Redonne-moi* le livre que je t'ai prêté », il convient de dire « RENDS-MOI le livre que je t'ai prêté ». REDONNER est bien employé au sens de « donner de nouveau ». Ex. : Elle leur donne de l'argent et, s'ils en manquent, elle leur en REDONNE.

REER
Il faut prononcer « ré-ère ». C'est la prononciation reconnue officiellement pour ce sigle, en dépit des accents qui se trouvent sur Régime enregistré d'épargne-retraite. C'est une question d'euphonie. La prononciation « rire » est anglaise puisque ce n'est qu'en anglais que le double E se prononce I. Notons aussi qu'on ne met pas d'accent sur REER. Les sigles, normalement, ne portent pas d'accent.

RÉFÉRENDUM, RÉFÉRENDAIRE (prononciation)
RÉFÉRENDUM est un mot emprunté au latin. En latin, il n'y a pas d'accents sur referendum et le mot se prononce « ré-férin- dom ». En français moderne, on met des accents de plus en plus, et la prononciation recommandée est « ré-fé-ran-dom ». Dans la même veine, on prononcera « ré-fé-ran-daire ». Cependant, dans d'autres cas, le groupe EN du latin se prononce IN; par exemple dans AGENDA. Voir **Agenda**

RÉFÉRER
Sous l'influence de l'anglais to refer, nous employons souvent de façon incorrecte le verbe RÉFÉRER. Ainsi, au lieu de dire *référer* un patient à un spécialiste, on dira correctement CONFIER ou ADRESSER un patient à un spécialiste. En fait, le verbe RÉFÉRER s'emploie presque seulement dans les locutions EN RÉFÉRER À et SE RÉFÉRER À. Exemples : SE RÉFÉRER À un texte, AU contrat, À la loi, etc. EN RÉFÉRER À son chef, AU tribunal, etc.

RÉFLECTEUR et PROJECTEUR
Il ne faut pas confondre PROJECTEUR et RÉFLECTEUR. Un PROJECTEUR projette de la lumière; un RÉFLECTEUR ne fait que la **refléter.** Au théâtre et dans la plupart des spectacles, y compris à la télévision, on utilise des PROJECTEURS pour obtenir l'éclairage nécessaire au tournage ou à la diffusion. Des RÉFLECTEURS sont utilisés en cinéma et en télé pour diriger de la façon désirée la lumière provenant de PROJECTEURS. Même en photographie, on utilise des RÉFLECTEURS, notamment en forme de parasols, pour obtenir une lumière diffuse ou tamisée. Une bicyclette doit, selon la loi, être équipée d'un PROJECTEUR à l'avant, et à l'arrière d'un petit RÉFLECTEUR rouge qui reflète la lumière des véhicules qui la suivent.

RÉFRIGÉRATEUR et FRIGIDAIRE Voir **Frigidaire**

RÉFUGIÉS DE LA MER Voir **Boat people**

***REGAILLARDIR* pour RAGAILLARDIR**
Il faut dire RAGAILLARDIR et non pas *regaillardir* qui est une déformation régionale. Le verbe RAGAILLARDIR signifie : redonner de la vitalité, de l'entrain.

REGARDER BIEN, REGARDER MAL
Il faut éviter de dire : *Ça regarde bien, Ça regarde mal*. Ces expressions sont des anglicismes. On les a calquées sur to look well, to look bad. Les équivalents en français général sont : ÇA S'ANNONCE BIEN, ou MAL; ÇA SE PRÉSENTE BIEN ou MAL. Ex. : Pour ce qui est de la météo, ÇA SE PRÉSENTE BIEN; la fin de semaine S'ANNONCE ensoleillée.

RÈGLEMENT À L'AMIABLE Voir *Hors cour*

RÉGLEMENTATION et RÈGLEMENT
Le mot RÉGLEMENTATION n'a que deux sens : l'action de réglementer, et l'ensemble des règles ou des règlements qui s'appliquent dans un domaine quelconque. Il est donc incorrect de parler de violer une *réglementation* alors que l'on veut dire violer un RÈGLEMENT.

***RÉGULATEUR CARDIAQUE* (à éviter)** Voir **Pacemaker**

***RÉGULIER* au sens de ORDINAIRE**
Il faut éviter de dire un *café régulier*, ou de l'*essence régulière*. Ce sont là des calques de regular coffee, regular gas. On corrige en disant du CAFÉ ORDINAIRE, DE L'ESSENCE ORDINAIRE. De même, on évitera de dire *le prix régulier* pour LE PRIX ORDINAIRE, LE PRIX NORMAL ou COURANT. Enfin, au lieu de dire qu'on a trouvé un *emploi régulier*, on dira plutôt un EMPLOI FIXE, ou PERMANENT.

RÉHABILITATION, RÉADAPTATION, RÉÉDUCATION
RÉHABILITATION et aussi le verbe RÉHABILITER ont plutôt un sens moral. On peut, par exemple, RÉHABILITER une victime d'erreur judiciaire; faire sa RÉHABILITATION. RÉÉDUQUER, RÉÉDUCATION, peuvent aussi avoir un sens moral. Ex. : RÉÉDUQUER des délinquants. Maison de RÉÉDUCATION pour récidivistes. Par contre, s'il s'agit d'un blessé, d'un membre blessé, on pourra faire sa RÉADAPTATION, sa RÉÉDUCATION. On dit correctement RÉADAPTER un blessé, un membre blessé; on fait sa

RÉADAPTATION. Ex. : Cette personne s'étant fracturé la colonne vertébrale, elle a dû subir une opération et de longs traitements de physiothéraphie pour arriver à se RÉADAPTER.

REJOINDRE, JOINDRE, SE JOINDRE Voir **Joindre**

RELOCALISATION, RELOCALISER, etc.
Ces néologismes d'usage restreint sont à éviter dans le langage courant. Leur emploi se limite à l'économie politique et sociale. Ainsi, RELOCALISER une entreprise, c'est la réimplanter dans un milieu plus favorable à son avenir. On peut donc faire la RELOCALISATION d'une industrie. En français général, on dit davantage RELOCALISER une entreprise et la DÉLOCALISATION d'une entreprise. Cependant, si l'on parle de personnes qui ont perdu leurs logis, on dira plutôt qu'il faut les RELOGER; il faut aider à leur RELOGEMENT. Les termes DÉMÉNAGEMENT et DÉPLACEMENT sont aussi en usage, mais sans la connotation économique qu'ont prise DÉLOCALISATION et RELOCALISATION (Grand Dictionnaire terminologique).

REMAKE (film)
Le mot anglais remake est un emprunt inutile puisque l'on peut dire la NOUVELLE VERSION d'un film. Les Américains font souvent, avec des films étrangers, des VERSIONS NOUVELLES, des versions adaptées à leur culture. Ils appellent cela des remakes.

REMARQUE *(FAIRE UNE)*, expression correcte
Voir ***Passer une remarque***

REMBOURSEMENT D'IMPÔT (terme correct)
Voir ***Retour d'impôt***

REMÈDE et **CURE** Voir **Cure**

REMETTRE À NEUF (expression correcte) Voir ***Reconditionner***

REMORQUE, REMORQUEUR, DÉPANNEUSE, etc.
Quand un véhicule est en panne, c'est une DÉPANNEUSE qu'il faut faire venir. Une REMORQUE est un véhicule sans moteur destiné à être tiré par un autre. On dit un CAMION À REMORQUE, un CAMION À SEMI-REMORQUE. (Dans ce dernier cas, la partie avant de la remorque est portée par le camion tracteur.)
Quant au mot REMORQUEUR, il désigne un bateau, petit mais puissant, capable de déplacer les navires dans un port. Enfin, le mot *remorqueuse* n'existe pas en français général, il est à éviter. ⇨

REMORQUAGE est cependant français et s'emploie comme synonyme de TOUAGE, autant pour les véhicules terrestres que pour les navires. Ex. : Le REMORQUAGE d'une voiture par une DÉPANNEUSE. Le REMORQUAGE d'un paquebot par un REMORQUEUR.

RENCONTRER DES EXIGENCES, DES ÉCHÉANCES, LA DEMANDE, etc.
Le verbe *rencontrer* est un anglicisme quand on parle d'exigences, d'échéances, de demande. C'est pourquoi, au lieu de dire qu'un fabricant ou qu'un produit *rencontre* les normes exigées, on dira qu'il SATISFAIT aux normes exigées, qu'il RESPECTE les normes exigées. Au lieu de dire qu'un entrepreneur *rencontre* les échéances prévues, on dira qu'il RESPECTE les échéances prévues. Au lieu de dire qu'Hydro-Québec pourra rencontrer la demande en électricité, on dira qu'elle pourra SATISFAIRE à la demande, ou RÉPONDRE à la demande, ou y FAIRE FACE. Par contre, on dit correctement qu'un projet, qu'une proposition RENCONTRE de l'opposition.

RENDRE et non **REDONNER** Voir *Redonner*

RENFORCIR et **RENFORCER**
Ces deux verbes ont été longtemps des synonymes. Depuis quelques décennies, seul le verbe RENFORCER est resté en usage. *Renforcir* est devenu désuet et les dictionnaires actuels n'en font pas mention. Ex. : Un remède qui RENFORCE. Ils ont besoin de nouveaux joueurs pour RENFORCER leur équipe.

RENTRÉE et non *RETOUR*
Il faut dire la RENTRÉE SCOLAIRE ou la RENTRÉE DES CLASSES; la RENTRÉE PARLEMENTAIRE, la RENTRÉE DES TRIBUNAUX, etc. Le terme *retour à l'école* est un calque de back to school. En contexte, on peut dire la RENTRÉE, tout simplement. Il faut également remplacer *retour au travail* par REPRISE DU TRAVAIL. Ex. : Après six semaines de grève, c'est ce matin la REPRISE DU TRAVAIL. Après un voyage dans l'espace, un engin spatial fait sa RENTRÉE (dans l'atmosphère). Il faut éviter de dire sa *réentrée*, qui est un calque de re-entry.

RENVERSE (SE METTRE À LA) Voir *Recul, Reculons*

RENVERSER (en justice)
On fait des anglicismes lorsque l'on emploie le verbe *renverser* dans le vocabulaire juridique. Ainsi, il est incorrect de dire *renverser un jugement, renverser une sentence, renverser une décision du tribunal, renverser une loi*, etc. Dans tous ces cas, on

dit en anglais to reverse ou to overthrow. En français correct, on emploiera plutôt les verbes ANNULER, INFIRMER, CASSER. Ex. : La Cour d'appel a ANNULÉ ou CASSÉ le jugement du tribunal de première instance. La Cour suprême a CASSÉ ou ANNULÉ la condamnation. Par contre, on dit correctement RENVERSER un régime, un gouvernement. Dans ces cas, il s'agit de politique et non de vocabulaire juridique.

RENVERSER LES CHARGES (téléphone)
Cette expression contient deux anglicismes : *renverser* et *charges*. Le reste est correct! On dira pour corriger : VIRER ou FAIRE VIRER LES FRAIS. Ex. : Je voudrais FAIRE VIRER LES FRAIS, s'il vous plaît. Il faut également éviter de dire un appel *à charges renversées*, et dire plutôt un appel À FRAIS VIRÉS.

REPAS (noms des)
Dans toute la francophonie, on disait jadis DÉJEUNER pour le repas du matin, DÎNER pour le repas du midi et SOUPER pour le repas de fin de journée. Ces appellations sont toujours correctes et encore utilisées non seulement au Québec, mais dans certaines parties de la France, et en Belgique. En France, en général, on parle plutôt de PETIT-DÉJEUNER le matin, de DÉJEUNER le midi et de DÎNER le soir.

REPORTER ou **REMETTRE *À UNE DATE ULTÉRIEURE***
REPORTER ou REMETTRE un événement, signifie le RENVOYER À PLUS TARD; il faut donc éviter, après ces deux verbes, d'ajouter *à une date ultérieure*, pour ne pas tomber dans un pléonasme. Ex. : La chanteuse étant malade, son spectacle a dû être REPORTÉ, ou a dû être REMIS.

REPRÉSENTATION (FAUSSE)   Voir ***Fausse représentation***

REPRÉSENTATION (autres usages incorrects)
Le mot *représentation* est un anglicisme quand on l'emploie au sens de PRESSIONS QUE L'ON EXERCE, de DÉMARCHE, d'INTERVENTION. Ainsi, au lieu de dire « Nous allons faire des *représentations* auprès du maire pour qu'il fasse modifier le nouveau règlement », il convient de dire plutôt « Nous allons EXERCER DES PRESSIONS, ou FAIRE DES INTERVENTIONS, auprès du maire... ».

REPRÉSENTATIONS SUR SENTENCE
Les juristes et les journalistes parlent souvent au Québec de *représentations sur sentence*, expression calquée sur l'anglais et que l'on peut appeler en français PLAIDOYERS AVANT LA SENTENCE. En effet, le mot « représentation» (voir la rubrique ⇨

précédente) n'a pas en français le sens d'intervention. L'anglicisme est d'autant plus évident qu'il comprend la préposition SUR utilisée à l'anglaise.

RESCAPÉ, RESCAPER
Dans la francophonie, on emploie RESCAPÉ, RESCAPÉE, comme nom et comme adjectif. Ex. : Il y a eu 30 RESCAPÉS. Ou encore : RESCAPÉS, ils ont été accueillis au Canada. Au Québec, RESCAPER est de plus reconnu comme verbe. Ex. : Nous avons tout fait pour les RESCAPER. Ils ont été RESCAPÉS de justesse. (L'OQLF a reconnu le verbe RESCAPER.)

RÉSIDANT et RÉSIDENT
Les dictionnaires ont des avis partagés sur la graphie du mot RÉSIDENT, ou RÉSIDANT, désignant une personne qui habite dans un endroit déterminé, ou un fonctionnaire travaillant pour son pays à l'étranger, etc. L'Office québécois de la langue française de même que les Services linguistiques de Radio-Canada ont opté depuis plusieurs années en faveur de RÉSIDENT, RÉSIDENTE, pour tous les cas, sauf pour le participe présent qui s'écrit évidemment RÉSIDANT. Donc, si l'on veut faire confiance à l'OQLF et à la SRC, on écrira : les RÉSIDENTS de tel quartier, les RÉSIDENTS canadiens en poste à Paris, les infirmières RÉSIDENTES, ou les médecins RÉSIDENTS de l'Hôtel-Dieu, etc. Par contre on écrit, en employant le participe présent : les personnes RÉSIDANT dans les grandes villes...

RÉSIGNATION, RÉSIGNER
Le mot *résignation*, au sens de DÉMISSION, est un anglicisme, tout comme le verbe *résigner* est un anglicisme quand on l'emploie au sens de DÉMISSIONNER. Cependant, il est correct de dire RÉSIGNER ses fonctions, RÉSIGNER un emploi, etc.

RESPIR **au lieu de RESPIRATION**
On entend souvent « Prenez un grand *respir*! » au lieu de « Prenez une grande RESPIRATION! » En fait, le mot *respir* n'est pas français. On peut dire RESPIRATION ou encore SOUFFLE. Ex. : Retenir son SOUFFLE. C'est une expérience à couper le SOUFFLE.

RESPONSABLE
L'adjectif RESPONSABLE se dit des personnes et aussi des choses. Ex. : Il semble que l'accusé n'était pas RESPONSABLE de ses actes au moment du crime. L'alcool est RESPONSABLE d'un très grand nombre d'accidents de la route.

RESSOURCE, RESSEMBLER, RESSORT, etc. (prononciation)
Tous les mots commençant par RESS se prononcent comme RE suivi d'un seul S. C'est le cas pour RESSOURCE, RESSEMBLER, RESSORT, RESSENTIR, etc. On prononce donc : « re-source, re-sembler, re-sort », etc. Il n'y a que trois exceptions : RESSUSCITER, RESSUYER, RESSAYER. Dans ces derniers cas, la première syllabe se prononce RÉ.

RÉSULTAT (AVEC LE ~ QUE)
L'expression *avec le résultat que* est un calque de with the result that. On évite l'anglicisme en disant DE SORTE QUE, DE TELLE SORTE QUE, ou encore TANT ET SI BIEN QUE. Ex. : Tout le monde s'est approché pour observer l'incendie, DE SORTE QUE les pompiers n'ont pas pu l'éteindre.
La même faute est faite avec le mot *conséquence*. Au lieu de dire *avec la conséquence que*, on dira également DE SORTE QUE, SI BIEN QUE, etc.

RÉSULTER EN, RÉSULTER À
On calque l'anglais en faisant suivre le verbe RÉSULTER des prépositions EN ou À. Il faut éviter de dire, par exemple : La tempête a *résulté en* une perte de millions de dollars en dégâts. On peut corriger en disant : La tempête a ENTRAÎNÉ une perte, PROVOQUÉ une perte; ou encore : La tempête S'EST SOLDÉE PAR des millions de dollars en dégâts.

RESURFACEUSE, SURFACEUSE (patinoires)   Voir **Surfaceuse**

RETARD (sur l'autoroute)
Certains parlent parfois de *retard* sur une autoroute, alors qu'ils veulent dire BOUCHON, RALENTISSEMENT, EMBOUTEILLAGE. En fait, un EMBOUTEILLAGE cause fatalement des retards aux automobilistes; mais le mot retard n'est aucunement synonyme de RALENTISSEMENT sur une route. Ex. : Il y a un BOUCHON sur l'autoroute 40 qui vous retardera d'environ 20 minutes.

RETOUR À L'ÉCOLE   Voir **Rentrée**

RETOUR DE LA PAUSE (AU)
Certains animateurs radio ou télé utilisent l'expression *au retour de la pause*, qui n'exprime pas du tout ce qu'ils veulent dire. *Au retour de la pause* signifie en fait : « lorsque la pause reviendra ». Lorsque quelqu'un dit « AU RETOUR DE MON FILS », cela signifie « LORSQUE MON FILS REVIENDRA, ou SERA REVENU ». Ce que veulent dire les animateurs en réalité c'est APRÈS LA PAUSE...

RETOUR CHEZ NOUS (DE)

En information radio ou télé, lorsqu'une nouvelle nous ramène au pays, après quelques événements qui se sont passés à l'étranger, l'animateur dit parfois : *De retour chez nous*, ou *De retour au pays*, tel événement est survenu aujourd'hui. Ce « de retour » est incorrect, parce que la locution DE RETOUR signifie « une fois revenu ». Mais on dit correctement : DE RETOUR À QUÉBEC (c'est-à-dire UNE FOIS REVENU À QUÉBEC), le premier ministre a rencontré les journalistes pour... Mais, dans le cas précédent, ce qu'il faut dire, par exemple, c'est : REVENONS MAINTENANT AU PAYS, REVENONS MAINTENANT AUX NOUVELLES DE CHEZ NOUS, REVENONS À L'INFORMATION NATIONALE OU RÉGIONALE, etc.

RETOUR D'IMPÔT pour **REMBOURSEMENT D'IMPÔT**

Il faut éviter de parler de *retour d'impôt* (calque de income tax return) lorsque l'on veut dire REMBOURSEMENT D'IMPÔT. Si l'on a payé trop d'impôt pendant une année, le gentil gouvernement nous envoie un chèque pour nous rembourser. On reçoit alors un REMBOURSEMENT D'IMPÔT.   Voir aussi **Déclaration de revenus**

RETOURNABLE pour **CONSIGNÉ**

Le mot *retournable* est un calque de l'anglais returnable. Au lieu de dire qu'une bouteille, qu'un récipient est *retournable*, il faut dire qu'il est CONSIGNÉ, c'est-à-dire qu'on a payé une CONSIGNE, remboursable lorsqu'on rapportera le contenant. Ex. : Ne jette pas cette bouteille, elle est CONSIGNÉE. On va nous rembourser la CONSIGNE à l'épicerie. Notons que l'on dit la CONSIGNE et non pas le *dépôt*, qui, lui, est un calque de deposit.

RETOURNE (DE QUOI IL)

Nous avons tendance à dire *de quoi il en retourne*. La préposition en est de trop; il suffit de dire DE QUOI IL RETOURNE. Ex. : Enfin, nous savons DE QUOI IL RETOURNE. (Ce qui signifie : Enfin, nous savons de quoi il s'agit vraiment, ou quelle est exactement la situation.)

RETRACER

Le verbe RETRACER est une impropriété lorsqu'on l'emploie au sens de RETROUVER, de REPÉRER. Ainsi, il faut éviter de dire que « la police tente de retracer le voleur ». On dira plutôt que la police tente de RETROUVER, de REPÉRER le voleur. Le verbe RETRACER n'a que deux sens : tracer de nouveau, et aussi relater. On peut dire par exemple : RETRACER des faits qu'on a vécus.

RETRAITE et PENSION Voir **Pension**

RETRAITER
Le verbe RETRAITER n'a qu'un sens technique, celui de traiter de nouveau, d'opérer un deuxième traitement. On fait un anglicisme (to retreat), si on l'emploie au sens de SE RETIRER, BATTRE EN RETRAITE. Au lieu de dire « Les troupes *ont retraité* jusqu'à la frontière », on dira « Les troupes SE SONT RETIRÉES, ou ONT BATTU EN RETRAITE... ».

RETRANSMETTRE
Le verbe RETRANSMETTRE signifie « diffuser de nouveau » ou « diffuser par l'intermédiaire d'un autre réseau ». Il faut donc éviter de dire qu'une émission sera *retransmise* par tout le réseau quand on veut dire tout simplement que cette émission sera DIFFUSÉE sur tout le réseau.

RÉTROCAVEUSE, EXCAVATRICE, PÉPINE Voir **Pépine**

RÉTROGRADATION (terme correct) Voir **Démotion**

RÉUNION et ASSEMBLÉE Voir **Assemblée**

REVAMPER
Le verbe *revamper* n'est pas plus français que *watcher* ou *dealer*. La langue française a des équivalents comme RETAPER, RÉNOVER, RAFRAÎCHIR, REMETTRE À NEUF, RAJEUNIR, etc. Au lieu de dire que l'on est à *revamper* un immeuble, on dira correctement qu'on le RÉNOVE, qu'on le RETAPE, qu'on le REMET À NEUF, qu'on le MODERNISE, etc.

REVANCHER (SE), SE REVENGER
Le verbe *se revancher* est archaïque, et le verbe *se revenger* est une impropriété. Il faut dire plutôt : SE VENGER, ou PRENDRE SA REVANCHE. Quant au mot *revange*, c'est une déformation de REVANCHE. Ex. : La REVANCHE des berceaux. En boxe, on dit correctement un COMBAT REVANCHE.

REVENDIQUER et DEMANDER Voir **Demander**

REVIRER
Le verbe *revirer* est un archaïsme à éviter. En français actuel, on le remplace par RETOURNER, VIRER, DEVENIR, selon le cas.

⇨

Au lieu de dire…	On dira correctement…
Revirer un steak sur le gril.	RETOURNER un steak sur le gril.
Revirer la terre avec une bêche.	RETOURNER la terre avec une bêche.
Revirer ou *virer* de bord.	CHANGER DE DIRECTION.
Revirer protestant.	DEVENIR protestant.
Revirer ou *virer* fou.	DEVENIR fou.
Se revirer contre lui.	SE RETOURNER contre lui.
Se revirer dans sa tombe.	SE TOURNER dans sa tombe.

RÉVISER, RÉVISION, RÉVISEUR
Ces mots portent tous l'accent aigu, et il faut les prononcer en conséquence. Il faut écrire et dire : RÉVISER, RÉVISION, RÉVISEUR et aussi RÉVISIONNISTE. Quant au mot RÉVISEUR, sa forme féminine est RÉVISEUSE, mais certaines femmes préfèrent RÉVISEURE. L'usage tranchera.

RHUME DES FOINS (terme correct)   Voir *Fièvre des foins*

RIVE-SUD
Toute la région située au sud du Saint-Laurent, en face de Montréal, porte officiellement le nom de RIVE-SUD, terme sanctionné par la Commission de toponymie du Québec. La graphie est composée de deux majuscules et d'un trait d'union : Rive-Sud. Si l'on parle en général de la rive sud du Saint-Laurent, cela veut dire toute cette rive du fleuve, sur tout son parcours. Il faut éviter de dire *la Rive-Sud de Montréal*, puisqu'une ville n'a pas de rive; c'est le fleuve qui a des rives. Si l'on veut préciser de quelle région de la rive sud du fleuve il s'agit, on dira : la Rive-Sud, en face de Montréal, ou dans la région de Montréal. En parlant des autres agglomérations urbaines étalées sur les deux rives du Saint-Laurent, il faut dire et écrire : la **rive sud**, sans majuscule et sans trait d'union. À propos de la région de Québec, on dira donc par exemple : Lévis se trouve sur la rive sud. (en évitant d'ajouter « de Québec »).

RÔLES DE SOUTIEN pour **RÔLES SECONDAIRES**
    Voir *Soutien (acteur de)*

ROLLER BLADES pour **PATINS À ROULETTES**
Quand les nouveaux patins à roulettes sont arrivés sur le marché, on les a appelés « patins à roues alignées », appellation injustifiable puisque les anciens patins aussi avaient des roulettes alignées. Ce qu'avaient de nouveau ces patins c'était que leurs roulettes étaient placées sur une seule ligne. De plus en plus on désigne les nouveaux patins simplement par le terme

traditionnel, c'est-à-dire PATINS À ROULETTES. Quand le fer à repasser électrique a été inventé, il était absolument nécessaire de mentionner « fer à repasser ÉLECTRIQUE ». Après quelques années, on est revenu au terme FER À REPASSER, tout simplement. Les Français appellent « rollers », les nouveaux patins. Ils prononcent « rô-leur ». Selon leur habitude, ils ont emprunté à l'anglais, qui en l'occurrence dit roller blades.

ROUE (METTRE L'ÉPAULE À LA)   Voir Mettre l'épaule à la roue

ROUGE (ÊTRE DANS LE)
ÊTRE DANS LE ROUGE est tout aussi français que l'expression to be in the red est anglaise. Dans toute la francophonie, ÊTRE DANS LE ROUGE signifie être en situation financière critique; en particulier, être en déficit, à découvert. C'est qu'autrefois on écrivait en rouge les chiffres d'un compte à découvert. Ex. : Votre compte bancaire EST DANS LE ROUGE.

ROULOTTE et CARAVANE   Voir Caravane

ROUND et KNOCK-OUT
Ces deux termes de boxe sont reconnus en français. Pour KNOCK-OUT, l'abréviation K.-O. est plus employée que le terme complet. Dans le cas de ROUND, on peut dire aussi REPRISE. Ex. : Il a été battu par K.-O. à la neuvième REPRISE, ou au neuvième ROUND.

ROUVRIR, ROUVERT, mais RÉOUVERTURE
Il faut dire ROUVRIR et ROUVERT, ROUVERTE, et non pas *réouvrir* et *réouvert*, *réouverte*. Ex. : Fermé par suite d'un incendie, le magasin a pu ROUVRIR ce matin. Il est ROUVERT pour de bon, espère son propriétaire.
Le nom RÉOUVERTURE est cependant correct. On ne peut pas dire *rouverture*. On dit correctement la RÉOUVERTURE d'un aéroport et la RÉOUVERTURE des négociations.

ROYAUTÉS, ROYALTIES, REDEVANCES, DROITS D'AUTEUR
Pour désigner les droits payables à un inventeur, ou ceux payables par une société de pétrole au pays où se trouvent les gisements, le mot ROYALTIES est courant en France; mais le mot *royautés* en est un calque à éviter. Le terme français recommandé, même en France, est REDEVANCES. C'est également REDEVANCES qu'il faut employer à propos des droits que paie une société pétrolière au pays qui l'autorise à exploiter des gisements de pétrole sur son territoire. Quand on parle des droits payables à un auteur, un compositeur, le terme est tout simplement DROITS D'AUTEUR.

RUE (SUR LA)

L'expression *sur la rue* est sans doute le cas le plus courant des nombreux anglicismes faits avec la préposition SUR, calque de on. Les enfants jouent DANS LA RUE et non pas *sur la rue*. Il y a cependant un cas où l'on peut dire correctement SUR LA RUE; c'est le suivant : une fenêtre ou une porte donnant SUR LA RUE. Voir *Sur* (usages fautifs)

RUPTURE DE CONTRAT, RUPTURE DE PROMESSE
Voir *Bris de contrat, Bris de promesse*

RUSH

Le mot RUSH est employé en France tout comme au Québec au sens de « afflux brusque d'un grand nombre de personnes ou de véhicules ». On peut cependant employer POINTE dans le même sens. Les HEURES DE POINTE, la POINTE DE CINQ HEURES. En cinéma et télévision, le mot pluriel RUSHS signifie les ÉPREUVES DE TOURNAGE. On dit couramment : visionner les RUSHS.

RYTHME, TEMPO, BEAT   Voir **Beat**

S

SAC À MAIN et SACOCHE
Il faut appeler SAC À MAIN, ou simplement SAC, l'accessoire d'habillement (surtout féminin), qui sert à contenir l'argent, les papiers, les objets de toilette, etc. Quant au mot SACOCHE, il désigne le sac qu'utilisent les facteurs, les livreurs, les motocyclistes et les cyclistes, etc.

SAC GONFLABLE   Voir **Coussin gonflable**

SALLE À DÎNER
L'expression *salle à dîner*, courante au Québec, est un calque de dining room. Il faut dire plutôt SALLE À MANGER.

SALLE DE BAINS (terme correct)   Voir **Chambre de bain**

SALLE DE MONTRE
Une salle où l'on expose des marchandises, y compris des voitures, doit s'appeler SALLE D'EXPOSITION plutôt que *salle de montre*, qui est un régionalisme. Cependant, on dit correctement : Cette voiture est EN MONTRE dans la vitrine, dans la SALLE D'EXPOSITION (en anglais : showroom).

SALUTATIONS et SOUHAITS
On a tendance, au Québec, à confondre les SALUTATIONS et les SOUHAITS. Lorsque nous rencontrons des gens, ou que nous les abordons en ondes, il faut d'abord les SALUER, et non pas commencer par un souhait. Les termes pour saluer les gens sont limités en français. Ce sont : BONJOUR! BONSOIR! ainsi que SALUT! dans le langage plus familier. On ne peut pas saluer des gens en leur disant *Bon matin!* qui est un calque de Good morning! On ne peut pas non plus les saluer de l'une des façons suivantes, qui ne sont pas des salutations, mais plutôt des SOUHAITS : Bonne journée! Bonne matinée! Bon début de journée! Bonne fin d'après-midi! Bonne fin de semaine! et ainsi de suite. Au cours de la conversation, ou en quittant les gens, on peut leur ⇨

faire tous les souhaits que l'on veut, rien ne s'y oppose; mais on peut simplement leur dire AU REVOIR. Notons enfin que la salutation BONSOIR! peut s'employer en soirée et **en fin d'après-midi**, et aussi en prenant congé de quelqu'un en soirée, alors que pendant la journée c'est AU REVOIR! qu'il convient d'employer (et non pas le terme anglais <u>Bye</u>! ou le double <u>Bye-Bye</u>!). Pour ce qui est de ALLÔ!, c'est une interjection téléphonique seulement. Voir **Allô**!

SANCTUAIRE D'OISEAUX pour **REFUGE**
Le terme *sanctuaire d'oiseaux* est un anglicisme qu'il vaut mieux remplacer par REFUGE D'OISEAUX. On dit <u>bird sanctuary</u> en anglais. En français, le mot sanctuaire a plutôt un sens religieux. Ex.: L'Île Bonaventure est un REFUGE D'OISEAUX, en particulier des fous de Bassan.

SANS-ABRI Voir **Itinérant**

SAPEUR et **POMPIER** Voir **Pompier**

SAUTE-BOUTON Voir **Zapper**

SAUTER AUX CONCLUSIONS
L'expression *sauter aux conclusions* est calquée sur l'anglais <u>to jump to conclusions</u>. Il convient de dire plutôt : TIRER DES CONCLUSIONS HÂTIVES, ou TIRER TROP VITE DES CONCLUSIONS.

SAUVER DU TEMPS, SAUVER DE L'ARGENT
L'emploi du verbe *sauver*, dans ces deux expressions, en fait des anglicismes : <u>to save time, to save money</u>. Ce qu'il faut dire pour corriger, c'est GAGNER DU TEMPS, ou ÉPARGNER DU TEMPS, et ÉPARGNER DE L'ARGENT, ou ÉPARGNER (tout simplement). Ex. : Passez par Drummondville, vous GAGNEREZ un bon quart d'heure. Achetez directement à la ferme, vous ÉPARGNEREZ au moins 40 %.

SCAB
Il faut éviter le mot anglais <u>scab</u> en français. BRISEUR DE GRÈVE est un terme bien connu et plus clair. En France, on utilise aussi le terme JAUNE, comme terme populaire synonyme de BRISEUR DE GRÈVE. Une loi québécoise s'appelle LOI ANTI-BRISEURS DE GRÈVE.

SCALPEUR
Ceux qui font le trafic des billets de spectacles ou d'événements sportifs, généralement à la porte des salles, doivent s'appeler

des TRAFIQUANTS DE BILLETS. Le mot *scalpeur* est un calque de l'anglais scalper. Le mot français TRAFIC s'applique à la drogue, aux armes, aux esclaves. Le mot TRAFIQUANT, qui en dérive, s'applique à tous ceux qui s'adonnent à des trafics.

SCANNER, NUMÉRISEUR
En audiovisuel, le mot anglais scanner se traduit par SCANNER. C'est un appareil qui peut faire le balayage continu des canaux d'un récepteur. En **informatique**, **scanner** se rend par NUMÉRISEUR ou SCANNER. C'est un appareil doté de capteurs sensibles à la lumière qui balaie par son système optique la surface d'un document, point par point, pour le rendre exploitable par l'ordinateur. En **médecine**, SCANNER désigne, même en français, l'appareil qui explore l'organisme au moyen de rayons X.

SCARIFIER, SCARIFICATION, SCARIFIAGE
En parlant de travaux de voirie, SCARIFIER une chaussée signifie lui enlever sa couche de surface pour la remplacer. On fait la SCARIFICATION d'une voie asphaltée avant de refaire la surface de la chaussée. En agriculture, cependant, on appelle SCARIFIAGE l'opération qui consiste à briser la croûte durcie de la surface de la terre, avant de faire les semailles.

SCELLANT
Le mot anglais sealant qui désigne, en construction, en bricolage, les divers produits à calfeutrer, peut s'appeler en français SCELLANT. On applique un SCELLANT autour des portes et fenêtres pour assurer leur étanchéité. Les SCELLANTS, ou encore les PÂTES À CALFEUTRER, ont remplacé avantageusement les mastics de nos grands-pères.

SCÉNARIO
On abuse souvent du mot SCÉNARIO, dans des emplois figurés. Il faut se dire qu'un SCÉNARIO, dans son sens propre, est une suite d'événements qui se succèdent dans un roman, un film, etc. Une simple situation n'est pas un scénario. Ainsi, on abuse de l'emploi au figuré de SCÉNARIO si l'on dit qu'il est tombé 20 cm de neige à Moncton et que le *scénario* est le même à Rimouski. Cependant, l'emploi figuré de SCÉNARIO serait justifiable si l'on disait, par exemple, qu'il est tombé 20 cm de neige, que cette neige s'est changée en verglas qui a causé de nombreuses pannes d'électricité, etc.

SCIE À CHAÎNE, TRONÇONNEUSE   Voir *Chain saw*

SCIENTISTE et **SCIENTIFIQUE**
La personne qui travaille dans le domaine de la science, d'une science, est un ou une SCIENTIFIQUE. Le mot *scientiste*, en ce sens, et un calque de l'anglais scientist. Les SCIENTIFIQUES s'inquiètent de plus en plus de la disparition progressive de la couche d'ozone. Le mot SCIENTISTE désigne cependant en français la personne qui prétend résoudre les problèmes philosophiques par la science.

SCLÉROSE, SCLÉROSER (prononciation)
Il faut prononcer « sklé-roze et sklé-rozé ». Le C se prononce, alors qu'il est muet dans scie, science, scintiller, etc. Dans ces trois derniers mots, le C se prononce S, et cela est normal puisque le C se prononce S devant E et I.

SCOOTER DES NEIGES, SCOOTER DES MERS
  Voir **Motoneige, Motomarine**

SCORE et **MARQUE**   Voir **Marque**

SCOTCH, SCOTCHER
Ces mots sont devenus courants en France. SCOTCH n'est plus seulement une boisson, c'est du ruban adhésif transparent, ce qu'on appelle *scotch tape* chez nous, à défaut d'autre terme. Mais le verbe SCOTCHER est également courant chez nos cousins d'outre-mer, au sens de « fixer avec du ruban adhésif transparent ». Le Petit Robert mentionne ces « néologismes » depuis quelques années déjà. Les seuls équivalents proposés au Québec sont : RUBAN ADHÉSIF (TRANSPARENT) et FIXER AVEC DU RUBAN ADHÉSIF (TRANSPARENT).

SCRAPBOOK
Pour traduire le terme anglais scrapbook, on peut dire ALBUM DE COUPURES. Le mot COUPURES est le terme qu'il faut employer (plutôt que *découpures*) pour désigner les articles ou photos que l'on coupe dans les publications pour les conserver.   Voir **Découpure**. En France, on dit aussi SPICILÈGE, qui équivaut à scrap book.

SCREEN SAVER
Le terme anglais screen saver, qui désigne l'image en mouvement que l'on fait apparaître à l'écran-témoin d'un ordinateur pour le protéger, se dit en français ÉCRAN DE VEILLE. Il faut éviter *sauve-écran* qui est un calque.

SCRUM   Voir **Mêlée**

SEAFOOD   Voir **Fruits de mer**

SEALANT   Voir **Scellant**

SECONDER, SECONDEUR
Le verbe seconder au sens d'appuyer une proposition, une motion, une idée, est un anglicisme. Il faut dire plutôt : APPUYER. Ex. : La motion a été appuyée par 35 voix contre 24. Le mot *secondeur, secondeuse*, pour désigner la personne qui appuie une proposition, est également à éviter. On le remplace par SECOND PROPOSEUR, SECONDE PROPOSEUSE.

SECRÉTAIRE DE RÉDACTION   Voir **Pupitre**

SEMI-FINALE pour **DEMI-FINALE**, autres emplois de **SEMI**
Il faut dire DEMI-FINALE. Jouer en DEMI-FINALE et non pas en *semi-finale* qui est un calque de semifinal. De même, on dira des DEMI-FINALISTES, en évitant le calque semifinalists. Par contre, on dit correctement : une arme SEMI-AUTOMATIQUE, un SEMI-CONDUCTEUR, une SEMI-CONSONNE, des produits SEMI-FINIS, une consonne SEMI-NASALE, etc.   Voir *Détachée (maison)*

SENS (prononciation)
Il faut prononcer le S final de SENS. Ça n'a pas pas de bon SENS (senss). Le SENS (senss) des affaires, SENS unique, les cinq SENS, etc. Il n'y a que deux exceptions; ce sont celles des expressions suivantes : SENS devant derrière, et SENS dessus dessous. Dans ces deux cas seulement, SENS se prononce avec le S final muet.

SENS INVERSE (EN) et À CONTRESENS   Voir **Contresens (à)**

SENTENCE et PEINE   Voir **Peine**

SENTENCE (REPRÉSENTATIONS SUR)
   Voir *Représentations sur sentence*

SENTENCE SUSPENDUE
L'expression *sentence suspendue* est un calque de suspended sentence. Le terme français est CONDAMNATION AVEC SURSIS. Par exemple, si une personne est CONDAMNÉE à trois mois de prison AVEC SURSIS, cela signifie qu'elle est temporairement libérée, mais qu'elle devra purger la peine imposée si elle commet un nouveau délit au cours de ces trois mois.

SENTENCER
Le verbe *sentencer* est un calque de to sentence. Ainsi, un juge ne *sentence* pas une personne qu'il a jugée coupable. Il la CONDAMNE. Ex. : Le juge l'a CONDAMNÉ à dix ans de prison.   Voir aussi **Peine** et **Sentence**

SENTENCES CONCURRENTES
En droit, lorsqu'il est question de peines d'emprisonnement, l'expression *sentences concurrentes* est un calque de concurrent sentences. Il faut dire plutôt : PEINES CONFONDUES. Et, au lieu de dire *concurrence de peines*, expression calquée sur concurrence of sentences, il faut dire CONFUSION DE PEINES. Lorsqu'il y a CONFUSION DE PEINES, le condamné ne doit purger que la plus longue. Exemple : Le condamné ayant bénéficié d'une CONFUSION DE PEINES, il ne devra purger que la plus longue, c'est-à-dire celle de trois années de prison.

SEPT (Il faut toujours prononcer le T de sept)   Voir **Cinq**

SEPT JOURS SUR SEPT, 24 HEURES SUR 24
On dit en anglais : seven days a week et twenty-four hours a day. En français, l'usage veut que l'on dise SEPT JOURS SUR SEPT et 24 HEURES SUR 24. On fait des anglicismes en traduisant littéralement les formules anglaises par *sept jours par semaine* et *vingt-quatre heures par jour*. La règle ne vaut que pour les jours et les heures. Pour les 12 mois et les 365 jours, il n'y a pas de formule consacrée en français, et l'on peut dire à volonté par exemple : Notre hôtel est ouvert TOUTE L'ANNÉE, ou TOUS LES JOURS DE L'ANNÉE, ou 365 JOURS PAR ANNÉE, etc.

SERVICE (DE), expression correcte   Voir ***Devoir (en)***

SERVICE DE COUVERTS (terme correct)   Voir **Coutellerie**

SERVICE FUNÈBRE et FUNÉRAILLES   Voir **Funérailles**

SERVIETTE (JETER LA)   Voir **Jeter l'éponge**

SERVIR UNE PEINE DE PRISON
L'expression *servir une peine de prison* est calquée sur to serve a jail sentence. Il faut remplacer le verbe *servir* par PURGER. Ex. : Il avait déjà PURGÉ UNE PEINE de dix ans pour vol avec violence.   Voir **Peine** et **Sentence**

SET pour **MOBILIER** ou **SERVICE**
Dans le vocabulaire de la maison, il faut éviter le mot *set* dans les expressions comme *set de chambre, set de cuisine, set de vaisselle*, etc. Ce sont des anglicismes. On emploiera à la place les mots SERVICE et MOBILIER, selon le cas. Les expressions reçues en français sont : SERVICE DE VAISSELLE, MOBILIER DE CUISINE, MOBILIER DE CHAMBRE ou de SALON, etc. De même, on remplacera *set d'outils* par TROUSSE ou COFFRE D'OUTILS, selon le cas; on remplacera *set de voyage* par TROUSSE DE VOYAGE.

SEX PREDATOR Voir **Prédateur sexuel**

SHIFT, SHIFT WORKER Voir ***Chiffres*** pour **Quarts** et **Postes**

SHOPPING Voir **Magasiner, Magasinage**

SHORT STORY Voir ***Histoire courte (pour faire une)***

SHOWROOM Voir ***Salle de montre***

SHYLOCK pour **USURIER**
On entend parfois le mot shylock dans le sens d'USURIER. C'est que, dans la pièce de Shakespeare « Le Marchand de Venise », le célèbre usurier s'appelle Shylock. Dire shylock pour usurier, c'est comme dire séraphin pour AVARE. C'est donc USURIER qu'il faut employer normalement.

SIDELINE
Ce terme anglais se rend en français par À-CÔTÉ. Ce travail est pour elle un petit À-CÔTÉ assez lucratif. Un À-CÔTÉ, c'est un petit travail secondaire, un travail d'appoint.

SIÈGE SOCIAL (terme correct) Voir ***Bureau-chef***

SIGNE DE PIASTRE
Ce québécisme courant est à remplacer par SYMBOLE DU DOLLAR. Chaque monnaie a son SYMBOLE et non son *signe*. D'autre part, la piastre a été remplacée depuis plus de cent ans par le DOLLAR. Notons aussi que nous n'avons plus de *sous* et que notre dollar se divise en CENTS. Voir **Sou** et **Cent**

SINGULIER DEVANT PLURIEL
La faute est courante; on dit par exemple : J'ai attendu *un bon dix minutes*. « Un bon », singulier, ne peut pas précéder un pluriel, dix minutes. On peut corriger en disant : DIX BONNES MINUTES, ou AU MOINS DIX MINUTES. Les cas sont multiples, ⇨

voyons deux autres fautes de ce genre. Le gouvernement va investir *un autre dix millions* dans le projet. Dans ce cas, on peut corriger en disant : Le gouvernement va investir DIX MILLIONS DE PLUS, ou DIX MILLIONS SUPPLÉMENTAIRES, dans le projet. Un dernier cas : « Rends-moi *le 25 $* que je t'ai prêté ». Disons plutôt : « Rends-moi LES 25 $ que je t'ai prêtés ». Par contre, on dit correctement : « Rends-moi LE DIX DOLLARS que tu me dois », parce que dans ce cas on peut sous-entendre le BILLET de dix dollars.

SIT-IN pour **OCCUPATION, GRÈVE SUR LE TAS**
Ce que nous appelons parfois *sit-in* est une manifestation de protestation faite sur des lieux reliés à l'objet de cette protestation. On peut dire en français : FAIRE L'OCCUPATION ou OCCUPER des lieux. Ex. : Des protestataires OCCUPENT le bureau du directeur. Quand il s'agit d'une grève, *sit-in* a comme équivalent GRÈVE SUR LE TAS, c'est-à-dire une grève avec occupation des lieux. Ex. : Les syndiqués des deux usines font la GRÈVE SUR LE TAS. (Ils ont débrayé et ils occupent les lieux de travail.)

SIX (prononciation)   Voir **Cinq**

SKI-DOO   Voir **Motoneige**

SLACK   Voir **Lousse**

SLATE
En politique municipale, comme il n'y a souvent pas de partis, on emploie (mais de moins en moins) le mot anglais slate (se prononce « sléte ») pour désigner les candidats d'un même groupe ou d'une même tendance idéologique. L'équivalent, en français général, est tout simplement LISTE. On dit par exemple : Ces candidats font partie de la même LISTE. Ou encore : La LISTE du maire sortant semble très en avance.

SLOCHE, SLUSH, GADOUE, NÉVASSE   Voir **Gadoue**

SLOT MACHINES
Le terme anglais slot machines se dit en général pour les DISTRIBUTRICES AUTOMATIQUES et en particulier, dans les casinos, pour les MACHINES À SOUS. Le mot slot signifie « fente » (qui reçoit les pièces de monnaie).

SMOG   Voir **Brouillard, Brume, Smog**

SMOKING et non *TUXEDO*   Voir *Tuxedo*

SNIFFER
Le verbe SNIFFER, qui peut aussi s'écrire SNIFER, est accepté en français dans le sens de PRISER un stupéfiant, en particulier de la cocaïne. On dit aussi SNIFFEUR, SNIFFEUSE, notamment en parlant de la personne qui renifle de la colle. Si ces mots sont acceptés en parlant de drogues, il vaut mieux dans les autres cas employer RENIFLER, FLAIRER, PRISER, ou simplement SENTIR. On dit, par exemple, qu'un chien RENIFLE ou FLAIRE des bagages. Autre exemple : Le vieux n'avait qu'un passe-temps : PRISER (ce qui veut dire renifler du tabac).

SNIPER Voir **Franc-tireur**

***SNORKEL* et TUBA**
En plus de désigner un instrument à vent, le mot TUBA s'emploie dans le sens de tube recourbé (snorkel) pour faire de la nage en surface. On dit FAIRE DU TUBA, plutôt que du *snorkel* qui est le terme anglais.

SOAP OPERA
Le terme soap opera est à éviter en français. On dit plutôt FEUILLETON ou TÉLÉROMAN pour désigner une émission en épisodes qui reviennent à jour et heure fixes, et dont la trame se poursuit de semaine en semaine. Soap opera est un terme venu de l'américain. C'est qu'au début, à la radio, la plupart des feuilletons étaient commandités par des fabricants de savon.

SODA Voir *Liqueurs douces*

SODA À PÂTE
Ce terme populaire au Québec est un anglicisme venu de baking powder, qui se dit aussi baking soda. Le terme français est BICARBONATE DE SOUDE.

SOFTWARE* et *HARDWARE (en informatique)
Le terme français pour software est LOGICIEL. Le mot LOGICIEL désigne un ensemble de programmes destinés à effectuer un traitement particulier sur un ordinateur.
HARDWARE s'oppose à SOFTWARE. En informatique, hardware se traduit par MATÉRIEL et il désigne l'ensemble de l'équipement d'une installation.

***SOIGNER* pour SE FAIRE SOIGNER**
Certains commentateurs de sport affirment qu'un joueur, qu'un athlète *soigne* une blessure, une fracture ou une maladie. On devine évidemment que ce joueur, que cet athlète ne se soigne ⇨

pas lui-même, mais qu'il se fait soigner. Cet usage est curieux et il n'est attesté par aucun ouvrage sérieux. Ces commentateurs pourraient parler le langage du monde ordinaire et dire, plutôt, qu'un joueur blessé SE FAIT SOIGNER, surtout s'il est hospitalisé, souffrant de fractures graves.

SOLAGE D'UN IMMEUBLE pour FONDATIONS
Le mot *solage* est un archaïsme à éviter. Solage avait d'ailleurs un sens différent de celui qu'on lui donne chez nous. On dira tout simplement LES FONDATIONS d'un immeuble. Ex. : Il est grand temps de consolider les FONDATIONS de notre maison.

SOLDE et SALAIRE   Voir **Congé sans solde**

SOLDE et VENTE   Voir **Vente**

SOLIDE pour MASSIF
On fait un anglicisme en disant *de l'or solide*. C'est DE L'OR MASSIF qu'il faut plutôt dire. On dit en anglais solid gold. Un film américain s'est appelé The Solid Gold Cadillac. Ce qui se traduirait par « La Cadillac EN OR MASSIF ». De même, il faut dire du CHÊNE MASSIF, un meuble en CHÊNE MASSIF et non pas en *chêne solide*.

SOLIDIFIER pour CONSOLIDER
Le verbe SOLIDIFIER signifie passer de l'état liquide ou gazeux à l'état SOLIDE. Ainsi, l'eau se SOLIDIFIE sous le point de congélation, c'est-à-dire 0 degré. Il faut éviter d'employer le verbe *solidifier* au sens de CONSOLIDER, de RENFORCER. Par exemple, on ne *solidifie* pas un vieux pont, mais on peut le CONSOLIDER. Quant au verbe *solider*, d'emploi rare chez nous, il n'existe pas en français général, mais il signifie aussi CONSOLIDER.

SOMMEIL (AVOIR) et S'ENDORMIR   Voir **Endormir (s')**

SORTI DU BOIS (NE PAS ÊTRE)
Alors que nous disons NE PAS ÊTRE SORTI DU BOIS, l'expression équivalente en français général est NE PAS ÊTRE SORTI DE L'AUBERGE. On dit en anglais to be out of the woods. On peut dire également ÊTRE AU BOUT DE SES PEINES. Ex. : Avec la nouvelle tempête qui s'en vient, décidément, nous NE SOMMES PAS AU BOUT DE NOS PEINES.

SORTIR LE VOTE (FAIRE)
Faire sortir le vote, expression que nous entendons à chaque élection chez nous, est à remplacer puisque le VOTE ne sort pas, ce

sont les ÉLECTEURS qui sortent. On pourrait toujours dire FAIRE SORTIR LES ÉLECTEURS, mais il y a mieux. On peut dire STIMULER LA PARTICIPATION, ou encore INCITER LES GENS À ALLER VOTER.

SORTIR UN LIVRE, UN DISQUE, etc.
SORTIR s'emploie désormais dans la francophonie au sens de LANCER, PUBLIER. Ce néologisme est devenu incontournable. On dit donc : Cette compagnie, ce chanteur vient de SORTIR un nouveau disque. Et aussi : Ce livre est SORTI le mois dernier. Cependant, les verbes PUBLIER et LANCER demeurent plus recommandables dans ces cas.

SOU et **CENT** (monnaie)
Le SOU est une pièce de monnaie ancienne. Notre DOLLAR se divise en 100 CENTS. Il faut prononcer le T de cent, mais garder muet le S, puisque le S du pluriel ne se prononce jamais en français. Quatre 25 cents font un dollar et non pas une *piastre* (également monnaie ancienne).
Quant au mot SOU, il ne s'emploie plus que dans le sens général d'argent, par exemple dans les expressions : ÊTRE SANS LE SOU, AVOIR DES SOUS, etc.

SOUFFLEUSE   Voir **Chasse-neige**

SOUHAITS et **SALUTATIONS**   Voir **Salutations**

SOUS ARRÊT (ÊTRE)   Voir *Arrêt (être sous)*

SOUS-CONTRACTEUR
Le mot *contracteur* est un anglicisme que l'on remplace par ENTREPRENEUR. On dira également SOUS-ENTREPRENEUR ou encore SOUS-TRAITANT.   Voir **Contracteur**

SOUS CONTRÔLE   Voir *Contrôle (hors de ~, sous ~)*

SOUS HARNAIS (COURSE)   Voir *Course sous harnais*

SOUS L'IMPRESSION QUE (ÊTRE)
Il faut dire AVOIR L'IMPRESSION QUE, et non pas *être sous l'impression que*, locution calquée sur to be under the impression that. Ex. : Je ne l'avais vue qu'à la télévision ; J'AVAIS L'IMPRESSION QU'elle était beaucoup plus grande.

SOUS OBSERVATION
On dit en anglais to be under observation, expression qu'il faut traduire par ÊTRE EN OBSERVATION, et non pas *sous observation*. ⇨

Ex. : Le médecin l'a placé EN OBSERVATION pour quelques jours.
Autre exemple : La police a placé deux agents EN OBSERVATION sur les lieux du crime.

SOUS-SOL et CAVE Voir **Cave**

SOUS ZÉRO Voir ***Bas de zéro (en)***

SOUTIEN (ACTEUR DE), RÔLES DE SOUTIEN
Les expressions *rôles de soutien, acteur de soutien,* sont des anglicismes à éviter. On les a calqués sur supporting part, supporting actor. Les termes français correspondants sont : RÔLES SECONDAIRES, ACTEUR DE SECONDS RÔLES.

SPARADRAP Voir **Diachylon**

SPÉCULATION, SPÉCULER et CONJECTURE, CONJECTURER
Faire de la SPÉCULATION, ou SPÉCULER, c'est tenter de profiter des fluctuations du marché pour faire des profits; s'enrichir par la SPÉCULATION. SPÉCULER sur des terrains, c'est acheter des terrains dont la valeur est appelée à augmenter, pour les revendre au bon moment. On dit SPÉCULER EN BOURSE. Mais on ne peut pas *spéculer* sur des événements à venir, c'est-à-dire tenter de les prévoir. Cet emploi de spéculer est un anglicisme. Il faut dire plutôt : CONJECTURER, FAIRE DES CONJECTURES, FAIRE DES SUPPOSITIONS, ÉMETTRE DES HYPOTHÈSES, etc. Ex. : Les CONJECTURES vont bon train à propos de la nomination du nouveau ministre. Il est difficile de CONJECTURER sur les intentions d'autrui, ou encore d'ESSAYER DE DEVINER les intentions d'autrui.

SPEED BUMP
Un renflement sur la chaussée (en anglais : speed bump) pour faire ralentir la circulation peut s'appeler BOSSE DE RALENTISSEMENT, BOSSE ANTIVITESSE. Certains proposent DOS-D'ÂNE, mais le sens n'est pas le même. Un DOS-D'ÂNE est une déformation indésirable de la chaussée, un travail en vue pour la voirie.
Voir **Dos-d'âne**

SPEEDOMÈTRE
L'appareil qui indique la vitesse d'un véhicule peut s'appeler en français INDICATEUR DE VITESSE, ou COMPTEUR DE VITESSE. On peut dire aussi ODOMÈTRE, appareil qui indique la vitesse et aussi le nombre de kilomètres parcourus.

SPIN DOCTOR
Le terme anglais spin doctor est employé surtout en politique pour désigner ceux qui travaillent pour une personnalité dans le but de « dorer » l'image de leur employeur en influençant favorablement les journalistes. L'équivalent français proposé au Québec est DOREUR, DOREUSE D'IMAGE. L'OQLF propose également l'expression DORER L'IMAGE de quelqu'un et aussi faire le DORAGE DE L'IMAGE d'une personnalité.

SPONSOR, SPONSORISER et COMMANDITAIRE, COMMANDITER
Quelle différence y a-t-il entre un SPONSOR et un COMMANDITAIRE? entre SPONSORISER et COMMANDITER? C'est la même chose, sauf que SPONSOR et SPONSORISER, empruntés à l'anglais, sont utilisés dans l'usage courant en France, tandis que COMMANDITAIRE et COMMANDITER sont utilisés chez nous. Un fabricant de cigarettes peut COMMANDITER une écurie de Formule 1; un fabricant de savon peut COMMANDITER une émission de télé. Ce sont des COMMANDITAIRES. Nous n'avons pas besoin d'emprunter les mots anglais. En France, on recommande officiellement les termes PARRAIN et PARRAINER, de même que COMMANDITAIRE et COMMANDITER.

SPORT NAUTIQUE (et non *AQUATIQUE*)   Voir **Aquatique**

SPRAY pour **VAPORISATEUR**
Le mot spray est un emprunt inutile à l'anglais, puisque nous pouvons dire en français : VAPORISATEUR, PULVÉRISATEUR et ATOMISEUR. Nous avons également les verbes VAPORISER, PULVÉRISER et ATOMISER.
Quant à spray can, il a son équivalent dans AÉROSOL et ATOMISEUR; on dit aussi BOMBE AÉROSOL.

SPRINKLER pour **GICLEUR**
En matière de protection contre les incendies, le mot anglais sprinkler doit se traduire par GICLEUR, ou GICLEUR D'INCENDIE (recommandation OQLF). On peut dire également TÊTE D'EXTINCTEUR. En français général, GICLEUR n'a qu'un seul sens; c'est un petit tube qui fait gicler l'essence dans un carburateur.

SQUATTER, SQUATTEUR, SQUAT
Ces mots empruntés à l'anglais sont tous intégrés à notre langue depuis quelques décennies. Il ne faut donc pas hésiter à les employer; d'ailleurs, ils n'ont pas d'équivalents d'origine française.

SQUEEGEE   Voir **Gratte, Grattoir, Raclette**

STAGE et STADE
On a tendance à confondre ces deux mots. Un STAGE est une période d'apprentissage, de formation, de perfectionnement dans un service, une entreprise. Ex. : Faire un STAGE en journalisme dans un grand journal.
Un STADE est une étape précise de développement, une période dans une évolution. Ex. : Les STADES du développement d'un papillon.

STAGNER, AGNOSTIQUE, MAGNAT (prononciation)
Voir **Agnostique**

STAND et KIOSQUE   Voir **Kiosque**

STAND DE TAXIS, **STAND DE RAVITAILLEMENT**
Il faut dire un POSTE DE TAXIS et éviter bien sûr *stand de taxis*, calqué sur taxi stand. Cependant, en course automobile, le mot STAND DE RAVITAILLEMENT, ou STAND tout court, en contexte, est reconnu pour désigner l'emplacement réservé à une écurie en bordure de la piste. (Il faut prononcer STAND à la française.) Quant à *puits de ravitaillement*, il semble que ce soit un anglicisme venu de pit.

STAND-UP COMIQUE
Les Américains ont inventé le terme; ils n'ont pas inventé cette sorte de spectacle. Celui ou celle qui fait des monologues drôles, seul sur une scène s'appelle MONOLOGUISTE. Comme les monologuistes sont censés être drôles, il est superflu d'ajouter « comique ». Yvon Deschamps est un populaire MONOLOGUISTE.

STIMULATEUR CARDIAQUE (terme correct)   Voir *Pacemaker*

STIPULER, STIPULATION (contrats seulement)
Dans le langage du droit, le verbe STIPULER et le nom STIPULATION ne s'emploient qu'en parlant des CONTRATS. Ex. : Le contrat STIPULE que la marchandise devra être livrée avant le 15 octobre. Il est incorrect de dire qu'une loi *stipule* quoi que ce soit, ou qu'elle contient telle *stipulation*. On dit correctement qu'une loi ORDONNE, EXIGE, INTERDIT, PERMET, DISPOSE, PRESCRIT, etc., mais une loi ne *stipule* jamais, selon le bon usage français. STIPULER et STIPULATION ont pris cependant un sens différent dans la langue courante et l'on peut dire par exemple qu'une chose est STIPULÉE dans une lettre, dans une annonce; ou que la demande de M. Tremblay STIPULE que...

STOCK, STOCKER, INVENTAIRE Voir **Inventaire**

STOP, STOPPER, AUTO-STOP
Le mot STOP, qui vient de l'anglais, est reconnu en français depuis 1792, selon Robert. Quant au verbe STOPPER, il serait entré dans l'usage français en 1847, selon la même source. FAIRE DE L'AUTO-STOP, et, couramment, FAIRE DU STOP sont plus récents, mais également reçus dans notre langue. Dans le langage populaire, on dit FAIRE DU POUCE, VOYAGER SUR LE POUCE. L'inscription STOP sur les panneaux de circulation est courante en France depuis 1927. Au Québec, les mots ARRÊT et STOP sont tous les deux acceptés en circulation.

STORE et TOILE (aux fenêtres) Voir **Toile**

STORER, STORAGE
Les mots *storer* et *storage* sont des anglicismes à éviter; d'autant plus que nous connaissons aussi bien leurs équivalents français : ENTREPOSER et ENTREPOSAGE.

STRAIGHTMAN (spectacle) Voir **Faire-valoir**

STRATIFIÉ (mot français pour *ARBORITE*) Voir *Arborite*

STYLISME et DESIGN Voir **Design**

STYROFOAM pour POLYSTYRÈNE
Styrofoam est un américanisme. Au Royaume-Uni, on dit polystyrene. Le terme habituel en français général est POLYSTYRÈNE. Le POLYSTYRÈNE est ce produit ultraléger qui sert à faire des panneaux pour l'isolation thermique et des emballages moulants pour les objets fragiles. Des gobelets pour le café sont également en POLYSTYRÈNE. Voir **Airfoam**

SUBPŒNA
Le mot latin subpœna a été repris par la langue anglaise, mais il n'appartient pas à l'usage français. C'est CITATION À COMPARAÎTRE qui est le terme français ou, en contexte, simplement CITATION. Ex. : Il a reçu une CITATION, il doit comparaître vendredi.

SUD (AU SUD DE et DANS LE SUD DE) Voir **Nord**

SUISSE, SUISSESSE
Les habitants de la Suisse sont des SUISSES. Le féminin est SUISSE ou SUISSESSE. Les deux formes féminines sont également correctes.

SUISSE (écureuil) pour **TAMIA**
Le petit écureuil à dos rayé que l'on appelle familièrement SUISSE a pour nom véritable TAMIA. Il est superflu d'ajouter « rayé » à son nom puisque tous les TAMIAS sont rayés.

SUITES D'UNE MALADIE (DES)
  Voir **MOURIR DES SUITES DE...**

SUN DECK
Une plate-forme où l'on s'installe pour prendre du soleil est une TERRASSE. Plusieurs ont des TERRASSES à côté de leur piscine. Le mot TERRASSE a plusieurs sens y compris l'emplacement sur le trottoir où l'on prend un verre en bavardant. Le pont d'un bateau de plaisance est aussi un sun deck, pour les anglophones; en français, on dit simplement le PONT d'une embarcation, endroit populaire pour prendre du soleil, sans qu'il faille utiliser le terme anglais sun deck.

SUNTAN   Voir **Bronzer, Bronzage**

SUPER (invariable)
Le préfixe SUPER s'accole au mot qui le suit, que ce soit un nom ou un adjectif. Une SUPERSTAR, une SUPERAUBAINE, un SUPERBANQUET, c'est SUPEREXCITANT, etc. Toute chose supérieure, merveilleuse, peut de nos jours voir son nom précédé de SUPER. Ce préfixe est évidemment invariable, mais SUPER est également invariable quand on l'emploie seul, comme adjectif. Ex. : Oh! ta nouvelle robe, elle est SUPER! Ces joueurs de tennis, ils sont SUPER!

SUPERLATIF (précédé d'un ordinal)
  Voir *Deuxième plus grand (le)*

SUPERVISEURE   Voir *Féminin des noms de métiers*

SUPPORT À VÊTEMENT
Une barre courbée, munie d'un crochet, pour suspendre un vêtement par les épaules, s'appelle CINTRE en français général. CINTRE est clair et précis tandis que « support » peut être employé à toutes sortes de sauces.

SUPPORT pour **SOUTIEN**
On peut accorder à quelqu'un son APPUI, son SOUTIEN, son AIDE. Support, en ce sens, est un anglicisme. Ex. : Le candidat compte sur l'APPUI, sur le SOUTIEN des gens de la circonscription.

SUPPORTER pour **APPUYER, SOUTENIR**
Supporter est un anglicisme au sens de APPUYER, SOUTENIR. Il faut dire APPUYER, SOUTENIR un candidat et non pas le *supporter*, qui signifie plutôt « l'endurer ». Dans le domaine des sports, cependant, le verbe SUPPORTER (un joueur) et le nom SUPPORTER ou SUPPORTEUR (d'un joueur), s'emploient couramment en France.

SUR (usages fautifs de cette préposition)

Usages fautifs	Corrections
Rencontrer quelqu'un *sur* l'avion.	Rencontrer quelqu'un DANS l'avion.
Travailler *sur* semaine.	Travailler EN semaine.
Habiter *sur* le même étage.	Habiter le même étage, au même étage.
Travailler *sur* une ferme.	Travailler DANS une ferme, À la ferme.
Être *sur* l'aide sociale.	Vivre de l'aide sociale, recevoir l'aide sociale.
Être *sur* le chômage.	Être EN chômage.
Être *sur* le piquet de grève.	Être AU piquet de grève.
Traverser *sur* un feu rouge.	Traverser À un feu rouge, ou BRÛLER, GRILLER un feu rouge.
Tourner à droite *sur* un feu rouge	Tourner à droite À un feu rouge.
Être *sur* le comité, le conseil de direction.	FAIRE PARTIE du comité, du conseil, ou ÊTRE MEMBRE du comité.
Verre *sur* pied.	Verre À pied.
Vivre *sur* une réserve indienne.	Vivre DANS une réserve indienne.
Sur la rue (jouer, marcher).	Jouer DANS la rue, marcher DANS la rue.

SUR LA RUE peut s'employer cependant dans l'expression DONNER SUR LA RUE. Ex : Une fenêtre ou une porte qui DONNE SUR LA RUE, ou SUR LE JARDIN, etc. Par contre, on dit correctement : L'émission sera diffusée SUR RDI, SUR le Réseau français, SUR TVA, SUR France 2 (sur un réseau en général). De plus en plus, on dit aussi SUR une station : SUR CKAC, SUR CKVL, etc. Il ne faut cependant pas généraliser et dire par exemple « Je travaille *sur* TVA », au lieu de « Je travaille POUR ou À TVA ».

SURDOSE (terme correct)   Voir ***Overdose***

SURFACEUSE, RESURFACEUSE, LISSEUSE (patinoires)
Le véhicule d'entretien de la glace des patinoires peut s'appeler RESURFACEUSE À GLACE, ou RESURFACEUSE DE PATINOIRES. SURFACER signifie polir mécaniquement une surface en y allant par bandes successives. Dans l'usage courant, on dit simplement SURFACEUSE ou RESURFACEUSE. Le mot Zamboni est le nom commercial le plus répandu de cette sorte de machine. L'OQLF propose le mot LISSEUSE pour cette machine, vu que le verbe lisser, dans l'industrie, signifie : rendre une surface unie, sans aspérités.

SURTEMPS Voir **Overtime**

SUSPECTER et **SOUPÇONNER**
Ces deux verbes sont français et leurs sens se rapprochent, mais SUSPECTER est plus péjoratif que SOUPÇONNER. Ainsi, si l'on dit que l'on SUSPECTE quelqu'un d'être l'auteur d'un crime, c'est qu'on tient probablement cette personne pour responsable. Si on SOUPÇONNE cette personne du même crime, c'est qu'on a des soupçons à son endroit, c'est que certains indices nous laissent croire à sa culpabilité.

SWEATER, PULL Voir **Gilet**

SYMBOLE DU DOLLAR
Le SYMBOLE DU DOLLAR qu'il faut se garder d'appeler *signe de piastre*, ne peut s'employer qu'après un nombre écrit en chiffres. Ainsi, on écrit : 5000 $, ou encore 28 $. Après un nombre écrit en lettres, il faut écrire le mot dollars en lettres. Ex. : Dix mille dollars, ou encore 35 $. Il faut noter aussi qu'on place toujours un espace avant le symbole du dollar.

SYMPATHIE et **CONDOLÉANCES** Voir **Condoléances**

SYSTÈME DE SON
L'expression *système de son* est un calque de sound system. En français général on dira plutôt CHAÎNE STÉRÉOPHONIQUE ou CHAÎNE STÉRÉO. Il faut également éviter les termes *caisse de son* ou *boîte de son*, qu'il faut remplacer par ENCEINTES SONORES, ou ENCEINTES ACOUSTIQUES, pour désigner les compartiments de bois réunissant quelques haut-parleurs de divers registres pour fournir un son riche. Ex. : Une bonne CHAÎNE STRÉRÉO est équipée d'au moins deux ENCEINTES SONORES.

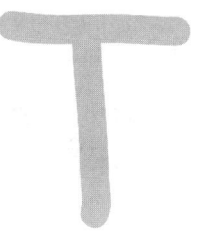

TABLE (SOUS LA)
L'expression figurée *sous la table* est un anglicisme à éviter. Les anglophones disent under the table. En français, on peut dire AU NOIR, ou encore : CLANDESTINEMENT, EN CACHETTE ou EN CATIMINI. Ex. : Travailler AU NOIR, se faire payer CLANDESTINEMENT ou EN CACHETTE.

TABLE DE NÉGOCIATIONS et TABLE DE CONCERTATION
L'expression TABLE DE NÉGOCIATIONS désigne l'ensemble des personnes mandatées pour négocier. Le terme est très courant, notamment dans le monde du travail, où il comprend les représentants des travailleurs et ceux des employeurs.

L'expression TABLE DE CONCERTATION désigne un ensemble de personnes, un groupe de travail, mandaté pour consulter, discuter, négocier, en vue de régler un problème.

TABLE TOURNANTE
L'expression TABLE TOURNANTE n'a qu'un seul sens en français général. Elle désigne, en spiritisme, la table qui est censée tourner pour transmettre les messages des esprits. En électronique, il faut dire TOURNE-DISQUE.

TABLEAU D'AFFICHAGE et BABILLARD Voir **Babillard**

TABLETTE DE CHOCOLAT Voir **Barre de chocolat**

TABLETTER
Le verbe *tabletter*, dans l'usage populaire québécois, peut être remplacé par plusieurs termes dans le langage soutenu. Il s'emploie notamment en parlant de projets, en particulier les projets de lois. On peut dire METTRE AU RANCART, METTRE AU PLACARD, METTRE ou JETER AUX OUBLIETTES, etc. Ex. : Après deux semaines de débats, le projet de loi 222 a été MIS AU RANCART.

TABLIER D'UN PONT
Le TABLIER D'UN PONT est la plate-forme qui porte les voies de circulation. Ainsi, le pont Pierre-Laporte a un TABLIER à six voies. Quand un pont est doté de deux TABLIERS superposés, il faut éviter de dire que c'est un *pont à deux étages*. On dira plutôt un PONT À DEUX TABLIERS. (On en trouve un notamment à New York et un à San Francisco.)

TABLOÏD
Le mot TABLOÏD, ou TABLOÏDE, d'origine américaine et reconnu en français, désigne les journaux de petit format. TABLOÏD peut s'employer seul, comme nom, ou s'utiliser en apposition : format TABLOÏD, publication TABLOÏD (prononciation : « ta-blo-ide »).

TAILLE-CRAYON (terme correct)   Voir *Aiguiser* **un crayon**

TAMIA (écureuil)   Voir **Suisse** (écureuil)

TANNER, TANNÉ, TANNÉE
Le verbe TANNER, au sens d'agacer, d'importuner, d'embêter, appartient au langage familier. Dans le langage relevé, on peut justement employer ces équivalents : AGACER, IMPORTUNER, EMBÊTER. Ex. : Tu m'AGACES avec tes questions. Cesse de m'EMBÊTER avec tes préjugés. Au sens propre, le verbe TANNER signifie : traiter les peaux pour en faire du cuir.

TANT QU'À et QUANT À   Voir **Quant à**

TANTÔT
TANTÔT est un adverbe et aussi un nom, dont le sens a beaucoup évolué et qui risque de prêter à confusion. Au Québec, et encore dans certaines régions de France et de Belgique, on emploie TANTÔT au sens de TOUT À L'HEURE, mais en français général, TANTÔT signifie CET APRÈS-MIDI. Très souvent, si un Parisien dit : « Revenez TANTÔT », cela signifie « Revenez CET APRÈS-MIDI », et les Français, en général, emploient TANTÔT comme **nom** au sens d'APRÈS-MIDI. Ils disent familièrement CE TANTÔT, au sens de cet après-midi. Par conséquent, si l'on veut éviter les confusions entre francophones, il vaut mieux remplacer TANTÔT par TOUT À L'HEURE. Toute la francophonie s'accorde sur le sens de TOUT À L'HEURE.

TAPER UNE LIGNE TÉLÉPHONIQUE
Taper une ligne téléphonique est une expression québécoise qui signifie la METTRE SUR TABLE D'ÉCOUTE, c'est-à-dire enregistrer ce qui s'y dit. La police doit obtenir la permission d'un tribunal

pour METTRE UNE LIGNE SUR TABLE D'ÉCOUTE. On dit au Québec : « Prends garde, ta ligne est *tapée!* » Ce qui se dirait en français général : « Prends garde, ta ligne est SURVEILLÉE, ta ligne est SUR TABLE D'ÉCOUTE ! »

TAPIS MUR À MUR
La locution *tapis mur à mur* est un anglicisme à éviter. Nous la remplaçons de plus en plus par MOQUETTE, et c'est le terme qu'emploie maintenant la publicité. Quand un tapis couvre en entier la surface d'un plancher, c'est de la MOQUETTE. Un TAPIS peut être rectangulaire, parfois rond ou ovale, mais il n'est pas fixé au plancher dont il ne couvre qu'une partie.

TARMAC
On appelle TARMAC la partie d'un aérodrome réservée au déplacement et au stationnement des avions. Utilisé en français depuis 1910, selon Robert, TARMAC vient de l'anglais tar (goudron) et de macadam.

TASSE DE THÉ (CE N'EST PAS MA)
Une expression britannique dit : « It is not my cup of tea ». Comme bien des expressions étrangères, il vaut mieux ne pas la traduire littéralement, mais plutôt lui substituer un équivalent français. Les équivalents français sont, dans la langue relevée : CE N'EST PAS MON GENRE et, dans le langage populaire, CE N'EST PAS MON TRUC.

TAULE
Le mot TAULE, venu de l'argot français et qui signifie PRISON, est utilisé dans le langage populaire. Il faut l'éviter dans le langage relevé. On verrait mal, par exemple, qu'un média sérieux dise qu'une personne a été condamnée à cinq années de *taule*.

TAXAGE, TAXER, et EXTORSION, EXTORQUER
Le mot TAXAGE est un terme populaire accepté pour désigner l'EXTORSION d'objets ou d'argent généralement commis par des jeunes auprès de leurs semblables. On dit aussi TAXER des jeunes, c'est-à-dire leur EXTORQUER des biens. Cet usage est répandu tant chez nous qu'ailleurs dans la francophonie. En parlant d'adultes et de la pègre en particulier, c'est cependant les mots EXTORSION et EXTORQUER qu'il convient d'utiliser. Ex. : Ce motard est accusé d'EXTORSION.

TAXES (PAYEUR DE) Voir *Payeur de taxes*

TAXE D'AMUSEMENT
On dit en anglais <u>amusement tax</u>, ce qui se traduit correctement par TAXE SUR LES SPECTACLES, ou TAXE SUR LES LOISIRS. Au Québec, la même taxe s'applique aux spectacles et aux loisirs.

TAXE DE BIENVENUE
Ce terme est un anglicisme. C'est un calque de <u>welcome tax</u>. Le terme recommandé est TAXE DE MUTATION. Il s'agit des droits qu'il faut payer à une localité dans laquelle on achète une propriété.

TECHNICALITÉ
Le mot *technicalité* est un calque de <u>technicality</u>. Au lieu de dire « C'est une simple *technicalité* », il convient de dire « C'est un simple DÉTAIL TECHNIQUE, ou une simple FORMALITÉ ». Ex. : Ce serait dommage que cet immigrant soit expulsé pour une simple FORMALITÉ.

TEE-SHIRT ou T-SHIRT
TEE-SHIRT, qu'on peut écrire aussi T-SHIRT, est un anglicisme accepté et utilisé en français général. Au pluriel, on écrit des TEE-SHIRTS ou des T-SHIRTS, et en parlant on garde muet le S final, puisque le S du pluriel est toujours muet en français.

TEL QUE CONVENU, TEL QU'ANNONCÉ, etc.
On ne peut employer la locution *tel que* suivie d'un participe passé ou d'un adjectif. On évitera par exemple de dire : la nouvelle *telle qu'annoncée* dans le journal; et on dira plutôt : la nouvelle COMME ELLE EST ANNONCÉE dans le journal, ou encore, la nouvelle TELLE QUE LE JOURNAL la publie. (Dans ce dernier cas, la locution « telle que » n'est pas suivie d'un participe passé; la phrase est correcte.) Au lieu de dire « *Tel que convenu*, nous vous envoyons la somme de... », on dira plutôt « COMME CONVENU, nous vous envoyons... ».
Par contre, la locution TEL QUE peut être suivie d'un nom ou d'un pronom. On dit correctement : un courage TEL QUE le vôtre, ou encore, une femme TELLE QUE Mme Bertrand.

TÉLÉAVERTISSEUR (terme recommandé) Voir *Bellboy*

TÉLÉCOMMANDE, TÉLÉCOMMANDER
Les mots TÉLÉCOMMANDE et TÉLÉCOMMANDER sont très utilisés dans la langue moderne. Au début, certains ont employé, même en français, <u>remote control</u> et <u>remote-controlled</u>, mais les termes français se sont vite imposés. La TÉLÉCOMMANDE peut actionner non seulement la télé, la radio et d'autres appareils,

mais aussi les portières et l'allumage de l'auto et la porte du garage. (Il faut éviter *contrôle à distance* qui est un anglicisme.)

TÉLÉCOPIE, TÉLÉCOPIEUR   Voir Fax

TÉLÉPHONE pour APPEL TÉLÉPHONIQUE
Un TÉLÉPHONE est un appareil. Au sens d'APPEL TÉLÉPHONIQUE, le mot *téléphone* est un régionalisme. Au lieu de dire «Vous avez reçu trois *téléphones*», il vaut mieux dire «Vous avez reçu TROIS APPELS TÉLÉPHONIQUES, ou simplement TROIS APPELS». On dit aussi en français général : un COUP DE TÉLÉPHONE.

TÉLÉROMAN, FEUILLETON   Voir *Soap opera*

TEMPÉRATURE et FIÈVRE
Faire de la température est une expression régionale à éviter. Quand on est malade, on fait parfois de la FIÈVRE et non pas de la *température*. Notre température corporelle est plus élevée quand on fait de la fièvre, mais «on ne fait pas de la température». Notons cependant qu'on trouve dans Robert : AVOIR DE LA TEMPÉRATURE comme synonyme de FAIRE DE LA FIÈVRE.

TEMPÉRATURE et TEMPS
Le mot TEMPÉRATURE indique uniquement le degré de froid ou de chaleur. La température, en conséquence, peut être froide ou douce ou chaude; elle ne peut être belle ni maussade. C'est le TEMPS qui peut être beau ou mauvais. Il faut dire : Nous avons eu du BEAU TEMPS pendant nos vacances et non pas de la *belle température*. Notons qu'il faut dire IL FAIT FROID et non pas *c'est froid*, quand on parle de météo.   Voir **Être** et **Faire (en météo)**

TEMPÉRATURES FROIDES (expression des)
Voir *Bas de zéro (en)*

TEMPO, RYTHME, BEAT   Voir *Beat*

TEMPS SUPPLÉMENTAIRE, TEMPS ET DEMI, etc.
L'expression *temps supplémentaire* est un calque de overtime. Il faut dire plutôt des HEURES SUPPLÉMENTAIRES. Travailler en HEURES SUPPLÉMENTAIRES. Il faut dire également : être payé UNE FOIS ET DEMIE le taux horaire; être payé DEUX FOIS le taux horaire. On peut dire également, selon l'OQLF : travailler À SALAIRE MAJORÉ DE 100 %, et travailler À SALAIRE MAJORÉ DE 50%.   Voir **Overtime**

TÉNACITÉ
Il faut dire et écrire TÉNACITÉ (avec deux accents aigus) et non *tenacité*, même si l'adjectif, lui, est TENACE, sans accent aigu.
Ex. : Cette femme est TENACE. Sa TÉNACITÉ l'honore.

TENIR POUR ACQUIS (expression correcte)
Voir *Acquis (prendre pour)*

TENSION ARTÉRIELLE (terme correct)   Voir *Pression sanguine*

TERME et MANDAT   Voir **Mandat**

TERMES DE (EN)
L'expression *en termes de* est un anglicisme lorsqu'elle est employée dans les sens suivants : SUR LE PLAN DE, EN MATIÈRE DE, EN CE QUI CONCERNE, POUR CE QUI EST DE, AU CHAPITRE DE. Ainsi, il faut éviter de dire : Bombardier est à l'avant-garde *en termes de* compétitivité; il faut dire plutôt : Bombardier est à l'avant-garde SUR LE PLAN DE la compétitivité.

TERMES d'un contrat
Les composantes d'un contrat peuvent s'appeler STIPULATIONS, DISPOSITIONS, CLAUSES, CONDITIONS. On fait un anglicisme en disant les *termes* d'un contrat (terms).   Voir **Stipuler, Stipulation**

TERMINER ou COMMENCER *AVEC* TELLE CHOSE
Voir *Avec* au lieu de **Par**

TERMINUS D'AUTOBUS (à éviter)   Voir **Gare routière**

TERRAIN D'EXERCICE (golf)   Voir **Driving range**

TERRE (À) pour À PLAT
Il faut dire qu'une batterie est À PLAT et non pas *à terre* qui est un régionalisme à rejeter. De même, on dira pour une personne : ÊTRE À PLAT dans le sens de être démoralisé, déprimé.
Ex. : Mon voisin est À PLAT tout comme la batterie de sa voiture.

TESTER POSITIF
Tester positif, en parlant de dopage, est évidemment un anglicisme à remplacer. Au lieu de dire qu'un athlète a *testé positif*, on peut dire qu'un test antidopage l'a démontré positif, ou qu'il a échoué au test antidopage, ou qu'il a été éliminé pour dopage, etc.

TÊTE D'EXTINCTEUR (incendies) Voir *Sprinkler*

THÈME, INDICATIF MUSICAL, JINGLE
On appelle INDICATIF MUSICAL, ou simplement INDICATIF, l'introduction musicale d'une émission de radio ou de télévision. Il faut éviter de dire, dans ce sens, *thème* ou *thème musical*, qui sont des anglicismes. En France, on dit aussi JINGLE dans le sens d'indicatif musical, tandis qu'en général JINGLE ne s'emploie que pour désigner une musique qui accompagne ou introduit une annonce commerciale, tout comme en anglais.

THERMOSTAT (prononciation)
Le T final de THERMOSTAT est **muet** en français (ter-mos-ta), tout comme celui d'aérostat. En anglais, le T final de thermostat est prononcé.

TICKET MODÉRATEUR
On appelle TICKET MODÉRATEUR la quote-part de frais laissée à la charge du malade dans les régimes d'assurance-maladie ou de sécurité sociale. On prononce « ti-kè ».

TIMBRES ANTITABAC Voir **Antitabac (disques** ou **timbres)**

TIR AU POIGNET, TIRER DU POIGNET
Tir au poignet et *tirer au poignet* sont des régionalismes québécois. En français général, on dit BRAS DE FER, FAIRE UN BRAS DE FER, ou JOUER AU BRAS DE FER. Au figuré, BRAS DE FER désigne une lutte, un engagement rude, et prolongé, entre deux parties. Ex. : Le BRAS DE FER persiste entre ces deux pays à propos des droits de pêche.

TIRAGE pour *CIRCULATION* **(journaux)**
Voir *Circulation* pour *Tirage*

TIRER DE L'ARRIÈRE, TRAÎNER DE L'ARRIÈRE
Ces deux expressions, employées chez nous comme synonymes, surtout en parlant de lutte électorale, ou de compétitions sportives, sont des régionalismes à éviter. Ils n'ont aucun sens en français général. On dira plutôt ACCUSER DU RETARD, PERDRE DU TERRAIN, ÊTRE EN RETARD, ÊTRE DEVANCÉ. Ex. : Le ministre B. ACCUSE UN IMPORTANT RETARD dans sa propre circonscription (résultats électoraux). Les Verts SONT LARGEMENT DEVANCÉS dans les sondages. Les Canadiens continuent DE PERDRE DU TERRAIN au classement des équipes.

TIRER DU POIGNET Voir *Tir au poignet*

TOILE et STORE
Il faut dire le STORE d'une fenêtre plutôt que la *toile* qui n'est pas le terme approprié. Le mot STORE, loin d'être un anglicisme, vient de l'italien « storea », venu lui-même du latin « stora ».

TOMBE et CERCUEIL   Voir **Cercueil**

TOMBÉE (en journalisme)   Voir *Deadline*

TOMBER EN AMOUR   Voir *Amour (tomber en)*

TONDEUSE (à cheveux)   Voir *Clipper*

TOP SECRET
Certains francophones utilisent parfois le terme anglais top secret, alors que la langue française nous offre l'exact équivalent : ULTRASECRET. Si une affaire est ULTRASECRÈTE, n'est-ce pas aussi sérieux que si elle est top secret?

TOTALISER DES POINTS (expression correcte)
   Voir **Cumuler des points**

TOUNE
« Joue-nous encore une petite *toune!* », entendons-nous chez nous. Ce calque de tune est facilement évitable. On peut dire un AIR, une MÉLODIE, un REFRAIN, etc.

TOUR DE FORAGE   Voir *Derrick*

TOUR OPÉRATEUR
Cet anglicisme, calqué sur tour operator, qui se répand en France, et que mentionne le Petit Robert, est à remplacer par VOYAGISTE. C'est le terme recommandé tant en France qu'au Québec. Un VOYAGISTE est une entreprise qui organise des voyages à forfait.

TOURBE et GAZON
C'est à tort que l'on emploie couramment chez nous le mot *tourbe* pour désigner le gazon préparé, transporté en rouleaux, et qui sert à établir une nouvelle pelouse. En fait, le mot TOURBE n'a qu'un sens : c'est une matière spongieuse, noire, que l'on trouve dans la terre et qui résulte de la décomposition des végétaux. On s'en sert comme combustible après l'avoir fait sécher. Pour préparer une pelouse, on peut la semer, ou recouvrir la terre de GAZON ROULÉ, ou de ROULEAUX DE GAZON.

TOURNANT Voir *Point tournant*

TOURNANT, COURBE, VIRAGE Voir **Courbe**

TOURS NÉGATIFS (abus des)
C'est bien connu, les Québécois ont tendance à abuser des tours négatifs. Nous disons : « Il fait pas chaud ! », « Elle le déteste pas ! » (elle est amoureuse de lui); « Un autre verre ? », « Je ne dirais pas non ! », etc. La radio et la télé ne sont pas toujours des modèles à ce sujet. Nous entendons régulièrement : « Ne manquez pas telle émission ! » au lieu de « REGARDEZ, ou ÉCOUTEZ TELLE ÉMISSION ! » Bref, chaque Québécois doit essayer d'employer, le plus possible, des tours positifs, sans, évidemment, bannir les tours négatifs qui sont souvent nécessaires.

TOUT (EN) ET PARTOUT Voir ***Partout (en tout et)***

TRACEL
Le régionalisme *tracel*, venu de l'anglais trestle, se rend en français par VIADUC DE CHEMIN DE FER.

TRAFIQUANT DE BILLETS (expression correcte) Voir ***Scalpeur***

TRAIN DE FRET pour **TRAIN DE MARCHANDISES**
Il faut dire TRAIN DE MARCHANDISES et non pas *train de fret*, calqué sur l'anglais freight train. Le mot FRET est français, mais il s'applique à la **cargaison** d'un navire, d'un avion, d'un camion. Fret ne doit pas se dire à propos des trains.

TRAÎNEAU et LUGE
Il importe de faire la distinction entre TRAÎNEAU et LUGE. Le TRAÎNEAU est un véhicule à patins que l'on traîne sur la neige, ou la glace, pour transporter quelques personnes ou des marchandises. La LUGE est un petit traîneau servant au sport, y compris des épreuves olympiques. Au Québec, dans le langage populaire, on dit traîneau au sens de luge.

TRAÎNER DE L'ARRIÈRE Voir ***Tirer de l'arrière***

TRAMPOLINE
TRAMPOLINE est un mot masculin, venu de l'italien trampolino. On a tendance à croire qu'il est féminin à cause de sa consonance. On tend également à écrire *trempoline* en pensant sans doute à tremplin. Donc : on saute sur LE TRAMPOLINE.

TRANQUILLEMENT, LENTEMENT
TRANQUILLEMENT signifie d'une façon paisible, calme, tranquille. Vivre TRANQUILLEMENT dans un chalet au bord de l'eau. Il faut éviter d'employer *tranquillement* au sens de LENTEMENT. Il est incorrect de dire, par exemple : La température remonte *tranquillement*. Elle remonte plutôt LENTEMENT. Mais on dit correctement : Le cortège avançait LENTEMENT et TRANQUILLEMENT vers l'église.

TRANSIGER (SE), TRANSIGER AVEC
Le verbe TRANSIGER n'a pas de forme pronominale. Ainsi, on ne peut pas dire que le baril de pétrole *se transige* aux environs de 30 dollars américains; mais plutôt qu'il SE NÉGOCIE à ce prix. De plus, on ne peut pas dire *transiger avec* quelqu'un ou une personne morale. Il faut plutôt remplacer le verbe par TRAITER, NÉGOCIER, ou FAIRE AFFAIRE AVEC. Ex. : Nous NÉGOCIONS directement avec le fabricant. Nous FAISONS AFFAIRE AVEC le Japon. Le sens correct de TRANSIGER est : faire des concessions réciproques de manière à régler un différend. Ex. : À force de TRANSIGER, nous sommes parvenus à un accord.

TRAQUER, ÊTRE TRAQUÉ
ÊTRE TRAQUÉ ne signifie pas « être en proie au trac », mais plutôt être poursuivi, cerné. Un animal peut être TRAQUÉ par des chasseurs; et un voleur peut être TRAQUÉ par des policiers. Mais une personne qui s'apprête à affronter le public est PRISE DE TRAC, ou A LE TRAC, tout simplement.

TRAVAILLEUR SOCIAL, TRAVAILLEUSE SOCIALE
Au Québec, le titre de TRAVAILLEUR SOCIAL, TRAVAILLEUSE SOCIALE, est réservé aux membres de l'Ordre professionnel des travailleurs sociaux. Il faut donc éviter d'attribuer le titre de TRAVAILLEUR SOCIAL à n'importe quelle personne qui vient en aide aux gens qui ont besoin de différentes sortes d'assistance. Certaines personnes, bénévoles ou rémunérées, peuvent, par exemple, visiter des handicapés, des personnes en perte d'autonomie, pour les aider à faire leur ménage. Ces personnes méritent notre admiration, mais pas le titre de TRAVAILLEUR SOCIAL, qui désigne une profession reconnue.

TRAVAUX DE CARROSSERIE   Voir **Body works**

TRAVÉE et VOIE
On confond parfois ces deux termes. On entend par exemple : La *travée de droite* est fermée pour des travaux, utilisez les deux autres! Ce que l'on veut dire, c'est que la VOIE DE DROITE est

fermée. Une autoroute peut avoir trois VOIES dans chaque sens; elle n'a pas de *travées*. TRAVÉE désigne la partie d'un pont comprise entre deux piliers, deux points d'appui. Ainsi, le pont Victoria est formé d'un bon nombre de TRAVÉES. Ex. : La TRAVÉE centrale du vieux pont de Québec est tombée à deux reprises.

TRAVERS (À)

La locution À TRAVERS marque le passage d'un bout à l'autre d'une surface, d'un milieu. On dit correctement : passer À TRAVERS champs, se frayer un chemin À TRAVERS la foule, etc. Cependant, on emploie mal la locution *à travers* si on lui donne le sens de « en divers endroits d'une surface, d'un pays, du monde, etc. » Au lieu de dire qu'une société a des bureaux *à travers* tout le pays, on dira plutôt que cette société a des bureaux DANS TOUTES LES RÉGIONS DU PAYS, ou DANS TOUT LE PAYS.

TRAVERSIER et FERRY-BOAT

TRAVERSIER et FERRY-BOAT, ou simplement FERRY, sont des équivalents exacts. Au Québec, au Canada français, nous utilisons TRAVERSIER, et c'est un régionalisme à conserver. Dans les autres pays francophones, on utilise FERRY-BOAT ou FERRY.

TRÉMA

Le signe formé de deux points que l'on place sur une voyelle s'appelle TRÉMA, mot singulier. Il faut dire par exemple qu'il y a UN TRÉMA sur le I de MAÏS, et non pas « des trémas ».

TREMPE pour **TREMPÉ**

Il convient de dire : un lingé TREMPÉ et non pas un linge *TREMPE*. Une expression bien connue dit : Être trempé jusqu'aux os. Dans les dictionnaires français, le mot TREMPE n'est qu'un nom, jamais un adjectif. On dit la TREMPE de l'acier, pour en faire de l'acier TREMPÉ. Pour nettoyer son pare-brise, on utilise un linge mouillé, ou humide. Un linge TREMPÉ dégoutterait, serait saturé d'eau.

TREMPOLINE (orthographe fautive)   Voir **Trampoline**

TRIBUNE TÉLÉPHONIQUE (terme correct)   Voir *Ligne ouverte*

TRICHER et TROMPER

Le verbe TRICHER étant intransitif, il ne peut s'employer avec un complément direct. On ne peut pas dire : Il *triche* sa conjointe. Il faut dire plutôt : Il TROMPE sa conjointe. En effet, le verbe TROMPER, lui, est transitif et peut avoir un complément ⇨

direct. Ex. : Il TRICHE aux cartes (complément indirect). Elle TROMPE son mari (complément direct).

TRIPER
Le verbe TRIPER, d'emploi régional, est à éviter dans le langage relevé. Il faut limiter son emploi à la langue familière. Ex. : Les adolescents TRIPENT sur les films de science-fiction. En langage relevé, on peut remplacer *triper* par RAFFOLER, ADORER, S'ÉMERVEILLER DE, etc.

TRIVIAL et TRIVIALITÉ
Les mots TRIVIAL, TRIVIALITÉ, s'emploient en français et en anglais (triviality), mais avec des sens très différents, ce qui entraîne des méprises. TRIVIAL, en français, signifie vulgaire, choquant, de mauvais goût. Ex. : Certains comiques croient nécessaire d'utiliser un langage TRIVIAL pour faire rire. En fait, leur TRIVIALITÉ les condamne à la médiocrité. En anglais, par contre, le mot trivial, a un sens bien différent; il équivaut à banal, ordinaire, sans intérêt.

TROISIÈME ÂGE   Voir **Aînés**

TROTTOIR (VENTE DE)   Voir **Vente de trottoir**

TROU D'EAU
Le terme *trou d'eau* est un régionalisme qu'il vaut mieux remplacer par FLAQUE. En fait, une FLAQUE est une petite nappe de liquide stagnant. Donc, on peut dire aussi : une FLAQUE DE SANG, une FLAQUE D'HUILE, etc. On peut dire également : une FLAQUE D'EAU.

TROU DE BALLE
Quand on parle des trous faits par des balles d'armes à feu, il convient de dire des TROUS DE PROJECTILES, des PERFORATIONS PAR BALLES, etc. Pourquoi? Parce qu'en français général, l'expression « trou de balle » est une vulgarité qui signifie anus, trou du c... Des Français vulgaires peuvent se traiter de « trous de balles ».

TROU DE MÉMOIRE (terme correct)   Voir **Blanc de mémoire**

TROUBLE
Le mot TROUBLE est souvent employé chez nous dans son sens anglais. Il importe donc de bien différencier le sens français et le sens anglais de TROUBLE. Alors que les anglophones disent to have trouble, nous devons dire en français AVOIR DU MAL, DES DIFFICULTÉS, DES ENNUIS, DES PROBLÈMES. Pour traduire

to give trouble, il faut dire DONNER DU MAL, DONNER DU FIL À RETORDRE, CAUSER DES ENNUIS. En fait, le mot anglais trouble se traduit par DIFFICULTÉS, ENNUIS, PROBLÈMES. Au lieu de dire « Je n'ai aucun *trouble* avec ma vieille Ford », il faut dire plutôt « Je n'ai aucun PROBLÈME, aucun ENNUI avec ma vieille Ford ». VOIR aussi **Misère** et **Difficulté**.

TROUVER COUPABLE
L'expression *trouver coupable* est un anglicisme. C'est un calque de *to find guilty*. En français, il faut dire plutôt DÉCLARER COUPABLE, JUGER COUPABLE, RECONNAÎTRE COUPABLE. Ex. : Le jury l'a RECONNU COUPABLE. En effet, le mot TROUVER, en français, a plutôt le sens de estimer, évaluer; il convient mal pour DÉCLARER COUPABLE. Mais on dit correctement : Je la TROUVE jolie. Ils TROUVENT ça sucré.

T-SHIRT VOIR **Tee-shirt**

TUBA et ***SNORKEL*** VOIR ***Snorkel***

TUILE et **CARREAU**
Une TUILE est une plaque de terre cuite, recourbée, servant à couvrir les édifices en s'imbriquant. Les tuiles sont toujours sur les toits, c'est pourquoi on dit, au figuré, « recevoir une TUILE », c'est-à-dire quelque chose de désagréable sur la tête. Mais c'est avec des CARREAUX que l'on recouvre les planchers. Des CARREAUX de linoléum, ou des CARREAUX de céramique.

TUXEDO pour SMOKING
Le mot *tuxedo* n'est pas dans l'usage français. Quand on l'emploie chez nous, c'est plutôt SMOKING que l'on veut dire. Un SMOKING est un veston de cérémonie avec revers de soie que les hommes portent lorsque le costume (ou l'habit) de cérémonie n'est pas exigé. L'HABIT DE CÉRÉMONIE comprend une veste très ajustée, très courte par-devant et à longues basques par-derrière. C'est ce que portent les chefs d'orchestre dans les grands concerts.

TUYAU, LANCE, BOYAU
Les pompiers, pour combattre un incendie, déroulent leurs longs TUYAUX; c'est le terme qu'il est préférable d'employer plutôt que BOYAUX qui a plusieurs autres sens. À l'extrémité des TUYAUX, les pompiers fixent une LANCE, dispositif métallique qui sert à diriger le jet d'eau. Plus petits, il y a les TUYAUX DE JARDIN, ou TUYAUX D'ARROSAGE. Dans ce cas également, le mot TUYAU est plus approprié que BOYAU. Au TUYAU de jardin s'adapte également une petite LANCE pour diriger le jet d'eau.

ULTRASECRET Voir *Top secret*

UNE (LA) Voir *Page couverture* (d'un journal)

UNION et SYNDICAT
Les mots UNION et SYNDICAT ont des sens différents. Un SYNDICAT est un groupe de travailleurs d'une entreprise dont le but principal est de défendre leurs intérêts vis-à-vis de l'employeur. Ce qu'ils défendent surtout, ce sont leurs conditions de travail et leurs salaires. Une UNION est un groupe de personnes ayant des intérêts communs. Les membres d'une UNION n'ont pas nécessairement d'employeur; souvent ils n'en ont pas. Ils n'ont pas d'échelle salariale, mais ils défendent leurs intérêts pécuniaires. Ce qu'ils défendent en commun ce sont leurs intérêts en général. Au Québec, nous avons, par exemple : l'UNION des artistes, l'UNION des écrivains et l'UNION des producteurs agricoles.

***UNITÉ* DE LOGEMENT**
L'expression *unité de logement* est un calque de dwelling unit. En français correct, on emploie selon le cas les mots APPARTEMENT, LOGEMENT (ou LOGIS), MAISON, etc.
Le mot LOGEMENT sert aussi de générique pour désigner les habitations. Ex. : La ville de Montréal a besoin de deux mille nouveaux LOGEMENTS.
Quant au terme *unité de condo*, on le remplace par APPARTEMENT EN COPROPRIÉTÉ.
Enfin, le terme *unité de motel* est à remplacer par CHAMBRE DE MOTEL.

***UNITÉ* D'UN HÔPITAL**
Dans un hôpital, il n'y a pas d'*unités*, il y a plutôt des SERVICES. Ex. : Le SERVICE des soins intensifs, le SERVICE des grands brûlés, etc. (On dit unit en anglais.) Parfois, un service important est établi dans un immeuble à part, que l'on appelle PAVILLON (en anglais : pavilion).

UNITÉ MOBILE
Il faut éviter le terme *unité mobile*, calque de mobile unit. Les stations de radio et de télévision ont des CARS DE REPORTAGE. La police, en plus de ses VOITURES DE PATROUILLE, a des CARS D'EXPERTISE, des VOITURES CELLULAIRES (familièrement : paniers à salade), etc. Un réparateur d'appareils électriques peut être équipé d'un ATELIER MOBILE.

URGENCES, SERVICE DES URGENCES
En français général, on emploie au pluriel le mot URGENCES, terme abrégé en parlant du SERVICE DES URGENCES d'un hôpital. On dit par exemple qu'un blessé a été transporté aux URGENCES de tel hôpital. Au Québec, on dit plutôt l'URGENCE d'un hôpital, mais les termes recommandés sont la SALLE D'URGENCE, LES SERVICES D'URGENCE.

URNE et non *BOÎTE DE SCRUTIN*   Voir **Boîte** (usages fautifs)

US pour AMÉRICAIN
Dans le langage parlé, il faut éviter le pseudo-adjectif US (qu'il soit prononcé en français ou en anglais) pour signifier le mot AMÉRICAIN. On dira : le DOLLAR AMÉRICAIN, et non pas le *dollar US*. Ex. : Cela coûtera 450 dollars américains. (et non pas : *dollars US*). Pour l'écrit, on peut évidemment se servir de l'abréviation officielle $US.

USAGÉ, D'OCCASION, DE SECONDE MAIN
Une marchandise USAGÉE est une marchandise qui a servi, qui n'est plus neuve mais qui est encore en état de servir. On peut dire dans le même sens : D'OCCASION, DE SECONDE MAIN. On dit des meubles, des vêtements D'OCCASION, ou DE SECONDE MAIN. Pour les voitures, on dit plutôt D'OCCASION, parce que dans l'usage actuel, USAGÉ a souvent le sens de « qui a beaucoup servi ». DE SECONDE MAIN, signifie « qui a servi à quelqu'un d'autre, mais qui est encore utilisable ».

USINE DE PAPIER (terme correct)
   Voir **Moulin** (emplois incorrects)

US NAVY, MARINES (LES)
Il faut éviter de nommer en anglais des termes qui normalement se traduisent. On dira : la MARINE AMÉRICAINE plutôt que la US Navy, tout comme on dit l'ARMÉE AMÉRICAINE et non pas la US Army. Cependant, on dit les MARINES, même en français, en parlant du corps de débarquement particulier aux États-Unis, parce qu'il s'agit d'une force militaire exclusive.

UTILITÉS PUBLIQUES
Le terme *utilités publiques* est un calque de public utilities. Il est souvent employé chez nous pour désigner les divers services, surtout assurés par les villes, comme le Service de l'eau potable, celui de l'enlèvement des déchets, celui de la réfection des rues, etc. L'équivalent en français général est SERVICES PUBLICS. Ex. : Les fusions municipales entraînent d'importants remaniements des SERVICES PUBLICS.

U-TURN VOIR *Virage en U*

VACANCE et VACANCES
Une VACANCE, c'est un poste vacant. Ex. : Il y a une VACANCE au conseil d'administration. Quant au mot VACANCES au pluriel, il est synonyme de congé. Ex. : Elle est en VACANCES.

VACUUM
Le mot VACUUM, repris directement du latin, est d'un emploi rare en français. Il signifie, en science, le VIDE, l'espace sans matière. Autrement, il faut éviter *vacuum* en français. Au lieu de dire qu'un système fonctionne par *vacuum*, on dira qu'il fonctionne À VIDE, c'est-à-dire par aspiration. Au lieu de dire que le départ de deux employés a créé un *vacuum* au sein du personnel, on dira que leur départ a créé un VIDE. Quant à l'expression anglaise vacuum packed, elle se traduit par EMBALLÉ SOUS VIDE.

VAINQUEUR (pas de féminin)
Le mot VAINQUEUR n'a pas de forme féminine. Il faut contourner la difficulté en employant un synonyme. On peut dire, selon le cas : GAGNANTE, CHAMPIONNE, VICTORIEUSE, LAURÉATE. L'OQLF a écarté les formes « vainqueuse » et « vainqueure », mais propose cependant LA VAINQUEUR (sans e final).

VAIRON (petit poisson)   Voir **Mené, méné**

VALEUR (C'EST DE)
L'expression populaire chez nous « C'EST DE VALEUR! » appartient au langage populaire. Il vaut mieux dire : C'EST DOMMAGE! Ex. : Vous ne pouvez pas venir? C'EST DOMMAGE! ou QUEL DOMMAGE!

***VALISE* pour COFFRE**
Il faut éviter de dire la *valise* d'une auto et dire plutôt le COFFRE. Ex. : Vous pouvez placer vos VALISES dans le COFFRE de ma voiture.

VALOIR TANT (en parlant de personnes)
On ne peut pas dire d'une personne qu'elle *vaut tant*. Il paraît qu'une personne n'a pas de prix! On contourne cette difficulté en disant, par exemple, que SA FORTUNE EST ÉVALUÉE À TANT. On peut dire aussi en parlant d'une personne que SES AVOIRS SONT ÉVALUÉS À TANT; ou encore qu'elle POSSÈDE TANT de millions ou de milliards.

VAN pour **REMORQUE**
Le mot anglais *van* est à éviter dans notre langage. On dira plutôt CAMION À REMORQUE. Une REMORQUE est le véhicule sans moteur destiné à être tiré par un TRACTEUR. Le tracteur, dans ce cas, étant un véhicule qui sert expressément à tirer une REMORQUE. Voir **Remorque**

VANITÉ
En français québécois, on appelle *vanité* un meuble de salle de bains avec lavabo encastré. Ce terme a été emprunté à l'anglais vanity. Il vaut mieux utiliser l'équivalent du français général : MEUBLE-LAVABO ou MEUBLE DE LAVABO.

VAPORISATEUR (terme correct)   Voir *Spray*

VÉHICULE-MOTEUR
Le terme *véhicule-moteur* est un calque de motor vehicle. Il faut dire VÉHICULE AUTOMOBILE, terme qui englobe tous les véhicules routiers depuis la motocyclette jusqu'à l'autobus et au camion-remorque. Ex. : Le nombre de VÉHICULES AUTOMOBILES, ou simplement de VÉHICULES, augmente à un rythme que les ponts ne peuvent absorber.

VELCRO
La fameuse fermeture que l'on appelle VELCRO, faite de deux tissus qui s'agrippent par contact, n'a pas d'autre nom connu. Il s'agit d'un nom commercial français, fait à partir de VEL emprunté à VELOURS, et de CRO emprunté à CROCHET. L'anglais et d'autres langues utilisent également VELCRO. Ex. : Ce fabricant emploie le VELCRO comme fermeture rapide pour ses sandales, ses mallettes, etc.

VENDEUR, *BONS VENDEURS,* **BEST-SELLERS**
VENDEUR, VENDEUSE ne désignent en français qu'une personne qui vend. Il faut éviter de dire que des articles sont de *bons vendeurs* et dire plutôt que ces articles se vendent bien, qu'ils sont très populaires sur le marché. Pour ce qui est des livres populaires, le terme est consacré universellement : on dit des

BEST-SELLERS. Si l'on tient à un terme français, pour parler des livres, on peut dire des SUCCÈS DE LIBRAIRIE.

VENDRE (emplois au figuré)
L'usage du verbe VENDRE, au figuré, a des acceptions de plus en plus nombreuses en français, tant celui du Québec qu'en français général. VENDRE a souvent un sens péjoratif. Depuis très longtemps, on dit : VENDRE son âme au diable; VENDRE son corps (se prostituer); Judas a VENDU Jésus pour trente deniers; se VENDRE à un parti (s'engager politiquement moyennant avantages financiers). VENDRE s'emploie aussi dans des sens favorables et respectables. Ex. : René Lévesque a VENDU aux Québécois l'idée de nationaliser l'électricité. Le maire Drapeau a tenté le premier de VENDRE l'idée d'« une île : une ville ».
À la forme pronominale, SE VENDRE s'emploie dans des expressions comme SE VENDRE, SAVOIR SE VENDRE, c'est-à-dire savoir se faire valoir pour obtenir un emploi, un contrat, etc.
À partir de tous ces usages reconnus en français général, il n'y a qu'un pas pour accepter des expressions comme VENDRE le Québec aux pays d'Asie, c'est-à-dire inciter les pays d'Asie à acheter des produits du Québec, ou à venir investir chez nous. Autre exemple acceptable : Le Canada doit SE VENDRE davantage aux pays du Marché commun.

VENTE pour **SOLDE**
Quand un magasin réduit ses prix pour attirer la clientèle, il fait un SOLDE et non pas une *vente*. Des ventes, les magasins en font continuellement, puisque le fait de vendre un article est toujours une VENTE. Mais si les prix sont réduits dans un rayon, ou pour une catégorie d'articles, ou dans tout le magasin, il s'agit alors d'un SOLDE. Ex. : J'ai acheté en SOLDE ce service de vaisselle chinoise. GRAND SOLDE de 30 % dans tout notre magasin. Les articles offerts sont dits EN SOLDE, EN RÉCLAME, ou EN PROMOTION.

VENTE DE FEU
Quand un magasin, par suite d'un incendie, décide de vendre toute sa marchandise à prix réduits, il fait non pas une *vente de feu*, mais un SOLDE APRÈS INCENDIE, ou une LIQUIDATION APRÈS INCENDIE. En anglais : fire sale.

VENTE DE GARAGE
Les Américains ont inventé ce qu'ils appellent les garage sales qui leur permettent, à l'occasion, de se débarrasser de leurs vieilleries. Ce petit commerce temporaire a commencé dans les garages et s'est vite répandu sur une partie des propriétés. Le ⇨

terme français proposé au Québec est VENTE-DÉBARRAS. On pourrait dire aussi VENTE DE BRIC À BRAC.

VENTE DE TROTTOIR
Certains commerçants étalent sur le trottoir, devant leur magasin, des articles en solde; ils appellent ça une *vente de trottoir*, traduction de sidewalk sale. Le terme français proposé est BRADERIE ou LIQUIDATION EN PLEIN AIR.

VENTILATEUR et ÉVENTAIL
Il y a parfois confusion de ces deux mots. Il faut appeler VENTILATEUR (et non *éventail*) l'appareil qui pousse et fait circuler l'air pour notre confort, et aussi le mécanisme de refroidissement du moteur d'un véhicule. Il y a des VENTILATEURS fixés au plafond, d'autres qui pivotent, qu'on place sur un meuble. Un ÉVENTAIL est un simple petit objet (qui se déplie et se replie) que l'on agite pour se donner un courant d'air rafraîchissant. Les Espagnols et les Japonais fabriquent de jolis ÉVENTAILS.

VÉRANDA, GALERIE, BALCON Voir **Galerie**

VERRE et VITRE
Le VERRE est un matériau; une VITRE est un panneau de VERRE. Si l'on casse une VITRE, il faut ramasser les éclats de VERRE. Le mot VITRE désigne aussi les fenêtres des véhicules (autos, camions, autobus, etc.). On peut dire aussi les GLACES d'un véhicule. Les VITRES des véhicules s'appellent cependant PARE-BRISE et LUNETTE ARRIÈRE, dans le cas de celles d'en avant et d'en arrière.

VERROUILLER et BARRER Voir **Barrer**

VERSATILE et VERSATILITÉ
Être VERSATILE, c'est avoir un défaut : c'est être inconstant, être sujet à changer inopinément d'idée. VERSATILITÉ est synonyme d'INCONSTANCE, d'INSTABILITÉ. Il faut donc éviter de dire qu'un musicien, qu'un comédien, qu'une personne en général est *versatile*, alors que l'on veut dire qu'elle est DOUÉE DE TALENTS VARIÉS, qu'elle est POLYVALENTE. Les mots anglais versatile et versatility ont un sens complètement différent, de là l'un des anglicismes les plus courants au Québec. En effet, le mot anglais versatile signifie : qui a des talents variés, polyvalent.

VERSUS
Le mot latin versus a été repris par la langue anglaise qui l'emploie notamment dans le langage juridique et dans les sports.

En français correct, au lieu de dire *versus* et son abréviation *vs*, il suffit de dire : CONTRE, COMPARÉ À, OPPOSÉ À, PAR OPPOSITION À, EN COMPARAISON DE. En droit, on dira par exemple, le procès « Bédard CONTRE Tremblay »; dans les sports on dira : Rimouski CONTRE Chicoutimi. On peut dire aussi : Les avantages de la campagne PAR OPPOSITION À ceux de la ville, etc.
N. B. : L'abrégé de CONTRE est « C. »

VESTIAIRE (terme correct)   Voir *Chambre des joueurs*

VÊTEMENT et **LINGE**   Voir **Linge**

VÊTEMENTS *SMALL, MEDIUM, LARGE*
  Voir *Médium* (dans les tailles)

VIA
La préposition VIA ne s'emploie en français que dans le sens de « en passant par » en parlant des lieux géographiques. Ex. : Il s'est rendu de Montréal à Québec, VIA Trois-Rivières. On ne peut pas dire par contre que le gouvernement récupérera des sommes d'argent *via* la nouvelle taxe. On dira plutôt que le gouvernement récupérera ces sommes PAR L'ENTREMISE DE, ou PAR L'INTERMÉDIAIRE DE, ou AU MOYEN DE la nouvelle taxe.

VIDANGES, ORDURES, DÉCHETS
Quand on parle du contenu des poubelles, il convient de dire des DÉCHETS ou des ORDURES, et d'éviter le mot *vidanges* qui a un tout autre sens. Le mot VIDANGES, en effet, désigne les matières vidées des fosses d'aisances, autrement dit les excréments. C'est pourquoi il faut dire un CAMION DE DÉCHETS, ou un CAMION D'ORDURES, et non pas un *camion de vidanges*. Le mot VIDANGE a cependant un autre sens, au singulier. Faire la VIDANGE d'un réservoir, c'est le vider. On fait par exemple la VIDANGE de l'huile d'un moteur pour en mettre de la neuve. Par conséquent, il faut dire à son conjoint : Aurais-tu la gentillesse de sortir les DÉCHETS? Et les hommes qui ramassent les déchets s'appellent des ÉBOUEURS, et non pas des *vidangeurs*. Voir la rubrique suivante

VIDANGEURS pour **ÉBOUEURS**
Les préposés à l'enlèvement des ordures ménagères s'appellent des ÉBOUEURS, ÉBOUEUSES, et non pas des *vidangeurs, vidangeuses*.   Voir la rubrique précédente

VIDÉO et **MAGNÉTOSCOPE**
Le mot VIDÉO est un **adjectif invariable** et aussi un **nom féminin**. L'adjectif VIDÉO signifie : qui concerne l'enregistrement des   ⇨

images et leur retransmission sur un écran. Quand l'adjectif VIDÉO est placé devant un nom, il s'y accole sans trait d'union. Une VIDÉOCASSETTE (ou une CASSETTE VIDÉO), un VIDÉOCLIP. La VIDÉO, c'est le système électronique qui enregistre et reproduit des images vidéo. Ce n'est pas un appareil. L'appareil qui sert à enregistrer ou à reproduire des vidéocassettes est un MAGNÉTOSCOPE, et non pas un *vidéo*. Ex. : Mon nouveau MAGNÉTOSCOPE donne des images impeccables. Voir **Magnétoscope**

VIE (S'ENLEVER LA)   Voir **Enlever (s') la vie**

VIETNAM
Le nom de ce pays s'écrit en un seul mot et sans accent : VIETNAM. Les Vietnamiens eux-mêmes, dans leur langue, écrivent VIÊT-NAM. En adoptant l'écriture romaine, les Vietnamiens ont apposé bien des signes diacritiques sur les mots, pour mieux se comprendre, mais ces signes n'appartiennent qu'à la langue vietnamienne. Certains dictionnaires français ont écrit pendant plusieurs années le nom Vietnam à la vietnamienne. La nouvelle tendance est de franciser.

VILLAGE GLOBAL pour **VILLAGE PLANÉTAIRE**
Voir **Globalisation, Global**

VILLE LASALLE, VILLE CECI* et *VILLE CELA
Une seule ville au Québec porte le mot VILLE au début de son nom, c'est VILLE-MARIE, au Témiscamingue. C'est ce dont nous informe la Commission de toponymie du Québec, organisme gouvernemental et seule autorité pour le choix des noms de villes, villages, régions, cours d'eau, bref, des toponymes. Par conséquent, il faut éviter de placer, selon notre fantaisie, le mot « ville » devant des noms de localités et dire par exemple : *Ville LaSalle, Ville d'Anjou, Ville Mont-Royal*, etc. Ces villes s'appellent tout simplement : LASALLE, ANJOU, MONT-ROYAL, etc. Ex. : Elle habite à LASALLE et elle travaille à ANJOU; elle a des amis à MONT-ROYAL.

VINGT-QUATRE HEURES PAR JOUR   Voir **Sept jours sur sept**

VIRAGE EN U
Le terme *virage en U* est une mauvaise traduction de U-turn. L'équivalent français est DEMI-TOUR, au pluriel : DEMI-TOURS. Quand on voit une affiche portant un grand U traversé d'une barre, il faut lire : DEMI-TOUR interdit. Notons que DEMI-TOUR ne s'emploie pas qu'en circulation routière. En marchant en forêt, ou en se promenant sur un lac, on peut décider de faire

DEMI-TOUR.

VIRAGE, COURBE, TOURNANT Voir **Courbe**

VISÉ (CHÈQUE) Voir **Chèque visé**

VISIBLES (MINORITÉS) Voir **Minorités visibles**

VISIONNEMENT et VISIONNAGE
Dans le langage technique de la télévision, du cinéma, on dit au Québec : VISIONNER un film, en faire le VISIONNEMENT, c'est-à-dire le faire apparaître sur un écran pour connaître son contenu, sa qualité, etc. En France, on dit aussi VISIONNER, mais VISIONNAGE au lieu de VISIONNEMENT. Les deux mots se valent. À la maison, on dit plutôt REGARDER un film, une vidéocassette.

VITRE et VERRE Voir **Verre**

VIVOIR
Le mot VIVOIR, d'usage rarissime en français général, est un québécisme qui signifie SALLE DE SÉJOUR. Il a le sens du terme anglais living room (voir ce mot).

VOIE et TRAVÉE Voir **Travée**

VOIE (PAVER LA ~ À) Voir ***Paver la voie à***

VOIRE MÊME
La locution *voire même* est à éviter. Archaïsme pour certains linguistes, pléonasme pour d'autres, cette locution est à remplacer par VOIRE, tout simplement, ou encore par ET MÊME. Ex. : Il y avait des hommes, des femmes, VOIRE des enfants. Ou tout simplement : Il y avait des hommes, des femmes, ET MÊME des enfants.

VOITURE D'OCCASION
Voir **Usagé**, **D'occasion** et **De seconde main**

VOITURE-TAXI
Une *voiture-taxi* n'est rien d'autre qu'un TAXI. Le mot « voiture » devant TAXI est superflu. À ce compte-là, on pourrait aussi bien dire « un *véhicule-camion* »; on ne serait pas plus avancé.

VOIX (AVOIR ~ AU CHAPITRE)
L'expression AVOIR VOIX AU CHAPITRE signifie : avoir autorité pour prendre part à une délibération, à une discussion. Il faut ⇨

éviter de dire *avoir droit au chapitre,* qui est une déformation d'AVOIR VOIX AU CHAPITRE.

VOIX ENTERRÉE PAR... Voir *Enterrer une voix*

VOLER LE SHOW
Cette expression populaire chez nous se dit en français général : RAVIR LA VEDETTE, ou encore VOLER LA VEDETTE. On dit en anglais to steal the show (Harrap's bilingue). Ex. : Cette chanteuse a le don de VOLER LA VEDETTE dans tous les spectacles.

VOLS DOMESTIQUES pour **VOLS INTÉRIEURS**
Voir *Domestiques (vols, produits)*

VOLTE-FACE (genre)
VOLTE-FACE est du féminin et invariable. On a tendance à employer au masculin ce terme qui signifie REVIREMENT BRUSQUE. On dira donc : Les nombreuses VOLTE-FACE de l'opposition ont déconcerté le gouvernement.

VOTANTES (ACTIONS) Voir *Actions votantes*

VOTATION
Votation est un mot archaïque. Le français actuel a deux équivalents qui semblent bien suffisants : VOTE et SCRUTIN. Ex. : Les heures de VOTE sont de 9 h à 18 h.

VOTE (PRENDRE LE)
Il convient de dire : VOTER, PROCÉDER AU SCRUTIN, PROCÉDER AU VOTE. L'expression *prendre le vote* est un calque de to take the vote. Ex. : Les discussions semblent terminées, nous allons maintenant PROCÉDER AU VOTE.

VOTE (FAIRE SORTIR LE) Voir *Sortir le vote (faire)*

VOTEUR, VOTEUSE
Le mot *voteur, voteuse* (tout comme *votation,* mentionné plus haut), est devenu archaïque. Les dictionnaires modernes ne le mentionnent pas. Il a été maintenu dans l'usage chez nous sous l'influence de l'anglais voter. On dira plutôt : ÉLECTEUR, ÉLECTRICE.

VOÛTE D'UNE BANQUE
Voir *Coffre-fort, Chambre forte, Voûte*

VOX POP Voir *Micro-trottoir*

VOYAGER PAR AFFAIRES
Il faut dire plutôt VOYAGER POUR AFFAIRES. Par contre, on voyage POUR LE PLAISIR, ou PAR PLAISIR. C'est une affaire d'usage dans notre langue.

VOYAGISTE (terme correct)   Voir *Tour opérateur*

WAGON et VOITURE
Le grand véhicule roulant sur rails, pour transporter les voyageurs, s'appelle, en français moderne : VOITURE. Les véhicules qui forment les trains de voyageurs, aussi bien que les rames de métro, s'appellent VOITURES. Quant aux WAGONS, ils servent à transporter les bestiaux et les marchandises en général. On dit encore cependant des WAGONS-LITS, des WAGONS-RESTAURANTS, mais en France, l'Administration emploie maintenant VOITURE-LIT et VOITURE-RESTAURANT.

WAIT AND SEE
Certains emploient cette expression anglaise à défaut de savoir l'équivalent français. On entend par exemple : « Nous sommes dans un wait and see. » On peut dire : ÊTRE DANS L'EXPECTATIVE. En effet, l'EXPECTATIVE, c'est une attente prudente qui consiste à ne pas prendre de décision en attendant qu'une solution sûre se présente.

WALK-IN
Un walk-in, c'est un VESTIAIRE, tout simplement. Habituellement, on emploie VESTIAIRE pour les endroits publics, mais dans une maison privée c'est également le mot qui convient pour désigner une grande garde-robe dans laquelle on peut pénétrer.

WEST ISLAND
Ce terme désigne la partie ouest, principalement anglophone, de l'île de Montréal. En français, on peut dire l'OUEST-DE-L'ÎLE, mais le nom WEST ISLAND, très répandu, est également acceptable.

WET SUIT
Certains emploient parfois wet suit à défaut de connaître le terme français qui est COMBINAISON ISOLANTE, COMBINAISON ISOTHERMIQUE, ou COMBINAISON DE PLONGÉE. Cette combinaison est parfois utilisée en ski nautique, surtout pour affronter l'eau froide.

WHIRLPOOL BATHTUB Voir *Bain-tourbillon*

WISHFUL THINKING
Pour éviter l'expression anglaise faire du <u>wishful thinking</u>, nous pouvons utiliser un équivalent qui ne nous est pas étranger : PRENDRE SES DÉSIRS POUR DES RÉALITÉS. On peut dire aussi BÂTIR ou FAIRE DES CHÂTEAUX EN ESPAGNE. En québécois, on dit souvent RÊVER EN COULEURS.

WRECKING BALL Voir **Boulet de démolition**

X (prononciation de la lettre)
La lettre X a ceci de particulier qu'elle n'a pas de prononciation propre. Elle emprunte toujours sa prononciation aux autres lettres. Ainsi, X se prononce « KS » dans LUXE, OXYGÈNE, EXCEPTÉ, MAXIME, etc. Il se prononce « KS » également dans tous les mots commençant par EX suivi d'une consonne. Ex. : EXCLUS, EXPÉRIENCE, EXPIRER, EXPLOITER, EXTRA, TEXAS, TEXAN, etc.
Dans EXAMEN, EXACT, EXEMPLE, et tous les mots commençant par EX suivi d'une voyelle, X se prononce « GZ ». Il importe donc de ne pas confondre ces prononciations que l'on trouve notamment dans le Petit Robert, en consultant le mot dont la prononciation nous est incertaine.
Dans les liaisons, X se prononce Z. Ex. : DEUX ENFANTS, AUX ÉCOLES. Il se prononce Z également dans DEUXIÈME et DIXIÈME. Dans d'autres cas, X se prononce S, comme dans SOIXANTE, et BRUXELLES. Enfin, le X final est généralement muet. Ex. : HEUREUX, ils sont DEUX, GENOUX, TOUX, etc.; mais il est sonore à la fin de quelques noms propres comme AIX, FÉLIX, AJAX, VERCINGÉTORIX.

Y VOIR LÀ (pléonasme)
Les pronoms Y et LÀ peuvent tous les deux remplacer le nom d'un lieu, physique ou mental. On fait parfois un pléonasme lorsqu'on les mentionne tous les deux. Ainsi, il faut éviter de dire : « *Je n'y vois rien là* de répréhensible ». On a le choix de dire « JE NE VOIS RIEN LÀ de répréhensible », ou bien « JE N'Y VOIS RIEN de répréhensible ».

YACHT (prononciation)
La prononciation de YACHT en français actuel est « yot », comme en anglais. On prononce de même YACHT-CLUB : « yot-clob ».

YOGOURT et **YAOURT**
Faut-il dire YOGOURT ou YAOURT? En France, on emploie surtout YAOURT et l'on prononce le T final. Chez nous, on utilise presque seulement YOGOURT et l'on garde le T final muet. Les deux usages sont corrects.

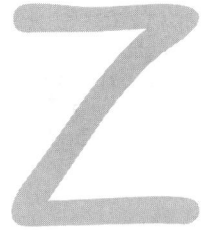

ZAMBONI Voir **Surfaceuse, Resurfaceuse, Lisseuse**

ZAPPER
Le verbe ZAPPER, emprunté à l'anglais to zap et qui signifie, en télévision, sauter rapidement d'une chaîne à une autre au moyen de la télécommande, est d'un emploi très répandu tant chez nous qu'en France. Le verbe ZAPPER est reconnu officiellement au Québec. On dit aussi PITONNER, qui est acceptable mais régional. Les substantifs ZAPPING et ZAPPAGE sont également répandus dans la francophonie, y compris chez nous. Au Québec, PITONNAGE est employé de même que le verbe PITONNER. Enfin, le terme SAUTE-BOUTON a été proposé chez nous, mais sans grand succès.

ZINC (prononciation)
On prononce « zink » chez nous, ce qui étonne les autres francophones qui ne connaissent que la prononciation « zing ». La prononciation « zing », que l'on trouve dans les ouvrages de référence en français général, s'explique par les autres mots de la même famille : zinguer et zingage. Nous nous entendons tous au moins sur la graphie du mot : ZINC.

ZIPPER Voir **Fermeture éclair**

ZOO (prononciation)
Il faut prononcer « ZO », tout simplement, puisque ce n'est qu'en anglais que les doubles OO se prononcent OU. D'ailleurs, nous prononçons « ZO » dans ZOOLOGIE et ZOOLOGIQUE. Notons que les ouvrages de prononciation française et le Petit Robert donnent comme prononciation : Z suivi de deux O ouverts, ce qui indique un O prolongé, mais dans la pratique, très peu de gens allongent ce O.

ZUCCHINI
ZUCCHINI est un mot italien qui signifie COURGETTE. On l'emploie parfois chez nous sous l'influence de l'américain, qui l'a emprunté à la langue italienne. Il est donc préférable de dire COURGETTE, mot du français général.

Remerciements

J'adresse mes plus sincères remerciements aux experts qui m'ont fait bénéficier de leur compétence au cours de la rédaction de cet ouvrage et pendant mes 20 années de travail en linguistique. Merci à Mme Noëlle Guilloton, terminologue à l'Office québécois de la langue française, qui fut longtemps collaboratrice de l'ex-Service de linguistique de Radio-Canada. Merci à Guy Bertrand, conseiller linguistique à Radio-Canada, avec qui j'ai toujours eu des échanges profitables sur les difficultés de notre langue parlée et écrite. Merci à Mme Christine Courcol, ex-directrice de l'Agence France-Presse à Montréal, qui m'a souvent éclairé sur le français tel qu'on le parle en France, de même qu'à ses collègues journalistes de cette agence. Merci également à tous les journalistes de Radio-Canada qui au cours des années ont enrichi mes connaissances grâce à leurs spécialités. Je dois une fière chandelle à Robert Dubuc qui a été mon mentor au Service de linguistique de la SRC, et dont la compétence en terminologie est enviable. Merci à la linguiste et auteure Marie-Éva de Villers, qui a toujours accepté de m'éclairer de ses brillantes lumières, de même qu'au professeur et auteur Yvon Delisle, qu'on surnomme Œil-de-faucon, parce que rien ne lui échappe. Je n'aurais sûrement pas pu écrire ce livre sans l'enrichissement que m'ont apporté toutes ces personnes.

Notes